벽이 없는 세계

Dunia Tanpa Tembok: II

국경 없는 세계에 필요한 지정학 전략

벽이 없는 WORLD WITHOUT WALLS II 세계

아이만 라쉬단 웡 지음 | 정상천 옮김

산지니

일러두기

말레이시아에서 「벽이 없는 세계」(2017), 「벽이 없는 세계 Ⅱ」(2018)가 출간되었고, 이 책은 「벽이 없는 세계 Ⅱ」를 번역한 것이다.

이 책을 세상의 모든 애국자들에게 바칩니다.

서문

"왜 우리는 국제정치에 관심을 가져야 하는가?"

우리의 일상생활을 생각해보라. 우리들 대부분은 현재 평화시대에 살고 있다. 우리는 소셜 미디어를 검색하는 데 시간을 보내기도 하고, 인스타그램에 음식 사진이나 여행 경험을 공유할 기회도 있다. 그러한 번영은 안전한 환경이 보장되지 않고서는 불가능할 것이다. 그러나 그와 같은 혜택들은 만약에 정부가 국제분쟁을 잘 관리하지 못하면 눈 깜짝할 사이에 없어질 수 있다.

시리아를 예로 들어보면, 한때는 아랍 세계의 낙원으로 간주되었으나 정부가 국내 갈등을 잘 해결하지 못해서 지옥으로 변하였다. 과거보다 복잡하게 연결된 세상에서는 지구상의 어떤 나라도 모든 형태의 위협으로부터 진정으로 자유로운 나라는 없다. 멀리 북아프리카에 있는 평범한 한 시민의 자기희생이 시리아와 그 이상의 지역에서 혁명의 불을 지폈고, 곳곳에서의 정치가 멀리 유럽과 미국의 정치에 영향을 미칠 줄 누가 생각이나 했을까?

그러나 우리들은 당연히 오랫동안 좋은 시절을 살다 보면 경계태세를 낮추고 분쟁에 대한 준비를 소홀히 하게 된다. 이와 같은 상태에 살고 있는 사람들은 세상은 멋지고 이상주의로 가득 차 있다고 생각하는 경향이 있다.

국제정치는 그와 같은 상상을 부숴버리고, 우리에게 국민과 국가와의 관계에 대한 현실을 되돌아보게 한다. 오직 주권국가들만이 무정부주의적이고 경쟁적인 세상에서 살아남을 수 있음을 알게 될 것이다. 국제정치는 이해하기에 복잡한 일이 아니다. 한 나라의 행동을 이해하기 위해서 점을 치거나 로켓 과학에 대해 알 필요는 없다. 단순히 기본적인 상식만 있으면 된다. 힘의 균형이나 그와 유사한 것들에 대한 기본원칙들은 일상생활의 경험에서 유추될 수 있다. 사무실 내에서의 정치, 친구들 사이의 정치, 왕족들 사이의 정치 등은 국가 간의 높은 수준의 정치를 이해하는 작은 거울들이다.

이 책은 2017년에 발간된 『벽이 없는 세계』와 같은 제목으로 출간하였으며, 첫 번째 책의 연장선에 있다. 이전의 책과 같이 이

책은 2018년의 국제정치와 지정학을 현실주의와 지정학 그 자체로 살펴본 50개의 짧은 주제들로 구성되어 있다.

비록 2018년에 논의된 사건들을 다루고 있지만, 그것이 그 이후에 일어날 사건들과 연관성이 없다는 뜻은 아니다. 국제정치의 기본원칙은 변함이 없고, 따라서 이 책에 제시된 분석은 여전히 다가올 몇 해에 대한 참고가 될 것이다.

아이만 라쉬단 웡

차례

1
자유주의적 국제질서의 붕괴

2018년에 국제관계 학자들과 대외정책 결정자들 사이에 철저하게 논의되고 논쟁되었던 한 가지 이슈는 자유주의적 국제질서의 붕괴였다.

같은 해 7월 27일에 국제관계(IR) 학자들 단체가 "동맹보존"이라고 불리는 청원서를 〈뉴욕 타임스〉에 게재하면서, 도널드 트럼프 대통령에 의해 '포위된' 자유주의적 국제 질서를 옹호하기 시작하였다.

학자들 중에 저명한 사람들의 이름도 보이는데, 하버드 대학의 조지프 나이 교수와 캐서린 시킹크 교수, 컬럼비아 대학의 마이클 도일 교수와 로버트 저비스 교수, 프린스턴 대학의 로버트 코헤인 교수와 존 아이켄베리 교수, 그리고 스탠포드 대학의 스티븐 크래스너 교수가 있다.

국제관계학을 공부하는 학생들에게는, 그들이 자유주의의 주요 인물들이기 때문에 익숙한 이름일 것이다. 그들은 미국이 표명하고 있는 가치들과 동떨어진, 그들의 의견에 따르면, 트럼프의 정책에 불만족스러운 입장이다.

논쟁의 중심에는 국내 산업을 보호하기 위한 트럼프의 대폭적인 관세 인상(수입상품에 대한 세금) 문제가 있다.

문제는 다른 국가들도 이와 유사하게 관세를 올리는 반작용을 통해 국가들 간의 무역 전쟁이 일어나고, 자유시장 체제가 위협당하고 있다는 것이다.

그들은 또한 다른 동맹국들과 협상도 하지 않고 일방적으로 행동하는 트럼프의 경향에 대해 동의하지 않는다. “동맹”이라는 단어는 트럼프의 사전에서 사라진 듯하다. “미국 우선(America First)”이라는 슬로건 아래, 미국과 가까운 캐나다와 일본은 이제 트럼프의 사선(射線)에 있다. 다른 나라의 국익은 미국의 국익만을 위하여 희생되어야 한다.

그는 또한 세계무역기구(WTO)와 같은 국제기구가 “미국만 제외하고 다른 나라들에게만 혜택을 주도록” 설립되었다고 주장하면서, 국제기구의 신뢰성에 대하여 공격하였다. 트럼프는 거기에서 멈추지 않는다. 세계무역기구에서 미국이 탈퇴하겠다고 협박하였다. 2018년 9월 UN 총회에서 행한 연설에서, 1945년 이래로 미국의 대통령이 UN에서 "세계화"를 거부한 연설을 한 것은 처음이다.

몇몇 국제정치 전문가가 볼 때 그의 행동은 비논리적이다. 그들이 볼 때 트럼프는 다자주의나 공동협력의 정신을 바탕으로 미국에 의해 구축된 소위 자유주의적 국제질서를 차곡차곡 파괴하고 있다.

자유주의적 국제질서는 2차 세계대전(1939~1945)이 끝난 후인 1945년부터 시작되었다. 이 질서에 있어서 한 가지 중요한 요소는 미국이 세계평화와 국제경제를 수호하기 위해 IMF, 세계은행, GATT를 설립하였다는 사실이다.

위에 언급한 모든 기구들은 자유주의적 국제주의의 핵심가치를 구성하고 있는 국제제도인 자유무역, 민주, 인권과 같은 원칙들에 토대를 둔 세계를 형성하고 있다.

국제주의 또는 자유 국제주의의 옹호론자들은, 알려진 바와 같이, 이들 세 가지 원칙들이 국가들 간의 분쟁과 전쟁을 감소시키거나 제거할 것이라고 믿고 있다. 특정 국가가 다른 국가로부터 침략을 받을 때 국제기구의 공동안보 메커니즘을 통해 저지할 수 있다. 자유무역을 통해 국가들은 서로 경제적으로 연결되어 있다. 따라서 그들은 경제적 자원을 획득하기 위해 전쟁을 일으킬 필요가 없다. 한편, 민주주의는 정부가 전쟁보다는 국민들의 이익을 우선으로 챙기도록 권장한다.

자유주의적 국제주의에 바탕을 둔 국제질서를 형성하려는 시도는 1차 세계대전 이후에 일어났다. 1913~1921년 미국의 대통령이었던 우드로 윌슨은 미국을 1차 세계대전(1914~1918)에 개입하도록 한 책임이 있었다. 전후 세계의 미래를 논의하였던 파리평화회의(1919년) 때 윌슨은 14개 조항을 제출하였는데, 그 조항들은 승전국들로 하여금 자유무역을 수립하고, 국가형성에 대한 자기결정권을 존중하도록 하며, 국제연맹이라고 불리는 국제기구를 설립하도록 하는 원칙에 관한 성명서였다.

윌슨의 제안은 의회에서 거절된 이후 빛을 보지 못하고, 미국은 국제연맹에 가입하지 않았다. 미국이 없는 상태에서 국제연맹은 2차 세계대전의 발발을 막는 데 실패하였다. 전후에 미국은 1941년 대서양 헌장에서 다시 한 번 프랭클린 루스벨트 대통령이 밝힌 구상에 기초하여 국제연맹을 대체하는 국제연합을 창설하는 것을 골자로 하는 국제자유질서를 주창하였다.

자유주의 질서는 2차 세계대전 때 미국의 동맹이었고 유엔 안전보장이사회의 상임이사국 중의 하나인 소련의 도전에 직면하였다. 그 도전은 두 개의 강대국 간 냉전을 초래하였다. 미국은 자국을 자유세계의 지도자로 묘사하였고, 소련에는 인류의 자유를 위협하는 공산 독재체제라는 딱지가 붙었다. 그러나 소련의 입장에서 볼 때, 미국은 자유주의 가치를 세계에 강요함으로써 인류의 자유를 위협하는 국가였다.

동서독을 가르는 베를린 장벽이 무너짐으로써 1989년 냉전이 끝났을 때, 미국은 또다시 자유주의적 국제질서를 수립할 것을 세계에 요청하는 노래를 불렀다. 조지 W. 부시 대통령은 세계화가 표준이 되고, 벽이 없는 세계가 현실이 되는 것을 의미하는 "새로운 국제질서"에 대해 언급하였다.

자유적 국제주의자들이 상상했던 이상적인 세상이 현실에 가깝게 되어 가는 것 같았다. 프란시스 후쿠야마는 베를린 장벽이 무너지고 나서 역사의 종말에 대해 서술하였다. 후쿠야마는 인류의 역사는 대립되는 두 가지 이념 간의 전쟁의 역사로서, 전 세계에 걸쳐 보편적인 이데올로기로 부상한 자유주의 이데올로기가 1차 세계대전 때는 전체주의를, 2차 세계대전 때는 파시즘을, 냉전 때는 공산주의를 무너뜨린 최종 승자로 보고 있다.

그러나 최근에 전개되고 있는 여러 사건들은 후쿠야마의 희망을 부정하는 것 같다. 유럽의 이민 위기부터 시작해서, 영국의 브렉시트(EU 탈퇴), 2016년 미국 대선의 트럼프 당선과 더불어, 국가들은 자유무역과 세계화를 거부하고 있다. 이와 같은 상황은 자유주의적 국제론자들이 투쟁해 왔던 민주적 가치들을 질식하게 하고 있는 포퓰리즘과 독재적인 지도자들의 대거 출현이라는 결과를 가져왔다.

왜 미국은 자신이 만들었던 시스템을 스스로 무너뜨리고 있는가? 만약 자유주의적 국제질서가 압력으로 붕괴된다면 무슨 일이 일어날까? 반세계화 현상과 포퓰리즘은 세계안정과 질서에 어떤 영향을 미칠까?

이들 질문에 대답하기 전에 민주주의와 자유무역을 거부하도록 하는 온상이 되고 있는 포퓰리즘의 부상을 먼저 이해해 보자.

2

포퓰리즘의 부상

브렉시트부터 트럼프의 승리, 그리고 중국에 대한 무역전쟁까지 최근 국제정치에 있어서 놀라운 전개의 핵심에는 포퓰리즘의 부상이 자리 잡고 있다. 이와 같은 현상은 미국을, 자유무역을 선도하는 국가에서 이를 거부하는 국가로, 따라서 보호무역주의 국가로 이미지를 바꾸어 놓았다.

문자 그대로 포퓰리즘이라는 단어는 엘리트주의의 반대말이다. 엘리트주의는 “엘리트는 더 잘 알고 있다”라는 것을 의미하고, 반면에 포퓰리즘은 일반 대중들의 목소리를 의미한다.

일반적으로 '대침체(Great Recession)'로 알려진 2008~2009년의 세계 금융위기 이후 미국인과 유럽인들은 자유무역과 세계화 등에 기초한 시스템, 즉 기존의 정치-경제 시스템에 대한 그들의 불만을 표출하기 시작했다.

미국의 엘리트들은 자유무역이 경제위기의 영향을 극복하기 위한 최선의 방법이라고 주장한다. 이에 오바마 행정부(2009~2017)하의 미국은 환태평양경제동반자협정(TPP), 범대서양무역투자동반자협정(TTIP)과 같은 무역협상을 개시하였다.

반면에 태평양이나 대서양 맞은편에 있는 나라들은 상품과 자본, 노동의 자유로운 이동을 허용하는 개방 국경정책을 옹호하였다.

그러나 사람들이 자유무역이 그들 모두에게 도움을 주지 않는다는 사실을 눈치채기 시작하였을 때 불만의 기운이 만연하였다. 사실, 개방 국경정책으로 인한 이민자들의 유입은 실업의 원인으로 간주되었다. 그보다 더, 그들은 세계화의 이득이 단지 엘리트와 대기업들의 주머니로만 들어간다는 사실을 알기 시작하였다.

포퓰리스트의 정서는 부의 균등한 분배를 요구하는 좌파나 사회주의자들의 정서와는 다르다는 것을 짚고 넘어가야 한다. 좌·우의 정치적 스펙트럼 측면에서 볼 때 포퓰리즘은 우파로 분류될 수 있다. 왜냐하면 그것은 국적의 차이를 강조하기 때문이며, 일자리는 외국인보다 내국인들에게 주어져야 한다는 입장이기 때문이다. 그것은 또한 국경선을 좀먹는, 세계화를 전복시키기를 추구하는 국수주의의 귀환을 상징하기도 한다.

국수주의자들의 정서는 2016년 미국의 대선에서 모든 주요 후보자들이 TPP를 철회하도록 만들었다. 비록 오바마가 그 협정에 대한 서명과 관련하여 민주당과 공화당의 지지를 받기는 하였지만, 반발이 너무나 심하여 초기에 그 협정에 대한 지지자였던 힐러리 클린턴마저도 유턴을 하도록 만들었다.

트럼프는 점증하는 포퓰리스트 정서를 등에 업고 선거에 승리하였다. 이에 트럼프가 미국의 제45대 대통령으로 집무를 시작하자마자 제일 먼저 한 일은, 오바마가 7년간 노력했던 일을 정리하고, 미국의 TPP 탈퇴를 선언한 것이었다.

트럼프의 미사여구를 분석해 보면, 포퓰리스트 정서의 주요 원인은 연방정부로부터 소외받고 있다고 생각하는 일반인들이라는 것을 알 수 있다. 그들은 자유무역이 자신들의 공장을 해외에 짓기를 원하는 대기업 편만을 든다고 이해하고 있다. 따라서 이 회사들은 미국인들을 고용할 어떠한 이유도 없게 된다. 국내 투자가 없는 상황에서 실업은 해결되지 않는 주요 문제가 된다.

트럼프는 포퓰리스트적이고 국수주의적 정책을 요구하는 집회에서 "다시 미국을 위대하게"라는 슬로건을 사용하였다. 그는 미국 기업은 다른 국가가 아닌 국내에 투자해야 하며, 일자리와 관련해서는 미국인들에게 우선권이 주어져야 한다는 의견을 밝혔다. 달리 말해서, 미국경제에 보호주의를 적용하고 싶다는 것이다.

자유무역 옹호론자들에게 보호무역주의는 가격 비교와 소비자들의 선호에 따른 경제적 결정에 기초한 자유무역 정신을 침해하는 것이다. 근로자들은 임금 수준에 따라 평가되어야 하고, 임금이 저렴하면 고용하고, 국적에 따른 차별은 없어야 한다. 가격이 아닌 다른 요인에 기초한 차별은 경제의 비효율성만을 가져올 것이라고 그들은 주장한다.

그러나 미국 역사에서 보호주의는 미국의 대규모 경제성장의 원천이었고, 이로 인해 미국은 세계경제 선진국으로 부상하였다. 국내산업을 발전시키기 위해 미국은 수입상품에 높은 관세를 설정하였다. 1945년 이전에 미국의 관세는 거의 30% 이하로 내려간 적이 없었다. 이와 같은 관세에 의존하여 미국은 1890년부터 오늘날까지 GDP 기준 경제대국으로서 영국을 추월하였다.

포퓰리스트들에게 경제적 효율성 문제는 일반인들을 귀찮게 해서는 안 되는 엘리트들의 관심사항이다.

일반인들이 알고 있는 것은 그들의 삶이 점점 힘들어지고 있다는 것이다. 그들에게 경제는 대기업의 로비스트 편을 들고 있는 이기적인 정치인들 때문에 악화되고 있다. 대중들은 절망 가운데 변화를 추구하고, 정치인들은 용감하게 변화를 만들어 간다.

미시간, 위스콘신, 인디애나, 오하이오, 펜실베이니아와 같은 중서부 주들의 블루칼라 노동자들은 그들의 이익이 보살펴지고

러스트 벨트 주들(펜실베이니아, 오하이오, 미시간, 그리고 인디애나)은
2012년 민주당의 오바마 후보에게 투표하였음에도 불구하고,
2016년에는 트럼프에게 투표하였다.

있지 않다는 것을 느끼고 있다. 이 지역은 한때 산업의 중심지였고, 철강과 자동차 생산으로 "철강 지대"로 알려졌다.

그러나 그들의 주장에 따르면, 자유무역 때문에 이 주들은 일본이나 중국 같은 국가들과 경쟁할 수 없게 되었다. 이런 이유로 탈산업화가 나타나기 시작하였고, 공장들은 문을 닫고, 지역민들은 다른 곳으로 이주하게 되었다. 한때는 자랑스러운 철강 지대가 녹슨 지대, 즉 러스트 벨트로 바뀌게 되었다.

따라서 트럼프가 중국에 대한 의존을 줄임으로서 미국의 산업을 되찾아 오고, 공장을 열 수 있는 인센티브를 통해 미국의 기업들이 되돌아오고, 고용과 취업의 기회를 창출하겠다고 약속하였을 때, 위에 언급한 지역의 유권자들은 그들이 비록 그동안 민주당 후보에게 항상 투표해 왔음에도 불구하고, 누구에게 투표할지에 대해 재고의 여지도 남기지 않았다.

그들은 자유무역과 동의어의 이미지를 가진, 그리고 월스트리트의 은행과 금융 회사들의 대변인으로 간주되는 클린턴을 버렸고, 이로 인해 2016년 선거에서 트럼프가 승리하는 길을 닦아 주었다.

트럼프는 포퓰리즘의 파도를 탔고, 백악관에 입성할 수 있었다. 권력을 유지하고, 사람들의 지원을 계속받기 위해서, 그는 주저하지 않고 그의 약속을 충실히 지키고, 보호주의적인 정책을 도입하였다.

3
강자의 부상

포퓰리즘의 부상은 독재적인 지도자, 달리 말하자면 강자의 부상과 동반한다.

2018년에 주류 서방언론에 의해 독재적인 지도자로 분류된 네 명의 저명한 세계 지도자들이 권력을 잡았다. 2013년부터 중국의 주석으로 있는 시진핑, 2012년부터 러시아 대통령으로 있는 블라디미르 푸틴, 2014년부터 터키 대통령으로 있는 레제프 타이이프 에르도안, 그리고 2010년부터 헝가리 총리로 있는 빅토르 오르반 등이다.

시 주석은 2013년, 후진타오 주석 후임으로 등장하였다. 중화인민공화국 헌법에 따르면 주석직은 최대 두 번의 임기만 하도록 되어 있다(한 번의 임기는 5년). 2018년 2월에 개최된 제13차 전인대 회의에서 시 주석은 재선되었고, 그와 동시에 헌법은 재임기한을 없애버리도록 수정되었다. 달리 말해서 시진핑은 2023년 그의 임기가 끝나고 나서도 권좌에 남아 있을 수 있으며, 이로써 1982년 이래 중국정치의 표준이 깨어졌다.

한편 푸틴과 에르도안은 2018년 3월과 5월에 치른 대통령 선거에 승리한 이후 각각 2024년과 2023년까지 권좌에 남아 있을 수 있게 되었다.

과거에 대통령직을 역임(2000~2008)한 적이 있는 푸틴은 이오시프 스탈린(1922~1953) 이후 러시아에서 최장 기간 권력을 잡은 대통령이 되었다. 뒤를 이어 에르도안은 아타튀르크의 기록(1923~1938)을 넘어 터키에서 가장 장기 집권한 지도자로 기록되고 있다.

헝가리 오르반 총리의 집권여당은 2018년 4월 치러진 제3차 선거에서 승리 이후 재집권하였다. 오르반은 EU 이민정책을 지지하지 않는, 카리스마가 넘치는 지도자로 알려져 있다. 또한 오르반은 독재적인 인물로 간주되고 있으며, 헝가리 출신의 환투기 전문가이자, 열린사회연구소(Open Society Institute)를 설립한 민주활동가인 조지 소로스로부터 항상 비난을 받고 있다. 이에 대응해서 오르반은 억만장자의 큰손이 돈을 댄 중부유럽 대학을 폐쇄하였다.

앞에 언급한 네 명의 유사성은 국익을 강조하면서, 표현의 자유와 법의 지배와 같은 주류적인 가치를 포기함에 있어서 전혀 사과하는 기색이 없다는 점이다. 비록 이 국가들(중국, 러시아, 터키, 헝가리)이 공산주의와 사회주의의 역사를 가지고 있다고 하더라도, 그들은 공산주의자나 사회주의자가 아니다. 그들의 지도자들은 자유주의적 민주주의에 실망한 국민의 감정을 이용하는 국수주의자이다.

강자가 대세인 상황은 필리핀에서도 관측된다. 로드리고 두테르테는 마약 거래자들에 대항한 척결운동에 규범적이고 법적인 절차를 도입하여 인기를 끌었다. 도널드 트럼프 역시 그가 "가짜뉴스"로 낙인찍은 주류 언론을 향한 공공연한 태도와는 달리, 정부정책 결정 과정에서 정상절차를 밟는 모습을 통해 강자의 이미지를 구축하고 있다.

주류 언론기관과 주류 학자들은 강자들의 부상에 불안을 느꼈다. 그들은 파리드 자카리아(Fareed Zakaria)가 묘사한 것처럼 이것을 민주주의의 후퇴, 민주적 불경기, 또는 자유를 제한하는 민주주의로 보고 있다.

현대의 정치이론은 정부의 규칙적인 교체를 민주주의의 건강하고 성숙한 모습으로 간주하고 있다. 그들은 정치를 기저귀처럼 더러운 것으로 연관 짓고 있다. 즉, 정부는 항상 바뀌어야 하며, 그렇지 않으면 부패로 물들기 때문이다.

한편, 자유 국제주의자들은 독재정부를 국가들 간의 전쟁의 원인으로 보고 있다. 그들이 볼 때 국민들에 대한 책임감이 없는 정부는 전쟁을 일으킬 가능성이 많다는 것이다. 따라서 그들은 이들 독재적 지도자들의 부상을 전 세계에서 벌어지고 있는 점증하는 긴장 확대의 원인이라고 탓한다.

학자들과 언론의 해설이 놓치고 있는 점은 독재적 정치가 만연하는 것이 포퓰리즘의 부상과 밀접하게 관련되어 있다는 점이다. 대중들은 실제적인 문제에 해결책을 가져다주지 못하는 민주주의에 지쳤기 때문이다. 이런 이유로 그들은 시스템을 점검하고, 그들의 요구를 충족시킬 수 있는 강자를 필요로 한다.

러시아에서 민주주의에 대한 총체적인 기억은 1990년대에 일어난 혼란스러운 민주화 경험이다. 러시아 경제는 누더기가 되었고, 사람들은 기본적인 욕구도 충족하지 못하였으며, 정부는 1998년에 부도를 선언하여야 했다. 독재적인 지도자인 푸틴이 정권을 잡고 나서야 형세가 반전되었고, 러시아는 그 이후 번창하기 시작하였다.

터키 에르도안 대통령은 사회와 정치생활에 있어서, 이슬람적 상징을 부활하려는 그의 노력을 정부 내에서 방해하려는 케말주의자들을 잘 억압한 능력 있는 지도자로 인식되고 있다.

미국에서 민주당과 공화당 간의 교착상태는 국민들의 눈에는 정부가 우유부단한 것처럼 보이게 만들었다. 트럼프는 자신을 전임자들과 비교하여 문제를 종결 지을 수 있는 대통령으로 평가하였다. 트럼프는 절차와 정당한 과정에 대한 관심은 부족하고, 헌법의 신성함보다는 결과를 더 우선시하였다.

이것은 막스 베버와 같은 정치학자나 사회학자가 정의한 전제군주제(시저리즘)의 현상이다. 시저주의 지도자는 일반 대중의 지지를 받고, 독재적인 경향을 가지고 권좌에 오른 카리스마 넘치고 매력적인 지도자를 암시한다. 왜냐하면 그것이 대중들이 원하는 것이기 때문이다. 시저주의자는 BC 49~44년 벌족파(optimates)에 대한 민중파(populares)의 승리를 통해 왕좌를 획득한 로마의 독재자 율리우스 시저와 관련 있다.

결론적으로, 오늘날 강자의 부상은 국민들에게 혜택을 준다고 알려진 자유주의적 민주주의 시스템에 대해 국민들이 느끼는 좌절감에 뿌리를 두고 있다. 민주주의가 해결책을 제시하지 못할 때, 독재주의가 대안으로 부상한다.

4
새로운 냉전?

포퓰리즘과 독재주의의 부상은 세계 도처에서 일어나고 있는 상황 악화와 관련이 있다. 자유적 국제주의자들의 관점에서 보면 포퓰리즘과 독재주의는 세계 분쟁과 전쟁의 원천이다. 포퓰리즘은 무역전쟁을 가져오고, 독재 지도자들은 군비경쟁과 대리전으로 이끌고 있다.

그들은 푸틴과 시진핑, 트럼프를 그러한 가정이 살아 있는 증명으로 보고 있다. 주류 언론과 싱크 탱크 단체들은 푸틴을 과대망상증 환자로 묘사한다. 2014년 우크라이나에서 크림반도를 합병하는 푸틴의 결정은 히틀러가 1938년에 체코슬로바키아에서 수데텐란트를 합병한 것과 같은 관점으로 평가되고 있다. 그들은 만일 푸틴이 벌을 받지 않는다면, 그가 세계평화를 위협하는 것에 대해 두려워하지 않을 것이라는 견해를 밝혔다.

시진핑의 지도하에 있는 중국 역시 시민의 자유와 경제의 쇠퇴를 경험하고 있다고 한다. 자유로운 발언권은 줄어들고 있고, 소수민족들에 대한 탄압은 늘어나고 있다. 시진핑은 중국을 1949년부터 1976년까지 통치한 독재적 중국공산당 체제의 창립자인 마오쩌둥과 비교되었다.

이를 보고 언론과 학자들은 새로운 냉전이 진행되고 있다고 결론 내렸다. 중국과 러시아 간의 협정이 미국이 이끄는 자유적인 국제질서에 대항하여 맺어졌다. 이는 똑같은 행위자와 행위로 이루어진 과거의 긴장상태를 떠올리게 하는 대목이다.

"냉전"이라는 문구의 사용은 이념 간의 전쟁을 함축한다. 미국은 민주와 자유주의의 가치를 상징한다. 반면에 러시아와 중국은 권위주의를 대표한다. 중국과 러시아가 상하이협력기구(SCO)나 BRICS(브라질, 러시아, 인도, 중국, 그리고 남아공)와 같은 기구를 설립하는 것은 미국이 후원하고 있는 북대서양조약기구(NATO)에 대항하기 위한 것으로 간주되고 있다. 중국과 러시아가 무역에 있어서 금 이외에 자국 통화로 거래하도록 협력하는 것은 미국 달러에 기반을 둔 국제경제시스템에 대한 도전으로 받아들여진다. 최종 목적은 전제적 가치에 기반을 둔 새로운 세계질서를 구축하려는 것이다.

따라서 미국은 냉전시대와 마찬가지로 두 국가를 봉쇄하도록 하는 노력을 쏟는 데 집중하고 있다. 러시아에 대한 제재 이외에 오바마 행정부 시기의 미국은 TPP와 TTIP를 중국과 러시아를 저지하기 위한 지경학적인 수단(지정학적인 목적을 달성하기 위해 경제적인 수단을 사용)으로 활용하였다. 미 해군의 60%를 아태지역으로 재배치하는 것을 골자로 하는, 2011년 오바마가 선언한 아시아 회기(Pivot to Asia) 전략은 중국과 러시아를 동쪽(태평양)과 서쪽(대서양)으로부터 봉쇄하는 또 다른 방법이다.

그러나 이 전략은 미국인 자신들이 위에 언급한 무역 협정을 승인하지 않을 때 문제가 있다. 사실 새로운 저지전략은 서방 국가들은 단합이 안 되어 족쇄를 차고 있는 상황에서, 중국과 러시아의 영향력이 커지고 있을 때에는 역효과를 낳는다.

이 문제들은 사람들의 편견 탓만 해서는 해결될 수 없다. 지도자는 배를 옳은 방향으로 몰고 갈 책임이 있는 선장과 같고, 국가는 배와 같으며, 사람들은 여행자와 선원들과 같다.

오늘날 국제 시스템이 직면하고 있는 진짜 문제는 자유적 세계주의를 지지하는 지적인 엘리트들의 혼돈이다. 그들은 그들의 머리를 모래 속에 파묻고 있을 뿐만 아니라, 그들이 동의하지 않는 일을 과소평가한다.

미국의 국제질서에 반대하는 중국과 러시아의 저항이 존재할 때, 그것은 신냉전이라고 알려져 있다. 자유주의적 국제주의자들은 겉보기에 두 개의 다른 기준이 있는데, 만일 국민투표가 그들의 믿음을 지지하면 그것은 민주주의이고, 그렇지 않으면 포퓰리즘이다.

자유주의적 국제주의자들의 한 가지 중요한 실수는 그들이 현실보다는 아이디어에 사로잡혀 있다는 것이다. 그들은 당위의 세계와 현실의 세계를 혼동하고 있으며 현실이 그들의 이상과 일치하지 않을 때에는 적응할 수 없다. 그들은 현실을 바꾸려고 노력하였으나 시간 낭비일 뿐이었다. 인류는 기존의 국제정치를 만들었던 자연의 법칙을 결코 바꿀 수 없기 때문에, 현실을 바꾸려는 노력은 결국 물거품으로 끝날 것이다.

현실주의의 장점에 기초한 국제정치를 이해하는 데에는 세 가지 중요한 핵심 개념을 숙지해야 한다. 이들 핵심개념은 '권력정치, 지리학, 그리고 정체성'이다.

5

첫 번째 열쇠: 권력 정치

국제정치를 이해하는 데 있어서 자유주의적 국제주의자들은 자유무역, 민주주의 그리고 국제기구와 같은 것에 의해 만들어졌을, 보다 이상적인 세계를 그려보고 있다.

자유주의적 국제주의는, 인간의 본성은 완벽해질수 있다는 가정에 기초하고 있다. 민주적 시스템, 자유 시장경제, 국제기구와 같은 정당한 메커니즘으로 무장하고 있으면 사람들 간의 폭력은 근절될 수 있고, 사람들의 비관주의는 인류애의 정신으로 대체될 수 있다고 본다.

그러나 현실주의자들은 의견을 달리한다. 현실주의자들은 국가들 간의 분쟁이나 전쟁을 영원히 존재할 것으로, 정확히 말하면 인간의 본성 때문으로 보고 있다. 아무리 기술이나 물질적 진보가 이루어진다고 하더라도 인간의 본성은 결코 바뀔 수 없다.

기원전 2019년에 살았던 인간들은 탐욕스러웠고, 기원후 2019년 현재에 살고 있는 인간 또한 탐욕스럽다.

변함없는 탐욕은, 이븐 칼둔 같은 사회학자가 평가한 것처럼, 계속 반복되는 역사를 만들어 낼 것이다.

국제정치를 이해하기 위해서는 깊은 관련성이 있는 세 가지 변함없는 요소들을 고려해야 한다. 각각의 요소는 권력, 지리학, 정체성이다.

"첫 번째 열쇠는 권력이다"

어떤 주어진 시대에, 어떤 주어진 지역에서, 어떤 국가는 항상 더 많은 권력을 추구할 것이다. 국가의 이 특별한 성격은 인간성 그 자체에 연원한다. 국가는 인간의 본성을 흡수하는 개인들의 집합체이다.

인간의 일반적인 본성은 권력에 대한 의지이다. 토마스 홉스는 걸작인 『리바이던』(1651년)에서 인간의 본성은 "오직 죽음으로써만 끝이 나는 무한한 그리고 쉴 새 없는 권력에 대한 탐욕"을 내재하고 있다고 묘사하였다.

왜 인간은 권력을 추구하는가? 사마리아인들은 권력에 대한 탐욕이 적은가? 권력을 추구하는 사람을 나쁜 사람들로 분류할 수 있는가?

홉스의 설명에 따르면, 권력에 대한 필요는 난장판인 인간 본성의 상태에 뿌리를 두고 있다. "An"은 그리스어로 "없다"는 것을 의미하고, "archy(arkhos)"는 정부를 의미한다. 따라서 "anarchy"는 무정부 상태를 의미한다. 그것이 원시상태의 인간을 묘사하는 것이다. 정부 없이는 '강자가 약자를 해치고 지배하는' 정글의 법칙 빼고는 아무런 법도 없을 것이다. 어떤 누구도 다른 사람들의 의도를 알 수 없다. 아무도 다른 사람들로부터의 위협에 대해 안전을 확신할 수 없다.

불안전의 느낌은 인간으로 하여금 자기보존을 위한 권력을 추구하게 만든다. 그것은 선 또는 악의 문제가 아니다. 당신이 성인이라 할지라도 무정부 상태에서는 자신을 스스로 보호할 준비가 되어 있어야 한다.

이러한 상황은 가령 사람이 사회계약을 체결하여 폭력을 사용하는 권리를 가장 높은 권위, 즉 국가에 포기할 때에만 반전될 수 있다. 국가는 폭력의 독점자이다. 국가만이 범죄를 처벌하고 방어 작업을 수행할 권한이 있다. 그때서야 문명이 실체화될 수 있다.

그렇다면 홉스의 이론과 국제관계 간에 무슨 관련이 있는가?

국가 간의 관계는 원래 인간의 무정부 상태와 다를 바가 없다. 국가들의 행동을 통제할 수 있는 "세계정부" 같은 것은 존재하지 않기 때문에 어떤 국가든 다른 나라를 자유롭게 공격할 수 있다. 이와 같은 상황은 국가들 간에 불안감을 조성한다.

어쩌면 이런 관점을 논박할 사람도 있을 것이다. 어쨌든, 국제법은 존재하는가?

국제법은 국내법과 유사하지 않다. 국내법은 그들 법을 강제하는 유일한 권위가 있기 때문에 작동한다. 어떤 사람이 법을 위반해서 잡혔다고 가정해 보자. 당국은 정당한 절차를 밟아서 그에게 형벌을 내릴 것이다. 그 당국은 폭력의 독점자인 국가 그 자체이다.

그러나 그러한 절차는 국제정치 분야에서는 희망사항일 뿐이다. 예를 들면, 이라크가 쿠웨이트를 침공했을 때, 전 세계가 이를 비난했고, 일부 국가들은 한 단계 더 나아가서 폭력적인 수단으로 이라크를 징벌하였다.

반면에, 미국은 이라크를 침공하였다. 그러나 어떤 나라가 미국을 벌할 수 있는가? 실제로 국제법은 강대국의 이익을 옹호하는 데 사용되고 있다.

국제관계에서 가장 적용하기 용이한 법은 정글의 법이다. 투키디데스가 자신의 저서 『펠로폰네소스 전쟁사』에서 지적한 바와 같이 "강자는 그들이 할 수 있는 것을 멋대로 하고, 약자는 그들이 응당 받아야 할 것을 감내해야 한다."

그러한 경우를 고려할 때, 한 나라가 다른 나라의 공격을 방어할 수 있는 유일한 방법은 힘의 균형을 통해서이다. 이는 왜냐하면 강한 나라들만이 약한 나라들을 괴롭힐 수 있기 때문이다. 한 나라가 다른 나라에 군대를 보내기 전에 힘이 동등한지 여부를 다시 생각해 볼 일이다.

힘의 균형을 유지하기 위해서 한 국가는 자국의 힘을 증강시키거나 다른 나라와 힘을 합치기 위해 연합세력을 구축해야 한다.

국가들 간의 협력관계 구축은 힘의 균형을 유지하는 데 도움이 된다. 왜냐하면 한 국가의 힘은 언제나 변하는 것이기 때문에

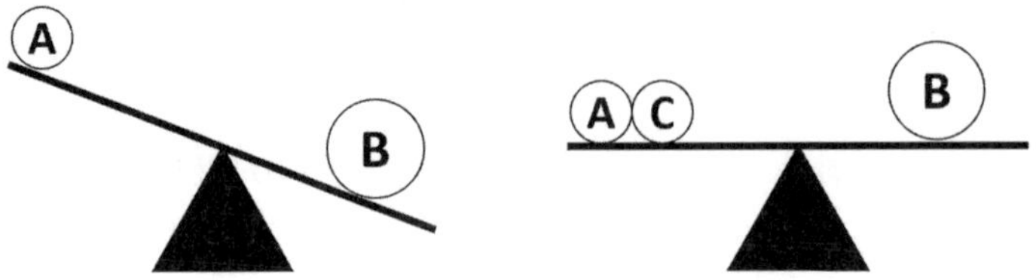

세력균형에 관한 간단한 비유

협약과 동맹도 수시로 변한다. 1960년대에 소련은 미국보다 강하였고, 이에 따라 미국은 중국과 동맹을 맺었다. 오늘날 미국은 러시아보다 훨씬 강하기 때문에, 러시아가 중국과 동맹하는 관계에 있다.

당연히 영원한 적도 없고, 영원한 친구도 없다. 오늘의 친구가 내일에는 적이 될 수도 있기 때문에, 말하자면 적의 적은 나의 친구이다. 이것이 국가들 간의 행동을 이해하는 데 가장 기본이 되는 원칙이다.

힘의 균형을 이루려는 목적은 안전을 보장하고 생존을 확보하기 위해서이다. 국가들은 생존에 관한 외부위협이 없을 때라야 위신과 가치와 같은 다른 목적들을 자유롭게 도모할 수 있다.

매슬로의 인간욕구단계 이론에서 언급한 바와 같이 우리는 기본적인 욕구가 충족되어야 성취나 야망과 같은, 보다 크고 높은 다른 것들에 집중할 수 있다. 삶이나 번영이 위협받고 있는 상황에서 야망을 이야기하는 것은 무의미하다.

생존보다 가치에 우선을 더 두는 것은 파멸로 인도하는 일이다. 그것이 1차 세계대전이 끝난 후의 상황이었다. 그 시기에, 민주주의 국가(영국과 프랑스)들의 자유주의적 세계주의자들은 다른 국가들에 군축을 개시하고, 더 이상 세계전쟁이 없도록 전쟁을 범죄화하라고 요구하였다.

그러나 군축은 민주주의 국가와 파시스트 국가들(독일-이탈리아) 간의 힘의 불균형을 가져왔다. 그 때문에 후자의 국가에 전쟁을 일으킬 수 있는 여지를 주었고, 2차 세계대전이 발발하였다. 권력문제에 방관하는 이상주의자들의 해법은 전쟁을 예방하는 데 실패했을 뿐만 아니라, 설상가상으로, 그들의 가치를 위험에 빠뜨렸다. (만약 파시스트들이 승리하였더라면, 민주주의도 그 무엇도 없었을 것이다.)

이런 이유로 우리들은 국제정치를 이해하는 데 있어서 힘의 측면을 항상 고려해야 한다. 국가들 간의 관계에 있어서 무정부 상태가 존재하는 한, 국제정치는 힘을 얻기 위한 투쟁에 의해 좌우될 것이다.

그것이 국제정치를 이해하는 첫 번째 열쇠이다.

6

두 번째 열쇠: 지정학

힘의 정치를 이해한 후 취해야 할 다음 단계는, 힘을 극대화하기 위해 한 나라가 무엇을 해야 하는지를 결정하는 지리학의 역할을 아는 것이다.

왜 지리학인가?

왜냐하면 모든 국가들은 국경과 영토를 가지고 있기 때문이다. 국가의 권리와 의무에 관한 협약인 몬테비데오 협약(1933년)에 따르면 국가를 형성하는 네 가지 요소 중 하나로 영토를 언급하고 있다. 나머지 세 개는 국민, 정부, 타국과의 관계를 맺는 능력(외교 관계)이다.

국경과 영토의 모습이 국가별로 다르기 때문에, 외교와 국방정책의 우선순위 또한 다르다. 어떤 국가는 방대한 영토와 국경을 가지고 있어 초강대국으로 부상할 수 있으며, 반면에 다른 나라들은 조그맣고, 한정된 국경과 영토를 가지고 있다.

"지리는 운명이다"

그러나 국가들은 외교정책과 적절한 전략을 통해 운명을 바꾸고 생존할 수 있다. 운명을 바꾸는 것은 운명에 맞서 싸우는 것과 동등하지 않다. 국가는 어떤 외교정책을 수립할 때 지리적 요인을 여전히 고려해야 한다. 운명에 어두운 상태라면 운명을 바꿀 수 없다.

국가에 있어서 가장 중요한 것은 다른 어떤 국가가 위협을 가하는지를 파악하는 일이다. 모든 국가는 지리적 배경이 있다. 인접 국가들은 비인접 국가보다 더 위협적이고, 그리고 종종 내륙의 이웃 국가들이 해상의 이웃 국가들보다 더 위협적이다. 지리적 근접성으로 인해 프랑스와 독일은 상대방에 대하여 매우 적대적이 되었고, 결국은 이로 인해 두 개의 세계대전이 발발하였다. 프랑스의 지리를 살펴보자. 남쪽으로는 피레네산맥이 있어서 스페인과 분리되어 있고, 남동쪽으로 알프스산맥이 있어서 이탈리아와 분리되어 있으며, 서쪽으로는 영국해협이 있어서 영국과 분리되어 있다. 프랑스는 사방의 자연 장벽으로 보호받는, 두말할 나위 없이 운이 좋은 국가이다.

그러나 프랑스의 약점은 북동쪽에 있다. 그쪽으로는 유럽 평원으로 알려진 평평한 땅 외에는 산맥이나 바다, 또는 빠르게 흐르는 강과 같은 자연 장벽이 없다.

자국의 안전을 확보하기 위해 프랑스는 리슐리외 추기경

프랑스의 지정학적 문제

(1624~1642) 시기부터 독일을 분할시키는 전략을 도입하였는데, 그렇게 해서 통합되고 강력한, 그리고 위협적인 독일 국가가 탄생하지 않도록 하였다. 나폴레옹 1세(1803~1815)도 똑같은 정책을 사용하여, 다른 독일 국가들, 특히 프로이센을 통제하기 위하여 프랑스의 꼭두각시 정부인 라인 동맹을 결성하였다.

반면에 나폴레옹 3세(1852~1870)는 프로이센이 독일 국가들을 통일하려는 노력을 저지하는 데 실패하여, 1871년 독일 제국이 탄생하였다. 그 후유증으로 독일 군대가 파리를 두 번(1871년과

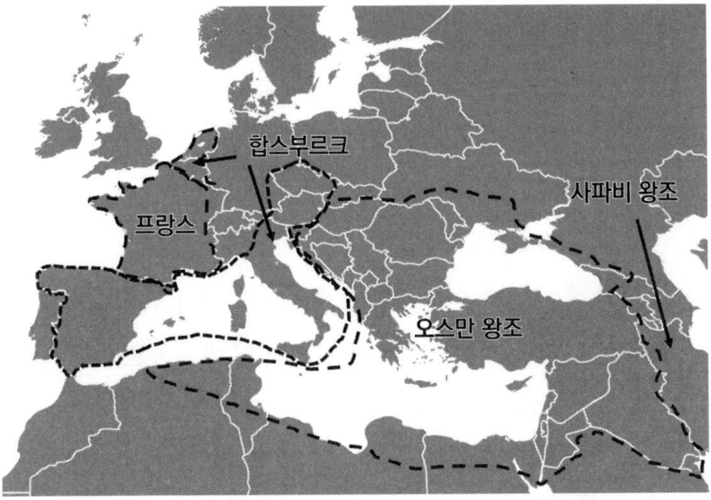

프랑스-오스만과 합스부르크-페르시아 조약에 있어서 지리적 요인

1940년) 점령하였다. 2차 세계대전에서 독일이 패하고 동·서독으로 분리되자 프랑스는 절대적인 평화를 향유할 수 있었다.

한 국가가 지리적 이해관계를 확보하려는 전략을 지전략이라고 부른다. 독일에서 "정책"이라는 단어는 또한 "정치"를 의미한다. 지전략(地戰略, geostrategy)이라는 용어 역시 "지정학적인(geopolitical)"이라는 용어로 대체될 수 있다. 그러나 영어에서 "지정학"은 특정 국가나 지역에서 발생하는 정치적 역동성을 의미한다.

국가들은 지리에 기초하여 그들의 지리적 상대를 선택하게 된다. 16세기에 오스만 제국은 프랑스와 동맹을 체결하였는데, 두 나라 모두 합스부르크 제국과 전쟁 상태에 있었기 때문이다. 합스부르크의 서쪽에 위치한 프랑스는 합스부르크 제국을 서쪽과 동쪽에서 포위하는 영향력을 발휘할 수 있었다.

반면에 합스부르크는 페르시아 사파비 왕조와 협약을 체결하여 오스만-프랑스 동맹을 역포위하였다. 오스만과 사파비는 적이었고, 나의 적(敵)의 적(敵)은 나의 친구이다. 사실 오스만의 동쪽 국경에 대한 사파비의 공격은 오스만의 정신을 산만하게 만들었다. 이런 이유로 합스부르크-사파비 동맹은 오스만-프랑스 동맹에 대응하기 위해 만들어졌다.

국제정치학은 이해하기 어렵지 않다. 가장 중요한 일은 누가 친구이며 누가 적인지를 파악하는 일이다. 친구와 적에 대한 인식은 결과적으로 힘과 지리에 의해 영향을 받는다.

현재 지전략은 군사 문제나 전쟁에만 한정된 것은 아니다. 오늘날 지정학적인 경쟁은 경제 영역에서도 일어나고 있다. 경제블록의 출현은 우리가 "지리경제"라고 부르는 일종의 지전략으로 간주될 수 있다. 지리경제는 지정학적인 목적을 위해 경제적 수단을 사용하는 것을 의미한다.

TPP와 TTIP, 그리고 유라시아경제연합(EAEU)과 같은 경제적 동반자 관계는 지리적 측면에서 국가들 간의 근접성에 기초하여 형성되었다. 그리고 많은 경제블록은 초강대국들의 발명품으로서 그들의 힘을 투사할 수 있는 영향권으로 기능하고 있다.

외교정책과 전략을 수립하는 데 있어서 그 가치뿐만이 아니라 지정학적인 요소들까지도 고려해야 한다. 어떤 나라를 좋아하는 것은 그 이념이나 체제가 좋아서가 아니라, 보다 큰 이익을 추구하기 위해서 이념문제를 옆으로 제쳐 놓아야 한다는 것이기도 하다.

예를 들면, 사담 후세인이 미움을 받고 있다고 할지라도, 현명한 아랍 국가들이라면 이라크가 그의 통치 아래 있기를 바란다. 왜냐하면 사담 후세인의 철권통치만이 중동의 전략지인 그곳을 안정화시킬 수 있기 때문이다. 독재자의 사망은 권력의 공백을 초래하였고, 중동지역을 엉망으로 만들어 놓는 데 기여한 ISIS나 쿠르드 분리주의자들과 같은 극단적인 단체들이 우후죽순처럼 솟아나도록 하는 역할을 하였다.

지리는 운명이다. 이것은 국제정치를 이해하는 두 번째 열쇠이다.

7

세 번째 열쇠: 정체성 정치학

힘과 지리 문제 이외에도 국가 간의 갈등과 협력은 정체성 문제에 의해 영향을 받는다.

어떠한 사람도 정체성 없이는 살 수 없다. 그것은 음식과 의복처럼 삶의 물질적, 생리적 측면과 동일하다. 정체성은 기본적인 정신적 욕구이다. 우리 모두는 "나는 누구인가?"라는 가장 원시적인 질문을 던지고, "나"에 관한 질문이 해결된 후에라야 삶의 목적에 대해 최종적으로 이해하게 될 것이다. 만일 이 질문에 대한 대답을 얻지 못하게 되면 사람들은 목적 없이 방황하는 좀비와 다를 바 없는 것이다.

만약 개인이 "나는 누구인가?"라는 질문을 한다면, 개인의 집합체인 국가는 "우리는 누구인가?"라는 질문을 하게 될 것이다. 각국은 그 국가의 행동과 반작용에 영향을 미칠 수 있는 "국가적 임무"에 대한 정의를 내릴 필요가 있다.

예를 들면, 미국은 북한이나 이란이 핵무기를 가지고 있는지 없는지에 대해 관심을 가지고 있다. 그러나 미국은 영국이나 프랑스가 수백 개의 핵무기를 가지고 있다고 하더라고 상대적으로 별 관심이 없다.

반면에 힘의 균형이라는 측면에서 볼 때 미국은 영국이나 프랑스에 대해 더 관심을 가져야 하는 것이 아닐까?

그 문제에 대한 답은 미국이 영국과 프랑스를 어떻게 보고 있느냐에 있다. 그들은 적국으로 간주되지 않는다. 그들은 같은 정체성을 공유하고 있다. 미국과 캐나다도 마찬가지다. 캐나다는 미국의 힘에 대해 균형을 잡을 필요가 없다. 왜냐하면 이들 두 나라는 전쟁이 거의 불가능하다. 비록 지리적 측면에서는 브루나이와 싱가포르는 큰 차이가 없지만, 말레이시아와 브루나이 간의 신뢰 수준은 싱가포르와 비교해서 더 높다. 왜냐하면 후자는 말레이시아와 브루나이가 공통으로 가지고 있는 "말레이-이슬람-술탄의 통치"라는 정체성을 가지고 있지 않기 때문이다.

정체성이라는 것은 구축되고, 파괴되고, 다시 재건되는 어떤 것이다. 때때로 국가들은 더 큰 그룹과 동질감을 가지기도 하고, 때로는 보다 제한된 정체성을 선택하기도 한다. 실질적인 위협이 없을 때는 편협한 민족주의가 선호되기도 한다. 그러나 위협이 존재할 때, 국가는 지역주의와 범민족주의를 선택할 것이다. 예를 들면, 프랑스와 독일은 냉전 기간 중 공산주의의 위협에 대응하고, 유럽적 정체성을 형성하기 위해 편협한 민족주의를 내려놓았다.

정체성은 지정학에도 영향을 미친다. 유럽 국가의 일원이 되고자 했다가 이슬람 의식을 가진 국가로 바뀐 터키의 정체성 변화는, 그들의 정치적 나침판을 유럽에서 중동으로 바꿈으로써 지전략의 변화를 가져왔다.

한 나라의 정체성은 시간이 지남에 따라 변화한다. 16세기 동안 유럽 국가들은 그들을 가톨릭이나 개신교 국가로 인식하였다. 냉전시기에는 자본주의 국가, 공산주의 또는 중립 국가로 분류되었고, 냉전 이후에는 어떤 국가의 정체성의 기본은 그들의 문화였다.

"문명의 충돌"을 우리에게 소개한 사무엘 헌팅턴은 21세기 세계를 다음과 같이 8개의 주요한 문명권으로 나누었다. 서방, 동방정교, 중화, 힌두, 이슬람, 불교, 라틴 아메리카, 그리고 아프리카.

각각에는 핵심 국가들이 있다. 미국은 서방 문화의 핵심국가이고, 동방정교는 러시아, 중화문화는 중국, 힌두는 인도가 핵심국

헌팅턴이 분류한 세계 8대문명

가이다. 따라서 오늘날 초강대국은 그들 각각 문화의 대표자들이다.

라틴 아메리카, 아프리카 및 이슬람 국가들은 그들 문화권에 중심 국가가 없어 중심 지위를 차지하기 위한 분쟁을 하고 있다. 예를 들면, 터키, 이란, 사우디아라비아는 이슬람 문화권 내에서 핵심 국가가 되기 위해 상대방을 능가하기 위한 노력을 지속하고 있다. 각각의 국가는 그들 자신만의 뚜렷한 특색의 종교를 대표하고 있다.

문화권 밖의 국가들로는 고립된 국가들(일본처럼 어떤 문화권역에 속하지 않는 독특한 문화를 가진 국가들), 인도, 스리랑카, 그리고 말레이시아처럼 복합문화를 가진 나라들, 터키(이슬람과 서구문화 사이에 분열됨), 오스트리아(아시아와 서구문화), 멕시코(라틴과 서구문화)처럼 정체성 혼돈을 겪고 있는 국가들이 있다. 헌팅턴은 21세기의 전쟁은 문화권 사이의 단층선(斷層線)에서 일어날 것이라는 견해를 밝히고 있다. 동유럽에서의 불안은 서구문화와 동방정교 문화 사이의 국경전쟁으로 이해될 수 있다.

반면에 자유주의적 국제주의자들은 정체성 정책을 좋아하지 않는데, 그들은 그것이 사람들을 편 가르는 것으로 보기 때문이다. 그러나 그들이 이해하지 못하는 것은, 국가들 간의 분쟁의 기본핵심을 형성하는 보편적 가치는 서구문화의 소산이라는 것이다.

민주주의, 인권, 국가와 종교의 분리 등과 같은 보편적 가치는 고대 그리스 시기에 경험한 서구문명의 독특한 사건들과 종교개혁, 르네상스, 계몽주의에 기반을 두고 있다. 예를 들어, 인권에 관한 개념을 생각해보자. 그것은 플라톤, 아리스토텔레스, 토마스 아퀴나스, 그리고 존 로크의 철학에 뿌리를 둔 자연권(natural rights)이라는 개념에서 시작되었다.

사실 세계화는 현대의 상업 문화나 미국화의 확산에 지나지 않는다. 맥도날드, 스타벅스, 애플, 넷플릭스, 그리고 다른 기업들의 사업 팽창은 다른 지역의 문화생활을 위협하고 개방성에 반대되는 소비지상주의를 낳았다. 자유주의적 국제주의자들은 관용을 설교하고 있다.

따라서 어떤 나라가 경제부흥을 겪고 있을 때, 그 나라는 또한 문화적 르네상스를 경험하게 된다. 오늘날 국가들은 갈수록 더 그들의 문화와 근원에 대해서 자부심을 가지는 추세다. "미국을 다시 위대하게", "중화민족의 위대한 부흥"에서부터 유라시아니즘(러시아에서 아시아를 중시하는 정책)에 이르기까지 국가들은 권력과 지정학을 위해 경쟁할 뿐만 아니라, 그들의 정체성을 확립하기 위해서도 앞다투고 있다.

이에 따라 본서의 저자는 국제정치를 이해하는 세 가지 열쇠를 제시하였다. 국제정치에 있어서 각각의 사건들은 권력(힘), 지리학, 정체성이 결합된 결과로 이해되어야 한다.

이들 요소들에 기반을 둔 대외정책들은 이상주의에 기반한 사상들보다 훨씬 더 현실적이다. 즉, 국가와 지역의 전후사정과 관계없는 민주주의와 인권의 전파. 이것이 자유주의적 국제주의자들의 문제이다. 그러나 일반적으로 이들은 실수로부터 배울 줄을 모르고, 의견이 다른 사람들에게 손가락질한다.

"이상주의가 없는 현실주의는 무익하고,
현실주의가 없는 이상주의는 순진하다."

8

세계질서: 다극에서 단극으로

비록 국제관계가 종종 무질서하긴 하지만 결코 혼돈상태이거나 무법인 것은 아니다. 국제정치에서는 "시스템"이 있는데, 이는 어떤 원칙이나 규범이 국가들 간의 상호작용에 있어서 규칙이 된다는 것을 의미한다.

그러나 대등하지 않은 위치는 국제시스템과 특정 국가의 국내 시스템을 구분 짓는다. 국제시스템은 국내정치에 있어서 법 앞의 평등 원칙이 적용되지 않는 기울어진 운동장과 유사하다. 투키디데스가 언급한 바와 같이 "강자는 원하는 무엇이든 할 수 있고, 약자는 그들이 당해야 할 것을 겪어야 한다." 우세한 권력을 가진 국가들이, 까마득한 옛날부터 지금까지 국제정치를 지배하고 있으며 앞으로도 계속 그렇게 될 것이다.

강대국들이 항상 전쟁을 하고 있는 것은 아니다. 결국 끊임없이 전쟁을 벌이는 것보다는 자신들의 이익을 챙기는 시스템을 구축하는 것이 더 좋은 선택이 아닐까?

따라서 역사가 시작된 이래 우리는 강대국들의 몰락뿐만 아니라 그들이 지도하는 국제질서의 창설과 붕괴도 보게 된다. 소수

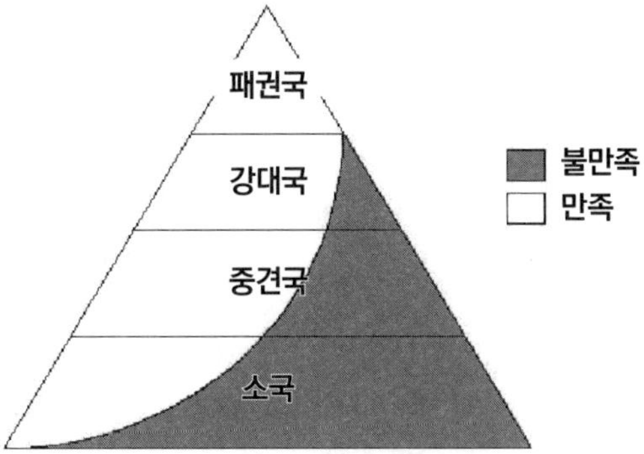

국제 시스템에 있어서 국가들의 서열

의 이들 강대국이 운영하는 질서가 있다. 옛날에는 두 개 또는 하나의 강대국에 의해 지배되었다.

지배적인 권력은 권력의 축으로 알려져 있다. 따라서 소수의 세계 강국에 의해 지배되는 질서는 다극체제이다. 두 개의 국가에 의해 지배되는 질서는 양극체제이고, 단일 권력에 의해 지배되는 질서는 단극체제이다.

지배적인 역할을 하지 못하는 국가들은 강대국들의 감시 아래 격하되어 강대국, 또는 패권국들이 만들어 놓은 국가들 사이의 위계질서, 즉 강대국, 중견국, 소국을 형성하게 된다.

위계질서는 국가들의 힘과 마지막 체제 전쟁에서 그들의 역할에 따라 결정된다. 체제 전쟁은 어떠한 국가가 우월적인 국가로 부상할지, 또는 못할지를 결정하는 전쟁을 말한다.

오늘날 목격되는 바와 같이, 비록 독일과 일본이 영국이나 프랑스에 대적할 만한 충분한 군사적, 경제적 힘을 보유하고 있음에도 불구하고, 두 나라는 국제연합 시스템에서 강대국으로 간주되지 않는다. 왜냐하면 UN 안전보장이사회에서 우월적인 힘을 가진 5개국(미국, 러시아, 중국, 영국, 프랑스)은 2차 세계대전의 승전국들이기 때문이다.

모든 질서에 있어서, 그 질서에 불만을 품고 변화를 추구하는 국가들이 있다. 이들은 모두 수정주의 국가들이다. 국제질서를 통해 혜택을 누리는 국가들은 현상 유지 국가들로 알려져 있으며, 여기에는 강대국도 포함된다.

현상 유지 국가들과 수정주의 국가 간에 괄목할 만한 힘의 공

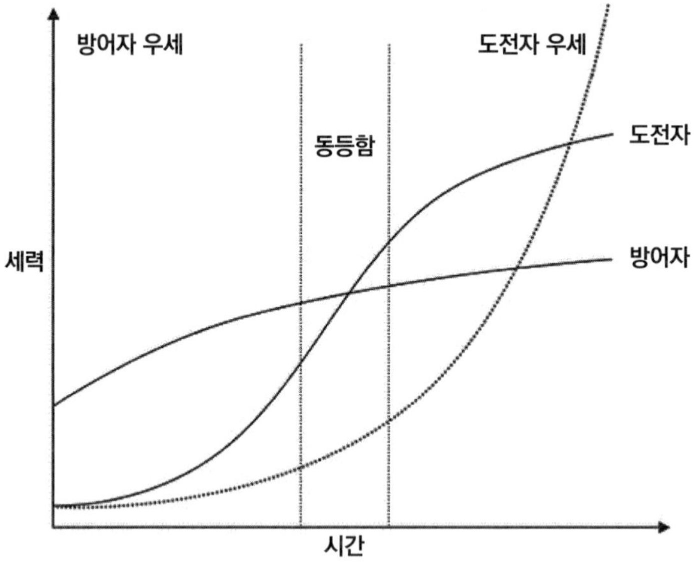

근소한 격차는 전쟁의 동기를 부여한다.

백이 있으면, 후자는 제멋대로 질서에 도전하지 않을 것이다. 그러나 작은 공백은 힘의 균형을 가져올 수도 있다. 수정주의 국가들이 시스템에 도전하는 경향은 높으며, 이것은 새로운 체제 전쟁으로 가는 길을 열게 된다. 만약 수정주의 국가가 승리한다면, 향후 결과로 구 패권국에서 신 패권국으로 권력 이동이 있을 것이며, 새로운 세계질서가 구축될 것이다.

그와 같은 것이 현재 시대의 (5세기 이후부터) 권력 이동이다. 처음에는 국제질서가 유럽 질서에 과도하게 기울어 있었다. 이것은 왜냐하면 유럽국가들이 성공적으로 나머지 국가들을 식민지화하였고, 그들의 질서를 국제질서와 동의어로 만들어 놓았기 때문이다.

초기의 유럽의 강대국으로서 패권국의 지위까지 오른 국가는 스페인과 오스트리아를 통치한 합스부르크 왕가이다. 미국과 아시아에 건설한 방대한 식민지 국가들을 토대로 합스부르크는 해가 지지 않는 첫 번째의 세계 제국으로 간주되었다. 이는 해가 스페인의 서반구에서 질 때, 지구 반대편에 있는 동반구의 식민지 국가들에서 해가 떠오르기 때문이다.

1588년에 영국의 무적함대가 스페인을 무찌르고, 1581년 네덜란드가 합스부르크에서 독립하고, 30년 전쟁(1618~1648)에서 합스부르크가 패배한 이후, 루이 14세(1643~1715) 통치하의 프랑스가 패권국의 왕관을 쓸 후보자로 떠올랐다. 그러나 프랑스는 영국(1707년, 잉글랜드 연합에 스코틀랜드 합병)으로부터 심각한 도전을 받았다. 패권국이 되고자 하는 프랑스의 시도는 영국과의 7년전쟁(1756~1763)에 의해 좌절되었고, 이는 26년 후인 1789년에 프랑스 대혁명이 일어날 때까지 프랑스의 국력과 위신에 상처를 주었다.

1789년 프랑스 혁명 이후 프랑스는 다시 한 번 프랑스 제국(1803~1815)을 세운 보나파르트 나폴레옹의 통치하에 일어섰다. 나폴레옹의 군대는 대륙의 모든 방향으로 진군하였다. 그는 영국을 제외한 유럽의 거의 모든 국가를 복속시켰다. 그러나 프랑스는 영국, 오스트리아, 프로이센 및 러시아의 연합군에 의해 패배 당하였다.

나폴레옹의 몰락은 영국, 오스트리아, 프로이센, 러시아, 프랑스 5개국에 의해 새로운 질서를 탄생시켰다. 이 질서를 세운 사람은 나폴레옹 이후 유럽의 새로운 지도를 그리기 위해 1814년 빈 회의를 주재한 오스트리아의 외무장관 클레멘스 폰 메테르니히였다. 나중에 독일이 부상할 때까지 이 5개 강대국이 유럽과 국제정치를 지배하였다.

이후 독일의 부상은 5대 강대국들 사이의 힘의 균형에 경고를 주었다. 더불어, 독일은 영국의 해상 주도권에도 위협을 가하였다. 두 국가의 대결은 불가피하게 두 블록 간의 충돌로 나타났다. 영국-프랑스-러시아 대(對) 독일-오스트리아. 이것이 1차 세계대전(1914~1918)이다.

독일과 오스트리아는 전쟁에서 패하여 1919년 파리평화회의에서 승전국들에 의해 입안된 베르사유 조약을 받아들일 수밖에 없었다. 베르사유 조약은 새로운 국제질서의 기둥이 되었다. 그러나 독일은 자국 영토의 10%를 내주어야 할 뿐만 아니라 전승국들에게 막대한 전쟁배상금을 지불하도록 강요받았기 때문에 그 조약이 너무 잔인하다고 생각하였다.

아돌프 히틀러 통치 시기에 독일은 베르사유 조약에 대해 공통의 불만을 품고 있었던 이탈리아, 일본과 함께 주축국을 형성하였다.

주축국 협약은 2차 세계대전의 불길을 점화하였고, 미국과 소련(러시아, 벨라루스, 우크라이나, 몰도바, 카자흐스탄, 투르크메니스탄, 타지키스탄, 키르기스스탄, 그리고 우즈베키스탄으로 구성된 공산국가 연합)이라는 두 개의 비유럽 국가가 영국-프랑스 동맹 측의 손을 들어주었기 때문에 패배하였다. 영국과 프랑스의 국력은 두 차례의 세계대전을 겪은 후 고갈되었다. 이런 이유로 미국과 소련이 새로운 강대국의 중심 무대로 나오게 되었다.

국제질서 변화에서 우리가 배울 수 있는 것은 패권국이 아무리 강하더라도 언젠가는 확실히 몰락하게 되어 있다는 것이다. 이런 상황은 존스홉킨스 대학의 찰스 도란(Charles Doran) 교수가 합스부르크로부터 시작해서 지난 500년간 강대국들의 흥망성쇠를 표시한 도표에도 나타나 있다.

강대국들의 흥망성쇠는 신의 심판에 달려 있다. 오래된 문제는 새로운 문제로 대체될 것이다. 각 국가들은 초강대국이 되기 위한 끊임없는 투쟁을 하고 있다. 따라서 국가들 간의 분쟁과 전쟁은 끝이 없다.

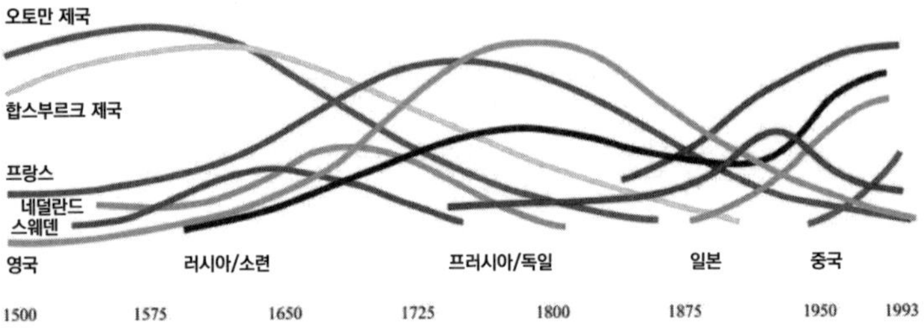

찰스 도란 교수가 분류한 세력 사이클

1945년 이전의 국제질서는 언제나 다극적이었다. 현대 역사에 있어서 처음으로 세계는 미국과 소련이 지배하는 양극 체제로 향하고 있으며, 그들은 초강대국 간의 경쟁 규칙을 새로 정의하였다.

9
팍스 아메리카나

1945년은 유럽 열강들에 의해 지배되었던 "구 세계질서"에서 미국과 소련에 의해 지배되는 "신 세계질서"로의 변화를 기록한 해였다.

그것은 자유주의적 국제주의자들이 힘의 균형에 기초한 국제질서를 공동안보에 기초한 국제질서로 바꾸려고 했던 두 번째 시도였다. 자유주의적 국제주의자들은 힘의 경쟁과 지정학적 이익에 기초한 국제정치를 민주, 자유무역, 그리고 국제기구에 기반한 국제정치로 대체하려고 노력하였다.

첫 번째 시도는 1차 세계대전 이후 세계의 미래를 논의한 1919년 파리평화회의 기간에 있었다. 미국은 그 회의에 승전국으로 참석하였다. 사실 미국은 1917년 러시아 혁명으로 러시아가 전쟁터에서 철수하자 영국-프랑스 동맹국에 승리를 안겨준, 결정적인 역할을 한 강국이 자신임을 알게 되었다.

우드로 윌슨 당시 미국 대통령은 자유주의적 국제주의자였다.

윌슨은 그 전쟁이 유럽국가들 간의 힘의 경쟁과 비밀스러운 외교적 관행의 결과로 보았다. 따라서 그는 그 문제에 대한 해결책을 제안하였다. 윌슨의 제안은 14개조로 되어 있었으며, 자유무역, 자기결정권의 인정, 그리고 국제분쟁을 해결하기 위한 국제기구의 설립 등을 포함하였다.

윌슨의 생각은 당시 시대를 앞서는 것으로 간주되었고, 영국과 프랑스 모두 초기에는 그 생각이 너무 이상적이어서 쉽게 받아들여지지 않았다. 윌슨은 대통령이 되기 전에 공공행정을 연구하던 학자였다. 그의 생각은 서류상으로는 멋있게 보일지는 몰라도, 실행에 옮기려고 할 때는 그렇지 않았다. 그러나 영국과 프랑스는 윌슨의 요구를 받아들여 공동안보에 기초하여 세계평화를 보호하려는 목적의 국제연맹을 창설하였다.

공동안보는 수년간 유럽국가들이 사용했던 공동방위와는 다른 개념이다. 공동방위는 외국의 적에 대항하기 위해 국가들이 수립한 군사동맹이다. 반면에 공동안보는 회원국들 간에 적이 누군지를 확인하는 메커니즘이다.

만약에 어떤 국가가 무질서나 분쟁을 야기하였다고 가정하면, 국제연맹은 회의를 개최하고 이를 비난하게 된다. 이 모델은 오늘날 국제연합의 모델과 유사하며, 국가들은 침략국을 비난하기 위해 회의를 소집하고, 침략국이 침략행위를 중단하도록 요구하는 결의안을 내게 된다.

그러나 국제연맹은 미국이 회원국이 아니었기 때문에 적절히 작동되지 않았다. 미국의 정치인들조차도 윌슨의 생각에 회의적이었다. 그들은 그가 미국의 주권을 초국가적인 기구에 주어 버렸다고 생각하였다.

그 결과, 미 의회는 베르사유 조약을 비준하지 않았다. 그러는 동안 1917년 세계대전에서 철수했던 러시아인들은 1917~1922년간 내전에 들어갔다. 1934년이 되어서야 소련이 국제연맹에 가입하였다.

미국과 러시아가 없는 상태에서 국제연맹은 침략 국가를 제어할 힘이 없는 잡담 장소(talk shop)와 같았다. 1931년 일본이 중국을 침략한 이후 국제연맹은 일본을 규탄하기 위해 모였다. 일본은 국제연맹을 탈퇴해 버렸고, 국제연맹은 아무것도 할 수 없었다. 이후에 히틀러가 1933년에 독일의 수상으로 임명이 되자, 그는 독일이 베르사유 조약에 의해 금지된 군비 확장을 수행할 수 있도록 하기 위해 국제연맹에서 탈퇴하였다.

국제연맹은 1939년 독일이 2차 세계대전을 일으키는 것을 방지하지 못하면서 해체되었다. 그러나 자유주의적 국제주의자들의 꿈은 프랭클린 델러노 루스벨트 대통령(1933~1945)에 의해 완성되었고, 루스벨트 대통령은 1941년 12월 7일 일본이 하와이에 있는 진주만을 공격하자 일본과의 전쟁에 돌입하였다. 일본이 주축국의 회원이었기 때문에 미국 또한 독일에 대해 전쟁을 선포하였고, 영-소 동맹 조약에 가입하였다.

루스벨트는 전쟁에 대한 미국의 선언으로 대서양 헌장을 제안하였다. 그의 생각은 윌슨의 14개 조항과 매우 유사하였다. 자유무역, 국가의 자기결정권, 그리고 다시 한 번 미국이 제안했던 국제기구를 제안하였다. 동 기구는 연합국을 이끌고 있던 미국, 소련, 영국, 중국 등 4개국에 의해 공동 지도되기로 되어 있었다.

루스벨트는 위의 국가들을 세계의 평화를 유지하는 역할을 하게 될 네 개의 경찰이라고 불렀다.

그들은 1945년 10월 24일 창설된 국제연합(UN)의 네 개의 기둥이다. 윈스턴 처칠 영국 총리는 미국, 소련, 중국이 영국과 같은 제국주의 국가가 아니어서 그와 같은 국제질서에서 영국이 배제될 것을 우려하였다. 그래서 그는 그들의 이익을 도모하기 위해서 프랑스를 끌어들여야 했다. 이들 5개국은 국제연합 안전보장이사회의 상임이사국이며, 다른 UN 회원국들의 결의안에 대해 거부권을 행사할 수 있는 권한을 가졌다.

미국이 만든 IMF, 세계은행, GATT와 같은 기구들과 함께, 새로운 세계질서의 핵심 원칙으로 민주주의의 자유적 가치들, 자유무역, 그리고 공동안보가 채택되었다.

미국은 국제시스템에서 새로운 패권국의 지위를 차지하려고 하였으나, 소련으로부터의 도전에 직면하였다. 이 두 강대국의 이념은 서로 상반되었다. 미국은 자본주의 국가로서 시장경제와 사유재산권을 신성시 여기는 반면에, 소련은 공산주의 국가로서 시장경제와 사유재산권을 없애려고 하였다. 따라서 소련이 IMF와 세계은행 가입을 거부하자 미국은 이를 미국의 이익에 대한 위협으로 간주하였고, 이로 인해 1947년부터 양국의 냉전이 시작되었다.

미소 간의 충돌은 어떤 실제적인 군사 충돌을 수반하지 않았기 때문에 냉전이라고 알려졌다. 그들은 대량살상 무기인 핵무기를 마음대로 사용할 수 있었다. 그렇지만 강대국의 목표는 세계를 파괴시키는 것이 아니고 그들의 힘을 극대화하는 것이었다. 양국은 핵무기 사용을 회피하기 위해 서로 조심하였다.

반면, 양국은 그들의 진영에 가능한 많은 국가를 참여시키기 위한 경쟁을 시작하였다. 미국은 소련의 침략을 방어하기 위해 1949년에 북대서양조약기구(NATO)를 설립하였고, 소련은 이에 대응하여 1955년에 바르샤바 조약을 맺었다. NATO에 이어 미국은 또한 중동에 CENTO(중앙조약기구, 1955년), 태국과 필리핀을 포함한 동남아에 SEATO(동남아시아조약기구, 1954년)를 창설하였다. 미국은 또한 소련과 그의 동맹국인 중국을 저지하기 위해 한국(1953년), 일본(1954년), 그리고 대만(1955년)과 군사동맹을 체결하였다.

공산국가들(소련과 중국)을 봉쇄하기 위해 미국이 수립한 동맹

미국과 소련 모두 소련의 영향권 변방에 있는 독일, 한국, 그리고 베트남에서 영향을 행사하기 위해 서로 다투었다. 그 결과, 이 나라들은 모두 두 개의 나라로 분할되었고, 자본주의와 공산주의 가운데 하나를 채택하게 되었다. 양국 모두 동맹 국가들을 설립하기 위한 군사원조를 퍼부었고, 이로 인해 한미동맹과 북소동맹이 대립한 한국 전쟁(1950~1953), 소련-월맹 동맹이 미국-월남 동맹에 대항한 베트남 전쟁(1964~1973)이 발발하였다.

서로를 굴복시키지 못하자 다시 충돌하기 전에 소련과 미국은 1970년대에 데탕트에 들어갔다. 아프간 전쟁(1979~1989)은 두 강대국 간의 마지막 대리전이었고, 여기에서 미국은 소련의 침략에 대항하던 무자헤딘(mujahideen) 단체에 원조를 제공하였다. 아프간 전쟁은 소련에 막대한 타격을 주었다. 그 전쟁에서 소련의 실패는 냉전의 종식을 낳았고, 1991년 소련의 해체로 이어졌다.

냉전은 처음에 루스벨트가 기대했던 것과 달리 국제연합을 무기력한 상태로 만들었다. 미국과 동맹국이 제안한 것은 소련이 거부하였고, 소련이 제안한 것은 미국과 동맹국이 거부하였다.

1989년 아프간 전쟁이 끝났을 때 미국은 다시 한 번 자유주의적 국제질서를 회생시키려고 노력하였다.

당시 미국 대통령이었던 조지 H. W. 부시(1989~1993)는 프리메이슨이나 일루미나티(Illuminati)와 같은 비밀단체에 의해 지배되는 세계에 대한 언급 없이, 강대국 간에 어떠한 충돌도 없이 작동하는 "새로운 국제질서"의 도래에 대해 연설하였다.

냉전 이후의 시기는 팍스 아메리카나(미국이 주도하는 세계평화)로 알려져 있다. '팍스'라는 단어는 라틴어로 '평화'라는 말이고, 팍스 로마나(Pax Romana, 기원후 1세기에 로마의 지배에 의한 지중해의 평화), 팍스 시니카(Pax Sinica, 기원전 중국의 패권에 의한 동남아의 평화), 그리고 팍스 브리타니카(Pax Britannica, 19세기 영국 해상주도권에 의한 국제무역의 급속한 팽창)와 같은 말처럼 패권국가들에 의해 장기간의 평화가 유지될 때 사용되는 단어이다. 낙관주의자들은 유일한 강대국으로서 미국의 출현을, 어떠한 국가도 미국에 의해 만들어진 시스템에 도전할 국가가 없기 때문에 세상을 더 안전하게 만들 것으로 보았다. 따라서 경제와 문화는 어떠한 분쟁도 없이 번성할 수 있었다.

그러나 그 이후에 일어난 일들은 낙관주의자들의 기대에 못 미쳤다. 몇몇 국가들에게 냉전 이후의 시기는 팍스 아메리카가 아니었고, 미국의 패권국 지위에 대한 다툼도 있었다.

10

유라시아 장기판

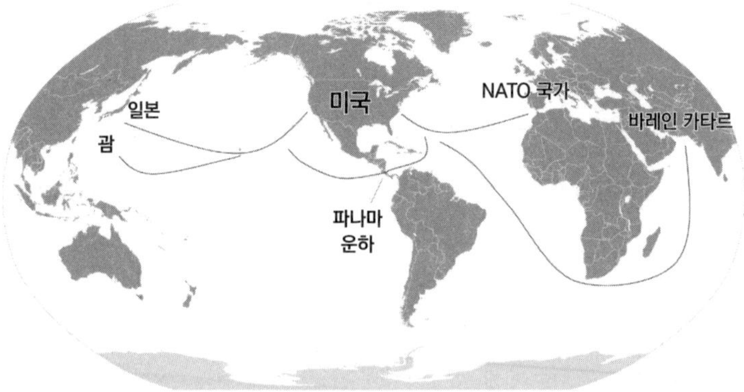

중심부에 있는 미국의 지리적 위치는 미국으로 하여금 군사기지를 연결하고
전 세계 도처에 힘을 투사할 수 있는 우위를 부여한다.

소련의 붕괴 이후 미국은 더 이상 세계질서를 다툴 상대가 없어졌고, 이에 따라 미국은 국제 시스템에서 유일한 강대국이 되었다. 역사상 처음으로 세상은 양극체제에서 일극체제로 바뀌었다.

지금까지 세계 도처에 발자국을 어디에나 남기고 다니는 국가는 미국밖에 없었다. 로마제국의 영향은 지중해에 한정되어 있었다. 몽골 제국은 아시아 지역에만 걸쳐 있었다. 그러나 미국은 세계 곳곳에 동맹국이 있고, 미군기지가 있다.

많은 미국 정책결정자와 전문가는 미국의 권력 위치에 대한 적절한 대답을 가지고 있지 않다. 미국은 갑자기 거액의 유산을 상속 받았으나 어떻게 그것을 관리해야 할지 모르는 사람에 비유될 수 있다. 따라서 몇몇 학파는 미국이 냉전 이후 세계에서 해야 할 역할에 대해 의견을 바꾸었다.

첫 번째는 규칙에 기초한 자유스러운 국제질서와 다자주의를 구축하기를 원하는 자유주의적 국제주의자들의 견해이다.

이 질서체계에서 미국은 민주주의, 자유무역, 인권, 그리고 보편적 가치의 십자군 역할을 계속하고자 한다.

두 번째 견해는 신고립주의자의 의견으로서, 이들은 미국이 1945년 이전의 위치로 다시 돌아가기를 원하고 있다. 그해 이전까지 미국은 세계 문제에 전혀 간섭하지 않는 고립국가로 유명하였다. 미국은 오직 미국과 국경을 맞대고 있는 이웃 국가들에만 집중하였다. 고립주의 지지자들은 미국의 가치체계는 다른 국가들과 매우 다르기 때문에 내정에 간섭하지 말아야 하며, 가치를 국가들에게 강요하지 말아야 한다고 주장한다. '당신 일이나 신경 쓰시오'라는 것이다.

세 번째 견해는 현실주의자의 의견으로서, 힘의 균형 원칙을 중시하는 사람들이다. 그들은 자유주의적 국제질서를 현실적이라고 보지 않으며, 동시에 고립주의자를 편협하고 시야가 좁은 사람들로 보고 있다. 현실주의자에 따르면 미국은 끼어들지 말아야 하지만, 특정 지역에 힘의 불균형이 발생하거나, 힘의 균형을 유지하기 위한 목적으로만 개입해야 한다. 그 이상도 그 이하도 아니다.

네 번째 견해는 평화로운 패권국 원칙에 집착하는 현실주의자들이다. 그들은 가치문제에 있어서 자유주의적 국제주의자들과 다르다. 미국이 세상을 바르게 만들 도덕적 의무가 있지만, 국제기구로는 충분하지 않다고 보고 있다. 그들은 현실주의자처럼 군사적 접근을 선호하는 경향이 있지만, 이와 동시에 그들은 힘의 균형이 충분하지 않다고 느낀다. 결론은, '미국이 지배할 필요가 있다'는 것이다. 영원한 평화는 패권을 통해서만 해결될 수 있고, 미국에 필적할 만한 소수의 초강대국의 존재는 오직 전쟁으로만 치달을 수 있다.

평화로운 패권국 원칙은 냉전 이후의 미국 정책결정자들 가운데 자유주의적 국제주의자들의 주류적인 견해였다.

이들 중에 가장 유명한 사람은 미국 대통령 지미 카터(1977~1981 재임)의 안보보좌관을 역임한 즈비그뉴 브레진스키(Zbigniew Brzezinski)였다.

브레진스키는 러시아를 싫어했던 사람이다. 아마 그가 러시아의 오랜 적이었던 폴란드 태생이라서 그랬을 것이다. 지미 카터 재임 중에 브레진스키는 사이클론 작전을 계획하였고, 소련을 약화시키기 위해 아프가니스탄의 무자헤딘에 대한 대규모 지원을 쏟아부었다.

1997년에 브레진스키는 미국 정책결정자들과 학계에서 광범위하게 읽힌 책 『거대한 체스판*The Grand Chessboard*』을 발간하였다. 브레진스키는 미국의 지전략상 이점은 유라시아 대륙의 어떠한 국가들, 특히 유라시아 지역의 상당한 부분을 차지하고 있고, 동 지역의 다른 부분들을 통제할 수 있는 전략적 위치에 있는 러시아와 중국이 미국의 지위에 도전하지 못하도록 하는 것이라고 말하였다.

브레진스키의 견해는 20세기에 활동한 해퍼드 매킨더(Halford Mackinder)*와 니콜라스 스파이크만(Nicholas Spykman)의 지정학 이론에서 채택한 것이다. 런던대 지리학 교수로 있던 매킨더는 러시아가 유라시아 지역의 가장 중요한 지역, 즉 중심부를 점령하는 것을 보았다. 중심부 지리는 외부 세계로부터 보호가 되고, 배꼽 부위에 산업 생산을 위한 결정적인 자원을 가지고 있다. 그 지역은 러시아를 어떠한 외부 세력으로부터도 난공불락의 요새를 가진 것처럼 보이게 만들고, 동시에 러시아의 힘을 유라시아의 도처에 투사할 수 있는 플랫폼으로서 작동하도록 한다.

힘의 확장은 마치 문어가 촉수를 뻗는 것과 똑같은 모양을 가지고 있다. 1904년에 출간된 매킨더의 저서는 일반 대중들로 하여금 "러시아의 위협"에 대해 인식하게 만들었고, 선전선동 예술가들은 러시아를 심지어 2018년을 포함하는 오늘날까지 문어로 묘사하는 것을 잊지 않았다.

---

* 유라시아라는 개념을 최초로 제안한 19세기 영국의 지리학자. —역주

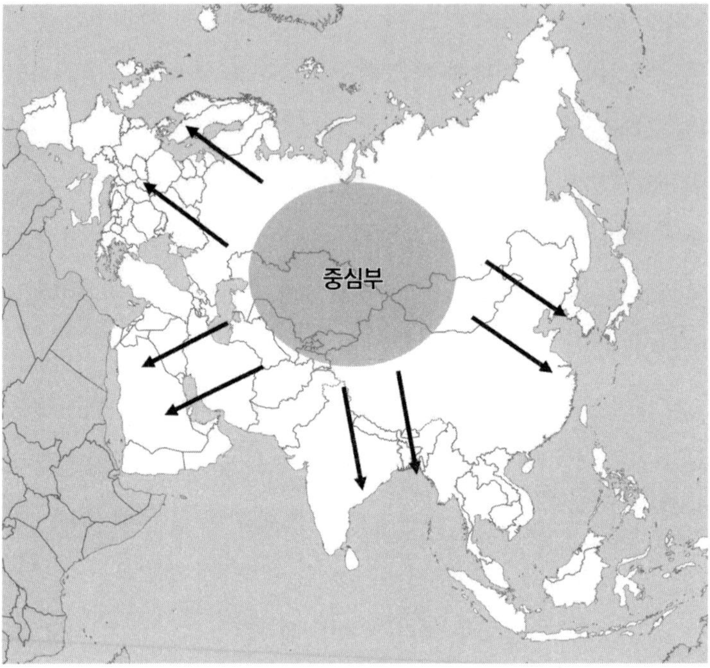

세계 지배의 기지로서의 중심부

매킨더의 중심부 개념은 나중에 예일대 국제관계 교수였던 니콜라스 스파이크만에 의해 더욱 정교하게 다듬어졌다. 스파이크만은 유라시아 대륙의 주변지역(rimland, 즉 정치적, 전략적으로 중요한 주변지역으로 알려진)을 중심부보다 더 중요하다고 보았다. 러시아가 유라시아 지역을 지배하는 것을 막기 위해 미국은 주변지역을 통제하고, 러시아와 중국이 동맹을 맺는 것을 방해할 필요가 있다고 역설하였다.

냉전 시기의 미국의 봉쇄정책은 확실히 중심부와 주변지역 이

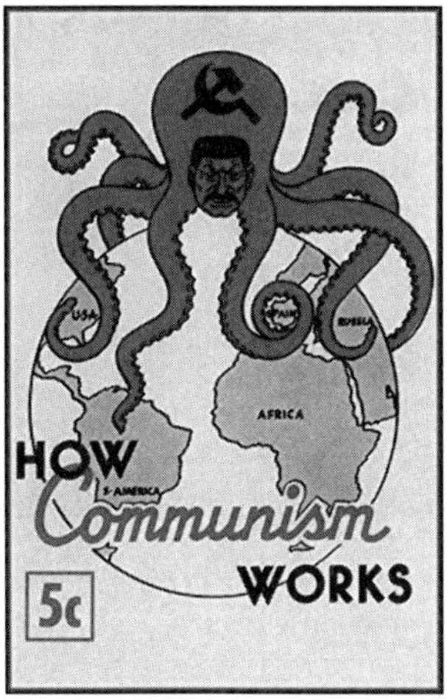

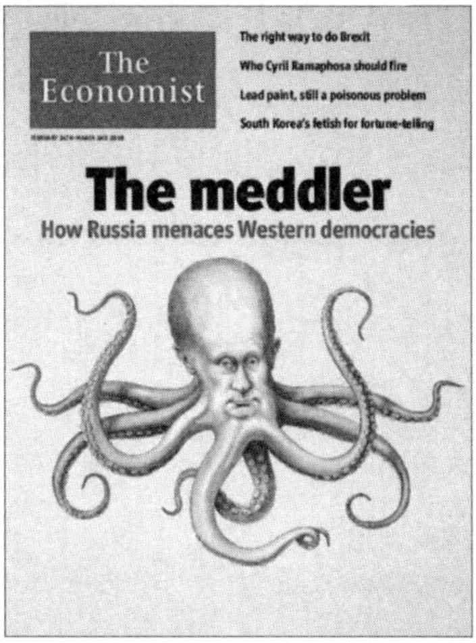

선전물에 나타난 러시아의 이미지

론에 영향을 받았다. NATO, CENTO, 그리고 SEATO의 설립은 미국이 주변지역을 지배하고, 러시아가 국력을 중심부에서 주변지역으로 확장하는 것을 저지하기 위해 만들어졌다. 브레진스키는 매킨더와 스파이크만의 이론을 유라시아 장기판으로 개념화하여 정교하게 만들었다.

그는 매킨더와 스파이크만과 똑같이 유라시아를 국제정치의 힘의 중심으로 보았다. 따라서 미국의 주요 임무는 러시아와 중국에 의한 유라시아 지배를 막는 것이었다.

그러한 목적으로 미국은 러시아와 중국을 방어하기 위해 주요 국가를 장기판의 장기로 만들었다.

브레진스키의 작업은 냉전 이후 미국의 외교정책의 지침서가 되었다. 아프카니스탄 전쟁과 이라크 전쟁은 러시아, 중국 및 이란과 같은 그들의 동맹국들을 저지하기 위해, 그와 같은 전략지에서 미국의 존재를 과시하기 위한 전략으로 간주되었다. 사실 2014년 우크라이나 분쟁에 미국이 개입한 것은 미국의 지전략에서 우크라이나를 중요한 요소로 간주하고 있다는 브레진스키의 명제를 완수하기 위해서였다. 그것은 또한 왜 미국이 1994년에 르완다에서 투치족에 의해 자행된 인종청소에는 개입하기를 꺼렸으면서, 코소보에서 대량학살이 일어났을 때는 그토록 적극적으로 개입하였는지를 잘 설명하고 있다.

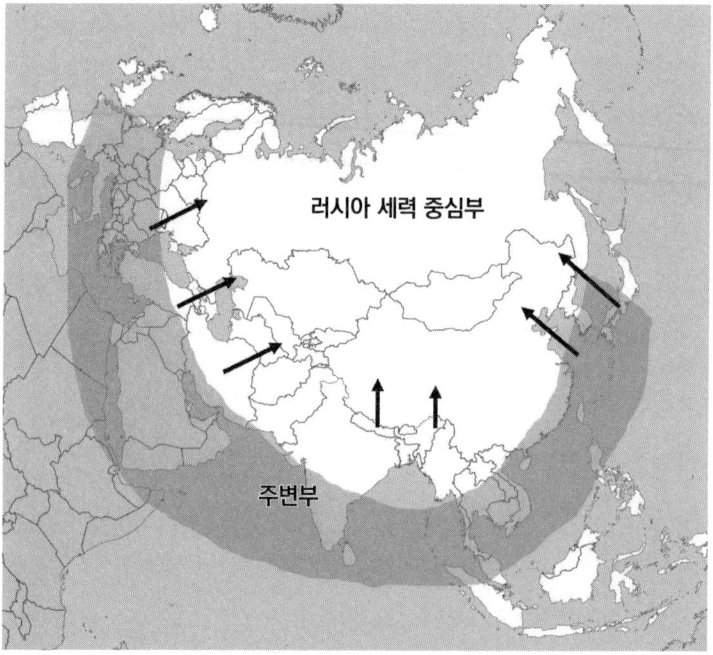

미국의 전략은 러시아를 봉쇄하기 위해 주변부 국가들과 동맹관계를 수립하는 것이다.

르완다의 인도주의적 가치는 코소보와 동일하나, 르완다는 지정학적 가치가 결여되었다. 코소보는 발칸에서 러시아를 봉쇄하기 위한 중요 지역이다. 사실 베오그라드에 있는 중국 대사관도 미국의 폭격을 면치 못하였다. 미국은 그것이 실수였다고 오만하게 주장하였다. 중국에서 대규모 반미 시위가 열렸고, 현시대에 있어서 중국 내 반미감정 고조의 신호탄이 되었다.

미국의 압박에 대한 부담은 러시아와 중국으로 하여금 전략적 동맹관계를 수립하도록 하였고, 이로써 세계질서는 국가들 간의 안전보장을 확약하는 다극체제로 바뀌게 되었다. 미국 일극체제하의 질서는 미국으로 하여금 신중함이 없이 자유롭게 행동하도록 허락하였다.

따라서 신냉전으로 알려진 것은 공산주의와 자본주의 사이의 충돌이 아니라, 지정학적 전략을 통해서 미국의 일극체제에 대해 힘의 균형을 유지하려는 국가들의 출현이다. 러시아와 중국이 보기에 자유주의적 국제질서는 세 갈래의 패권에 가깝다. 이는 민주주의로 받쳐진 서방국가와 친서방 국가 정부에 의해 지배되는 국제기구를 통한 정치적 패권, 자유무역과 시장경제를 통한 경제적 패권, 그리고 서방 국가들의 기준에 따른 인권이라는 가치의 강요를 통한 문화적 패권이다.

미국과 중국 사이의 충돌 지역은 냉전시기와 똑같은데, 이는 이들 강대국들의 위치가 변하지 않고 그대로 있기 때문이다. 미국은 외부에서 밀어붙이고 있고, 중국과 러시아는 내부에서 밀어붙이고 있다. 양자는 서로 상대방을 유라시아 장기판에서 없애 버리려고 노력하고 있다. 그것이 좋든 싫든, 두 진영 간에 있는 국가들은 그들의 힘 싸움에 끼어 있다.

11
신자유주의 비판

국제 정치경제적 관점에서 볼 때 현재의 세계적인 혼란스러움(포퓰리즘과 치열한 지정학적 경쟁의 부상)은 1980년대 이후 세계를 지배하고 있는 신자유주의 경제 질서를 비판하게 만든다.

일반적으로 자유경제시스템은, 정부의 간섭은 최소화한 상태에서 사람들이 자유롭게 사업하게 하는 것으로 시장 메커니즘에 바탕을 둔 경제시스템으로 이해할 수 있다. 그 시스템은 자유주의적 국제질서의 각 부분으로 제도화되어 있는데, 정치사회적 부분은 국제연합이, 경제적 부분은 IMF와 세계은행이 있다.

IMF와 세계은행은 2차 세계대전 동안인 1944년 7월에 소집된 국제연합 통화금융회의를 통해 설립되었다. 그 목적은 안정적인 국제 금융시스템을 창설하고, 동시에 경제적 자유주의 가치를 고수하기 위해서였다.

당시의 경제 자유주의는 경제시스템을 국민들에게 발전과 복지를 제공하는 것과 같은, 국가와 사회의 필요와 연계하는 내장된 자유주의로 이해될 수 있었다.

브레턴우즈 체제하에서 미국 달러의 가치는, 금 1온스에 35달러로, 금 가치에 고정되어 있었고, 다른 국가들의 통화는 미 달러화에 고정되어 있었다. 예를 들면, 일본 엔화는 1달러에 360엔이라는 비율로 달러에 고정되어 있었다.

외환 환율의 안정성은 환거래에 있어서 손실을 줄임으로서 국제무역을 용이하게 하였다.

그러나 특정 국가의 거시경제 관리에 있어서 "불가능의 삼각정리(trilemma)"로 알려진 문제가 발생하는데, 이는 각 국가가 이자율을 결정하고, 자유로운 자본 흐름을 허용하는 자주권을 가지는 동시에 안정적인 외환 환율 혜택을 누릴 수 없다는 것이다. 세 가지 조건 중 단지 두 개만 충족될 수 있다.

따라서, 브레턴우즈 체제는 재정안정과 자율을 선택하였다. 이는 국가들이 각국의 경제 수요에 맞는 이자율을 결정하도록 어느 정도의 여지를 제공하였다. 특정 국가는 경기 침체기에 지출과 투자를 장려하기 위해 이자율을 낮출 수 있다. 마찬가지로, 경제가 과열되었을 때에는 경제활동을 위축시키기 위해 이자율을 높일 수 있다.

그 시스템이 작동하도록 하기 위해 국가들은 자본통제를 실시하였다. 다른 말로, 자본가의 자유가 제한되었다. 이것이 "내장된 자유주의"가 의미하는 바로, 자본가들의 편을 들 뿐만 아니라, 동시에 개발 목표도 고려하는 경제적 자유주의이다.

브레턴우즈 체제는 서유럽과 일본이 1945년부터 1975년까지 신속한 경제회복과 급속한 경제성장을 경험한 토대였다. 그것은 또한 자본주의의 황금기 또는 '영광의 30년(les trente glorieuses)'의 시기로 알려져 있다.

그러나 리처드 닉슨 대통령은 1971년 8월 15일 미국이 더 이상 1온스당 35달러에 해당하는 충분한 금을 보유하지 못하게 되자 브레턴우즈 시스템을 종료시켰다.

한편, 석유수출국기구(OPEC)가 서방국가들에 대한 석유수출 금수 조치를 하자 1974~1975년에 경제위기가 발생하였으며, 이로 인해 서유럽과 일본은 "스태그플레이션"을 겪었다. 이것은 경기 불황 중에도 물가가 계속 오르는 현상으로, 인플레이션과 경기침체는 원래 반대된다(인플레이션은 경제성장기에 일어나고, 경기침체는 경기 수축기에 일어난다).

이 시점에 경제적 사고에 변화가 일어났다. 신자유주의 옹호자들은 정부가 스태그플레이션을 잡기 위해 시장에 개입한 것을 비난하였다. 그들은 또한 노동자들을 위한 사회복지가 고임금을 낳았으며, 이로 인해 비용 상승 인플레이션이 발생했다고 주장하였다. 따라서 신자유주의자들은 정치적, 사회적으로 시장에서 분리될 것을 요청하였다. 시장이 효율적으로 작동되기 위해서는 절대적 자유가 허용되어야 한다는 것이다.

신자유주의적 경제 사상은 마가렛 대처 영국 수상(1979~1992)과 로널드 레이건 미국 대통령(1981~1989)에게 영향을 주었다. 시장이 정부보다 더 효율적이라고 믿으면서, 그들은 공기업 민영화와 민간분야 규제철폐 정책을 도입하였다.

마가렛 대처 영국 수상과 로널드 레이건 미국 대통령은 신자유주의 이념에 근거하여 영-미 패권을 구축하였다.

레이건의 슬로건은 "정부가 해결책이 아니니다. 정부가 문제다"였고, 이에 따라 그와 다른 신자유주의적 정치가들은 정부는 부채를 피해야 하며, 시장활동을 교란할 수 있는 확장정책을 펼쳐서도 안 된다고 생각했다.

신자유주의는 미국이 이끄는 IMF와 세계은행을 통해 퍼져 나갔다. 1980년대부터 시작하여 IMF와 세계은행은 대출과 재정지원을 희망하는 개도국들에게 몇 가지 조건을 부과하였다. 이 조건들은 "워싱턴 컨센서스(Washington Consensus)"라고 알려져 있는데, 공적 지출을 감축하고, 균형예산과 민영화 그리고 시장자유화를 보장할 것을 제안하는 내용을 담고 있다. 이 조건들을 충족하지 못하는 국가들은 그들이 승인받은 대출을 받지 못하게 된다.

그러나 항상 좋은 일만 있는 것이 아니다. 워싱턴 컨센서스 정책은 개도국에서 많은 문제점과 사회적 알력을 낳았다. 1997~1998년에 일어난 아시아 금융위기 동안에 IMF는 인도네시아에 대한 대출 조건이었던 보조금을 철회함으로써, 수하르토 정권의 기반을 약화시킨 사회 불안과 대규모 시위를 촉발시켰다. 시장자유화는 국내산업과 중소기업들을 대규모 자본을 가진 다국적 기업들과의 불평등한 경쟁에 노출시켰다. 인도에서는 몬산토와 같은 다국적 농업 기업과 경쟁할 수 없기 때문에 21세기 초반에 30만 명의 농부가 자살하였다.

신자유주의는 이전에 브레턴우즈 체제하에서 "억압받았던" 자본가들에게 이득을 가져다주었다. 새롭게 설립된 자유에 기대어 자본은 쉽게 이동할 수 있게 되었다. 만약 미국에 투자하는 것이 이득을 가져오지 못한다면 자본가들은 그들의 영업을 말레이시아로 옮겨갈 수 있다.

만약 그들이 말레이시아가 비싸다고 느낀다면, 베트남으로 옮겨갈 수 있다. 이것이 국제화의 중요한 요소가 된 자본의 자유로운 이동이다.

그러나 결국 노동자의 임금은 정체된다. 임금 인상은 자본가들에게 부담을 주고 더 싼 옵션을 선택하게 할 것이다. 자본가들은 미국처럼 제조업의 쇠퇴를 가져온 노동자의 권리가 보장된 선진국에는 투자하기를 원하지 않는다. 대신 그들은 노동조합이 취약한 개도국을 선호한다. 사실 국제 노동시장에서 경쟁력을 확보하기 위해 노동자들의 복지를 억압하려고 하는 정부(중국 및 베트남과 같은)가 존재한다.

규제에서 자유로운 시장은 보다 빈번한 금융위기에 직면한다. 국제 금융시장에서의 핫 머니(hot money) 이동은 아시아 금융위기(1997~1998) 및 세계 금융위기(2008~2009) 기간에 금융위기가 한 나라에서 다른 나라로 전염되게 만들었다는 비난을 받았다.

신자유주의 시대에, 사람들의 생활수준은 일반적으로 1945~1975년 이후부터 감소하였다. 일각에서는 이를 대격차(Great Divergence)라고 부르는데, 이 기간 동안 빈부의 격차가 심화되었고, 중산층은 분개하며 살아갔다.

2008~2009년 세계 금융위기 이후에 이러한 감정은 끊임없이 증가되었고, 포퓰리즘, 반세계화, 그리고 반자유무역 현상을 낳았다. 개도국들은 또한 워싱턴 컨센서스를 비난하는 데 목소리를 높였다.

예를 들어, 중국은 정부에게 경제에 있어서 더 많은 권한을 부여하는 개발 모델인 "베이징 컨센서스"를 제안하였다. 또한 중국은 국제금융을 안정화시키기 위해 '브레턴우즈 II'를 창설할 것을 요청하였다.

라틴아메리카에서 워싱턴 컨센서스와 유사한 경제개혁의 실패는 신자유주의에 도전하는 좌파 정당들을 우후죽순처럼 양산하였다. 러시아에서 1990년대에 신자유주의를 도입하려고 한 시도는 러시아 경제의 붕괴라는 결과를 가져왔다. 2000년에 푸틴이

집권하자 그는 1990년대에 상당히 많은 국가자산을 민영화한 "과두제 집권층(oligarch)"에 대해 손보기 시작하였다. 푸틴의 지도하에 러시아는 중국과 같은 "국가 자본주의"의 길을 채택하였는데, 이는 국가가 자본주의를 비난하는 것이 아니라, 국익을 확보하기를 원한다는 것이다.

따라서 신자유주의에 뿌리를 두고 있는 세계화는 세상에 의해 광범위하게 받아들여진 어떤 것은 아니었다. 오히려 그것은 자유로운 국제질서에 대해 분노심을 촉진하였다. 그러나 불행하게도 자유주의 정책결정자들과 지식인들은 반세계화에 대해 손가락질하였고, 그들의 그와 같은 감정의 원인을 이해하려고 하지 않았다.

12

미일 무역전쟁

많은 전문가들은 트럼프를 현재의 무역전쟁의 원인으로 보고 있다. 만약 트럼프가 대통령이 되지 않았더라면 그와 같은 사태 발전은 일어나지 않았을 것이다. 그러나 만일 트럼프가 승리하지 않았더라도 여전히 무역전쟁이 일어날 가능성은 있었다.

초강대국들 사이의 무역전쟁은 새로운 것이 아니다. 과거 1980년대에도 일어났다. 그 당시 미국의 표적은 중국이 아니라 일본이었다.

그러나 이 사안을 다루기 전에 무역전쟁은 무엇을 의미하는가?

무역전쟁이란 특정 국가가 다른 나라에서 수입되는 상품의 관세를 올리고, 후자에 의해서 보복을 받는 상황이나 행동을 말한다. 그것은 무역전쟁이 일어나고 있는 국가들 간에 여전히 무역은 이루어지고 있기 때문에, 무역을 차단하려는 제재나 금수 조치와는 다르다. 관세의 대폭 인상에 따라 수입제품의 가격은 국내제품에 비하여 올라가게 된다.

따라서 관세는 자유무역에 대한 장벽으로 보여진다. 그것은 자유무역 정신에 위배되는 것이다.

자유무역 지지자는, 관세나 장벽이 없는 무역은 거래비용을 낮출 수 있다고 본다. 동시에, 그것은 각 국가로 하여금 상품이나 서비스 생산에 있어서 전문화를 이룰 수 있게 해준다. 각국은 가장 낮은 가격과 가장 효율적인 방법으로 상품과 서비스 생산에 집중하면 될 것이다. 다른 제품을 획득하는 것은 무역을 통해서 이루어질 것이다. 이것이 경제적 자유주의에 대한 지지자들이 자유무역의 이익을 옹호하기 위해 사용하는 비교우위 개념이다.

그러나 모든 사람들이 자유무역을 선호하지는 않는다. 보호무역 또는 보호주의 지지자들은, 각국에서 자유무역을 할 때 상대국에 비해 효율성이 떨어지더라도 전략산업을 육성해야 한다는 입장이다. 목표는 외국에 대한 의존을 줄이는 것이다. 무역을 보호하기 위한 주된 방법은 수입제품에 대해 관세를 올리는 것이다. 이들 관세로 정부는 (1) 수입상품의 가격을 올리고, 소비자들이 더 싼 제품을 고를 수 있도록 하며, (2) 정부의 세수를 확보하고, (3) 축적된 세입을 국내산업 발전 목적으로 전용할 수 있다.

보호주의와 관세는 미국 경제 성공의 형식이 되었고, 19세기 말에 미국이 세계의 선도적인 산업국가로 부상하는 것을 가능하게 하였다. 그러나 1930년대의 대공황은 관세를 나쁘게 해석하였고, 이에 따라 미국 무역의 흐름을 바꾸어 놓았다. 1929년 10월 미국 증시가 붕괴됨에 따라 미 의회는 1930년 6월, 수출을 확대하고 수입을 최소화하여 경제회복을 꾀하기 위한 수단으로, 스무트 홀리법(Smoot Hawley Act)을 통해 새로운 관세를 통과시켰다.

그러나 다른 나라들도 미국의 뒤를 이어 그들의 관세율을 높였다. 그 결과 미국의 수입은 예견한 대로 43억 4천만 달러(1929)에서 14억 5천만 달러(1933)로 감소하였으나, 이와 동시에 미국의 수출도 51억 6천만 달러(1929)에서 16억 5천만 달러(1933)로 떨어졌다. 전반적으로 세계무역은 급격히 감소하였고, 이로 인해 불경기가 지속되었다.

2차 세계대전이 끝나자마자 미국을 포함한 23개국이 관세 감축과 폐지를 통해 국제무역시장을 자유화하기 위해 GATT(관세 및 무역에 관한 일반 협정) 협상을 개시하였다. GATT는 확대되어 1995년에 세계무역기구(WTO)가 되었다.

처음 30년간 자유무역 시스템은 아주 잘 작동하는 것처럼 보였다. 그러나 1971년에 미국이 수출보다 수입을 더 많이 하게 됨에 따라 발생한 무역적자로 골치를 아파하기 시작하면서 상황은 반전되었다. 1976년 이후 미국은 더 이상 무역에서 흑자를 기록하지 못하였다. 자유무역 지지자들에게 무역적자는 그것이 특정 국가의 경제문제와 연계되지 않는 한 문제가 아니다.

반면에, 일본은 철강과 자동차 생산에 있어서 세계적인 선도국가로 미국을 추월하였다. 1950년에 미국은 세계 전체 철강생산의 47%를 담당한 최대의 철강 생산국이었다. 그러나 그 숫자는 1980년에 14%로 곤두박질쳤다. 오늘날 미국은 세계 전체 철강 생산의 5%만 담당하고 있다.

자동차도 마찬가지 상황이다. 1950년에 미국은 전 세계 자동차 생산의 76%를 담당하였다. 포드, 쉐보레, 그리고 크라이슬러와 같은 상표는 세계에서 가장 인정받는 미국의 상표였다.

그러나 1970년대와 1980년대에 일본의 토요타나 혼다와 같은 상표들이 저렴한 가격으로 인기 측면에서 미국 상표를 능가하였다.

따라서 노동자들, 특히 러스트 벨트(미국 북부의 사양화된 공업 지대) 출신의 노동자들은 미국 정부에 행동을 취하라고 강력히 촉구하였다. 많은 미국인이 오늘날 중국을 환율조작국으로 딱지붙이는 것처럼, 1980년대의 일본도 중국인과 같은 관점에서 취급되었다. 미국인들은 일본제품이 더 쌀 수 있었던 이유를 일본정부가 고의적으로 그들의 환율을 평가절하 하였기 때문이라고 보았다.

강력한 요청으로, 레이건 정부는 조치를 취하였다. 그러나 그 조치는 오늘날 중국에 대해 취해진 조치와는 약간의 차이점이 있다. 일본은 미국의 중요한 동맹국이다. 레이건은 가능한 한 일본과 외교적 승강이를 벌이기를 원하지 않았다. 이를 위해 레이건은 일본을 설득해서 엔화 가치를 평가절상 하라고 설득하였고, 이는 1985년 플라자 합의(Plaza Accord)를 통해 달성되었다. 플라자 합의는 일본경제에 직접적인 영향을 미쳤는데, 일본은 환율절상(엔고, 円高)으로 경기침체를 겪었다. 미국에서의 반일감정은 중국이 미국의 주요 경쟁자로 대체된 후인 1980년대까지 지속되

토요타 코롤라 차량은 1980년대 반일주의 정서의 희생양이 되었다.

었다.

1980년대의 트럼프는 아주 강한 일본 비판자였다. 이제 그는 중국을 다른 나라들과 함께 미국에 대해 엄청난 무역흑자를 보고 있는 환율조작국으로 낙인찍은 중국 비판자가 되었다. 그는 관세인상을, 플라자 합의 때 일본이 미국과의 협상 테이블에 나오게 한 것처럼, 중국을 협상 테이블로 나오게 할 수 있는 효과적인 방법이라고 인식하고 있다.

정확히 말해서 트럼프가 시행한 관세인상은 단기적으로는 미국의 무역수지 개선에 별 도움이 되지 않았다.

미국은 계속해서 2018년에 가장 높은 무역수지 적자를 기록하였다. 그것은 관세인상이 미국의 수입을 줄이지 못했고, 미국인들이 수입제품을 구매하는 것을 멈추지 못했다는 것을 의미한다. 사실 콩 농장과 같은 몇몇 미국 산업분야는 미국산 대두에 대한 중국의 관세로 인해 타격을 입었다.

트럼프는 2016년 대선 승리를 통해 러스트 벨트 유권자들에게 빚을 지고 있다. 따라서 쇼는 계속되어야 하고, 중국에 대한 대응은 계속되어야 한다. 레이건과 달리 트럼프는 무역전쟁 시나리오에 대해 두려움이 없다. 그는 확신에 차서, 자신의 트위터 계정을 통해 "무역전쟁은 좋은 것이고, 승리하기 쉬운 것"이라고 언급하였다.

그러나 관세인상은 트럼프에게, 미국을 다시 위대하게 만들기 위한 유일한 카드는 아니다. 트럼프는 또한 미국 회사들이 미국에서 다시 공장을 열도록 여러 정책을 도입하였다. 그는 신자유주의의 결과로 고통 받는 미국 노동자 계급을 괴롭히는 경제문제를 해결할 다양한 계획들을 가지고 있다.

13

투키디데스의 함정

1980년대 일본에 대한 미국의 대응과 2010년 중국에 대한 미국의 대응은 유사한 맥락에서 유래한다. 의도가 불분명한 강대국들의 경제적 부흥은 패권국으로서의 미국의 지위를 위협하였다.

이러한 현상은 그레이엄 앨리슨이라는 미국의 학자가 명명한 '투키디데스 함정'으로 알려져 있다. 그것은 스파르타의 부상이 아테네를 불안하게 만들었고, 이것이 『펠로폰네소스 전쟁사』에서 투키디데스가 기록한 바와 같이 펠로폰네소스 전쟁(기원전 431~404)으로 이어진 데서 연유한다.

앨리슨의 사례연구에서 16개 중 12개의 부흥은 전쟁 발발의 원인이 되었는데, 이는 두 차례의 세계전쟁으로 이어진 독일의 부흥을 포함한다. 영국이 아테네라면 독일은 스파르타에 비유될 수 있다. 독일의 경우, 전쟁을 피한 경우는 4건밖에 되지 않았다. 19세기 말에 영국에 대항한 미국의 부상, 1980년대에 소련에 대항한 일본의 부상, 냉전시기에 미국에 대항한 소련의 부상, 그리고 1990년대에 영국과 프랑스의 지위에 대항한 EU 내에서의 독일의 부상.

1980년대에 비록 일본이 미국의 지위에 도전할 의향은 없었지만, 일본의 경제적 부흥은 미국인들을 불안하게 만들기에 충분하였다. 1980년대에 뉴욕의 랜드마크인 록펠러 센터 구입과 같은 일본의 공격적인 미국자산 매입 결정은 "경제적 착취"라는 자각을 일으켰다. 『다가올 일본과의 전쟁*The Coming War with Japan*』(1991)이나 『떠오르는 태양*Rising Sun*』(1992)과 같은 책들의 출판은 미국인들 사이에 일본에 대한 공포 감정을 잘 설명해 준다.

일본이 미국의 다이묘에게 충실한 사무라이와 같다는 것을 모두 알고 있다. 그러나 그것이 미국인들이 위에서 언급한 바와 같은 식으로 일본을 이해하는 내용의 전부는 아니다. 중국인들에 대한 감정은 언급할 필요도 없다.

중국은 경제강국으로서 미국의 지위에 대항할 가장 잠재력이 있는 국가이다. 2009년에 중국은 세계적인 수출강국이었던 독일을 앞질렀다. 2년 후 중국은 세계경제 2위인 일본을 추월하였다. 오늘날 중국의 경제규모는 미국의 60%이다. 많은 예측은 중국이 세계 경제대국인 미국을 2030년경에, 늦어도 2050년에는 대체할 것으로 전망하고 있다.

중국은 이미 미국 무역적자의 최대 원인 국가로서 일본을 대체하였다. 무역적자는 통화유출을 가져오고, 이에 따라 중국은 세계에서 가장 많은 미국 달러를 보유한 국가가 되었다. 2017년에 미국의 중국에 대한 무역 적자는 3760억 달러, 즉 미국 무역적자 총액(7960억 달러)의 47%를 차지하였다.

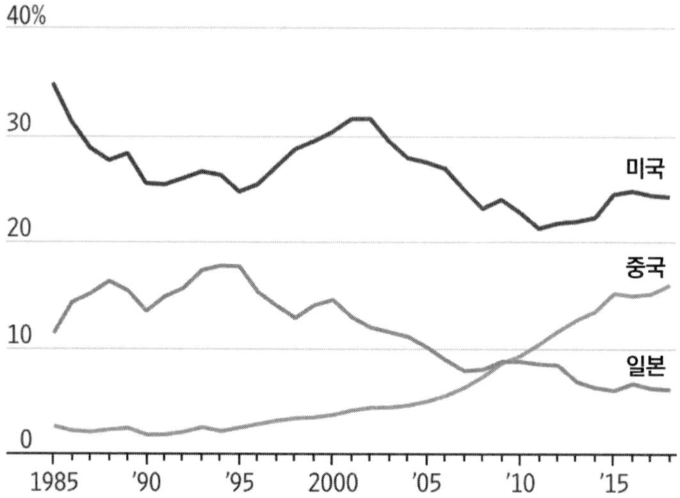

미국과 중국의 경제 격차는 좁아지고 있다.

오늘날 미국이 중국을 경쟁자로 보는 것은 놀라운 일이 아니다. 적자나 흑자, 또는 이득이나 손실의 문제가 아닌 그 이상이다. 미국은 중국에게 자리를 뺏길까 봐 걱정하고 있다. 따라서 무역적자의 균형을 잡으려는 트럼프의 무역전쟁 이면에는 중국이 최첨단 기술에서 선도자가 되는 것을 방지하려고 하는 더 큰 목적이 있다.

철강과 알루미늄 수입 이외에도 트럼프는 특별히 중국을 겨냥하였다. 오랜 기간의 조사를 통해 그는 중국정부가 미국 기업의 지재권을 침해했다고 발표하였으며, 2018년 6월 15일에는 대부분 전기나 전자제품인 500억 달러 가치의 중국 수입제품에 대해

25%의 관세를 부과하였다.

그러한 움직임은 중국이 2015년에 도입한 "중국제조 2025" 계획을 방해하였다. 그 계획은 중국이 기초기술 분야 제조의 선두주자가 되고 미국과 중국 간의 차이를 줄이는 것을 목표로 하고 있다. 기술은 국가안보와 관계되기 때문에 민감한 분야이다. 그래서 트럼프는 중국의 약진을 지연시키기 위해 중국과의 무역전쟁을 개시하는 데 주저하지 않았다.

트럼프는 미국 기업이 중국에 투자할 경우 현지 기업에 기술이전을 강제하는 법을 통해 중국이 사이버 절도를 시도하였다고 주장하였다. 사실 일본과 EU도 이 문제에 대해서는 같은 장단으로 노래 불렀다.

트럼프의 경제보좌관인 래리 커들로 국가경제위원회 위원장은 미국, 일본, 그리고 EU를 무역 유지동맹, 즉 '뜻이 맞는 국가들의 연합'이라고 불렀다. 이것은 2003년 이라크 전쟁 당시 부시 대통령이 미국 동맹국들을 언급할 때 사용했던 것과 똑같은 표현이다.

무역전쟁은 경제문제에 관한 것이고, 양국 간의 전략적 경쟁은 아닌 것으로 관측된다.*

더구나, 어려운 상황에 직면해 있는 중국 기업인 중신통신(ZTE)과 화웨이는 기술생산 분야의 기업인데, 이 기업들이 이란

---

* 무역전쟁은 단순한 경제문제가 아니고, 미중 간의 전략적 경쟁의 일환으로 보는 것이 일반적이다. —역주

과의 거래에 관여하였다는 것을 빌미로 미국 정부는 2018년 4월 미국 기업이 중신통신에 어떠한 부품도 판매하지 말 것을 명령하였다. 2018년 12월 화웨이의 최고재무책임자인 멍완저우가 캐나다에서 어떤 협상을 통해 이란에 대한 제재를 위반하였다는 혐의로 체포되었다.

대응 관세나 대응 체포와 같은 것은 차치하고, 중국은 아직 때가 되지 않았기 때문에 속수무책이었다. 중국은 2020년에는 40%, 2025년에는 70%의 기술부품들을 국내산으로 대체할 것으로 예측된다. 중국이 미국과의 기술 격차를 좁힌 후에야 양국 간에 진정한 경쟁이 이뤄질 것이다. 당분간 중국은 직접적인 충돌을 피하기 위해 협상을 이용해야 할 것이다.

14

북미에서의 문명의 충돌

자유무역을 맹공격하면서 트럼프는 이민을, 특히 이슬람교도와 멕시코 이민자의 이민을 제한하는 정책을 도입하였다.

이슬람교도에 대한 제한에 대해 한 가지 이해할 수 있는 것은 2001년 9월 11일 이후 미국에서 일어나고 있는 이슬람 공포증의 존재이다. 2014~2015년 이라크와 시리아 내의 ISIS의 준동에 대한 언론보도는 중동 출신의 이슬람교도에 대한 미국인들의 부정적인 인식을 불식시킬 수 없었다. 따라서 트럼프의 목록 중에 중요한 한 가지 항목은 7개 이슬람 국가(이란, 이라크, 리비아, 소말리아, 수단, 시리아, 그리고 예멘) 출신의 이민자들에 대한 여행 제한을 실시하는 것이었다.

그러나 왜 멕시코인가? 멕시코는 미국의 이웃이며 같은 혈통(양 국민은 백인임)을 가지고 있지 않은가? 사실 양국은 같은 지리적 영역인 북미에 위치하고 있다.

반멕시코 정서는 미국 역사에 오래된 뿌리를 가지고 있다. 두 나라는 한때 전쟁을 치렀다. 오늘날 미국의 국경선은 1846~1848년 멕시코에 대한 미국의 전쟁 승리의 결과이다. 텍사스, 캘

트럼프가 제안한 미국-멕시코 국경 장벽

리포니아, 애리조나, 네바다, 그리고 뉴멕시코는 한때 멕시코 영토였다.

1783년 미국이 독립했을 때 북미대륙의 큰 부분은 여전히 영국, 프랑스, 그리고 스페인의 점령하에 있었다. 자국의 안보를 최대화하기 위해 미국은 영토를 확장하기 시작하였다. 나폴레옹으로부터 프랑스령 토지를 구입한 이후, 미국은 누에바에스파냐(Nueva Espana)로 알려진 스페인 식민지로 영토를 확장하였다. 누에바에스파냐는 1821년 독립을 달성하였고, 멕시코로 개명하였다.

국력을 최대화하기 위해 미국은 멕시코에 대해 전쟁을 개시하

미국이 합병한 멕시코 영토

였다. 멕시코로부터 빼앗은 광대한 땅에 둘러싸인 미국은 대서양과 태평양 연안까지 가로지르는 철도를 건설할 수 있었다. 이에 따라 미국은 경제적, 지정학적 강자로 부상하였다. 반면에 멕시코는 비옥한 땅을 잃어버렸고, 이로 인해 경제적 잠재력이 저해되었다.

멕시코는 쓰라린 경험을 하였고, 미국에 대해 뿌리 깊은 증오심을 가지게 되었다. 1차 세계대전 동안에 독일은 멕시코에 접근해서, 멕시코가 잃어버린 텍사스, 뉴멕시코, 그리고 애리조나를 되찾아 주겠으니 주축국에 동참할 것을 설득하였다. 그 계획은 미국으로 가는 전보를 통해 누설되었고, 미국이 독일에 대항해서 1차 세계대전에 참전하는 계기가 되었다. 1933년 프랭클린 델러노 루스벨트가 대통령이 되고, 선린외교 정책(Good Neighbor Policy)을 도입한 후에야 미국과 멕시코는 평화를 되찾았다.

그러나 미국이 멕시코와 북미자유무역협정(NAFTA)을 체결한 이후 새로운 "위협"이 감지되었다. 그것은 자유무역협정이기 때문에 노동의 자유를 포함하였다.

NAFTA는 1992년 미 대선에서 중요한 이슈 중 하나였다. 조지 H. W. 부시(공화당)와 빌 클린턴(민주당)에 이어, 억만장자인 로스 페로가 무역자유 반대 플랫폼에 독립 후보자로 경선에 참여하였다.

페로는 직설적으로 이야기하였다. 그는 미국에서 멕시코로의 일자리 이동과 멕시코 이민자들의 미국 유입에 대해 경고하였다. 비록 페로가 당선되지는 못했지만, 그의 득표율은 19%에 달하였으며, 1912년 이래 미국 역사에서 공화당도 민주당도 아닌 후보 중에서 가장 높은 표를 얻은 후보자로 기록되었다. 이는 포퓰리즘이 그 당시에 이미 뿌리내렸음을 보여준다

페로가 경고했듯이 NAFTA는 미국 인구구조의 변화를 가져오고 있다. 미국 인구의 17%가 인종적으로 스페인계(히스패닉)이고, 10명 중 6명은 멕시코 출신의 히스패닉이다. 1990년에 미국에서 10대 성씨는 스미스(Smith), 존슨(Johnson), 윌리엄스(Williams), 존스(Jones), 그리고 기타 등등이었다. 그러나 2010년에는 두 개의 히스패닉 성씨(가르시아와 로드리게스)가 마르티네스에 이어서 10

대 성씨 명단에 들어갔다.

비록 멕시코인들과 미국인들은 모두 유럽인의 후손들이지만, 멕시코인들의 가톨릭 정체성과 양국 간 전쟁의 역사는 주류 미국 문화에서 양자를 갈라놓았다. 멕시코 이민자들은 가난, 범죄, 그리고 마약과 연관되어 있다. 국경장벽을 세워서 불법 이민자 문제를 통제하려는 트럼프의 생각은 멕시코 이민자들을 정당한 위협(legitimate threat)으로 보고 있는 사람들에게는 심각한 제안으로 받아들여지고 있다.

멕시코 장벽을 세우려는 트럼프의 타협 여지가 없는 입장은 상원에서 교착상태의 원인이 되었다. 장벽건설을 위한 예산은 인준을 받지 못했고, 미국 정부의 셧다운(shutdown)으로 이어졌다. 그러나 장벽설치를 위한 모금에 자원자들이 고펀드미(GoFundMe) 크라우드펀딩 캠페인에 동참한 것은 반이민 정서를 가볍게 여겨서는 안 된다는 것을 보여준다.

이런 이유로 미국과 멕시코를 두 개의 뚜렷한 다른 문명으로 보고 있는 헌팅턴의 다음과 같은 가정은 옳다. 미국은 서구문명권에 속하고, 멕시코는 라틴 아메리카 문명권에 속한다. 서로에 대한 의심은 문명 충돌의 현실이다.

15

트럼프식 정치

(Trumpolitics)

지금까지 독자들은 트럼프가 언론에서 묘사되고 있는 것만큼 미치지 않았다는 것을 느낄 것이다. 그가 했던 것은 대부분 유권자들의 수요를 충족시키기 위한 행동이었다. 이것은 정치인들에게는 절대적으로 정상적인 일이다. 그리고 트럼프는 대선공약을 완수하기 위해 최선을 다하고 있다. 그렇지만 왜 그의 행동은 미움을 받는가?

그 대답은 그의 사상에 놓여 있으며, 그것은 엘리트들이 가지고 있는 가치와 극명한 대비를 이룬다. 미국의 관점에서 외교정책과 지정학 전략은 외교관, 군부(국방성 또는 펜타곤), 그리고 정보국(CIA)으로 구성된 기관에 의해 유지된다. 공동으로 그들은 학계와 존스 홉킨스, 조지타운, 외교협회(CFR) 등과 같은 저명한 연구소와 네트워크를 형성하고 있다. 모두 자유주의적 국제질서의 이익이라는 관점에서 같은 견해를 공유한다.

미국 정부에서 외교정책 수립 기관들은 "딥스테이트(deep state, 민주주의 제도 밖의 숨은 권력집단)"를 형성하고 있는데, 이들은 일종의 숨겨진 정부이다. 딥스테이트는 정치가들로부터의 명령이나 규정에 의존하지 않고, 마치 그것이 공화국인 것처럼 운용하는 방법을 가지고 있다.

그들은 대통령의 보좌관들이 되고, 대통령은 그들의 경험과 영향을 받아들여야 한다.

그러나 트럼프는 이런 시스템을 좋아하지 않고, 이를 바꾸려고 한다. 트럼프는 미국 역사에서 대통령이 되기 전에 어떠한 공직도 수행해 본 적이 없는 첫 번째 대통령이다. 그가 2016년 대선에서 승리한 이유는 국민들이 그가 기존의 시스템을 무너뜨리고 새로 설정해서, 국민들의 요구에 더 잘 응답할 수 있는 시스템을 만들기를 희망했기 때문이다. 따라서 그가 처음부터 딥스테이트에 대해 전례 없는 적개심 수준을 나타낸 것은 놀라운 일이 아니다.

그들의 의견 차이 역시 생각의 관점에서 보면 해결되지 않은 것 같다. 딥스테이트는 사물을 지정학적 렌즈를 통해 본다. 예를 들면, 그들에게 TPP는 아시아에서 중국의 경제적 지배를 감소시키기 위해, 미국 동맹국들의 경제를 강화하는 중요한 수단이다. 트럼프는 그렇게 생각하지 않고 TPP는 미국에 해가 되며, 그리고 미국은 중국을 다룰 더 좋은 방법이 있다고 생각한다.

이 외에도 트럼프는 미국이 가장 많은 규모의 군사장비와 자산을 공급하고 있는 동맹인 NATO에 대한 미국의 약속을 받아들이지 않는다. 트럼프는 다른 회원국들이 NATO가 다름 아닌 그들의 안보이익을 위한 동맹인 만큼 동등한 분담금을 지불해야 한다는 입장이다. 딥스테이트는 관료들이고 트럼프와 같은 사업가가 아니기 때문에 그런 일에 신경을 쓰지 않는다.

딥스테이트에 악몽과 같은 또 다른 일은 러시아와 시리아에 대한 트럼프의 태도이다.

그는 푸틴을 위협으로 보지 않을 뿐만 아니라, ISIS가 격퇴되는 대로 시리아에서 미국이 철수해야 한다는 입장이다. 반면에, 딥스테이트는 ISIS를 미국의 주요 개입 목적으로 간주하지 않았다. 오히려 진짜 목적은 러시아인들이 중동 전역을 밟고 다니는 것을 저지해야 한다는 것이다. 그의 행동은 중동지역에 있는 동맹국들에게 잘못된 신호를 줄 수 있으며, 그들 나라에 대한 미국의 약속에 대하여 의심의 씨앗을 뿌리게 된다. 모든 것은 트럼프를 정부 기관들과 충돌하게 만들었다. 거기에는 푸틴과 공모해서 미국의 이익을 위험에 빠트렸다고 트럼프를 탄핵한 의회 의원들도 포함되어 있다.

딥스테이트는 한걸음 더 나아가서 민주당 정치인들과 긴밀히 연계되어 있는 CNN이나 이코노미스트와 같은 주류 언론을 포함하여, 그들이 가용할 수 있는 모든 수단을 총동원하였다. 따라서 온갖 종류의 부정적인 뉴스가 쏟아져 나온 것은 놀라운 일이 아니다. 그들은 트럼프를 무능한 대통령으로 보고 있으며, 트럼프의 정책은 기본적으로 국제시스템에서 미국의 지위를 파괴시키는 것으로 보고 있다. 이에 대응해서 트럼프는 주류언론을 가짜뉴스로 치부하면서 조롱하였다. 트럼프는 딥스테이트에 대한 의존을 줄이고, 가족들(딸 이방카와 사위 자레드를 포함한)을 비롯한 내부세력들과 시스템 외곽에 있는 사람들로 백악관을 채웠다.

한 가지 의문이 남는다. 정말 트럼프는 무능한가, 또는 국민들이 그와 같은 이미지에 적응이 잘 되지 않아서인가? 사람들은 미국을 "세계경찰"로 보고 듣는 데 익숙하다. 미국은 진실에 대한 열쇠를 쥐고 있으며, 무엇이 옳고 그른지에 대한 위임장을 받은 것처럼 행동하였다. 트럼프 집권하의 미국은 더 이상 그와 같은 세계경찰의 역할을 하지 않으며, 자국의 이익을 추구하는 국가가 되었다.

전임 대통령들과 달리 트럼프는 덜 위선적이고, "민주주의를 위해 세상을 더 안전하게" 또는 "자유세계의 지도자"와 같은 진부한 미사여구의 패권적 사탕발림을 하지 않는다.

그러나 트럼프 집권하의 미국의 논리적 행동은 사실상 이전의 행동들과 동일하다. 미국은 여전히, 단지 방법만 다르게, 패권적 지위를 유지하고자 한다. 러시아와 중국의 동맹을 방지하려고 했던 오바마의 노력과 비교해서, 트럼프는 중국과 대결하는 데 집중하고 있다. 그 이유는 중국이 경제 강국인 데 비하여, 러시아는 미국을 경제적으로 도전하기에는 먼 거리에 있기 때문이다. 트럼프의 핵심 참모이자 경제학자인 피터 나바로는 2011년에 중국의 위협에 대해 쓴 『중국이 세상을 지배하는 그날*Death by China*』을 통해 트럼프에게 중국을 제일 먼저 손봐야 할 매우 위험한 국가로 각인시키는 데 영향을 주었다.

푸틴과 잘 지내고 중국에 적대적으로 대하는 트럼프의 행동은 1969~1974년 미국 대통령을 역임한 리처드 닉슨의 삼각외교(triangular diplomacy)로 간주될 수 있다. 닉슨 또한 참모였던 헨리 키신저(현실주의자)의 영향을 받아서, 가치와 도덕을 도외시하고 힘의 균형에 중점을 두었다. 닉슨과 키신저는 미국이 소련보다 약하다고 보았고, 따라서 중국과 동맹을 맺어야 한다고 생각했다. 그것은 공산주의 국가들이 서로 주먹질하도록 하는 "분할과 통치" 수법이고, 그들의 총을 미국으로 향하지 못하도록 방지하는 것이다.

따라서 트럼프가 작업했던 것은 러시아와 중국이 이해관계의 차이로 협정을 파기할 잠재력을 가지고 있다. 트럼프는 시리아와 중동에서의 러시아의 이해관계를 보살펴 주고, 러시아는 미중 무역전쟁, 북한, 그리고 이란 문제에 끼어들지 않으려 하고 있다.

미 의회조차도 아사드(Assad)에 대해 조치를 취하라고 트럼프에게 엄청난 압력을 가하고 있지만, 트럼프의 최소한의 개입은 딥스테이트만 만족시킬 뿐이다. 2017년 4월 6일 한 번, 그리고 2018년 4월 13일 또 한 번. 마침내, 트럼프는 2018년 12월 19일 시리아에서 미군의 철군을 발표하였고, 이에 화가 난 제임스 매티스(딥스테이트의 일원)는 국방장관직을 사임하였다.

트럼프의 접근법에는 장 · 단점이 있다. 좋은 측면으로 보면 그는 다음과 같은 미국의 힘의 한계를 알고 있다. 미국은 모든 사람들에 대항할 수 없고, 모든 일에 개입할 수 없다. 우선순위는 미국경제의 장기적인 회복과 같은 기본적인 일에 두어야 한다. 나쁜 측면으로는, 트럼프의 기습전법을 선호하는 경향(그가 사업 세계에서 행해 왔던)과 손익계산은 미국의 약속에 대한 동맹국들 사이의 혼동과 우려를 자아내고 있다. 미국은 동맹국들 없이 효과적으로 기능할 수 없으며, 트럼프가 미국을 이끌어가고 있는 방식은 동맹국들을 멀어지게 하고, 중동에서 일어난 것처럼 러시아와 같이 보다 믿을 만한 다른 강대국과 가까워지게 만들고 있다. 결국에는 그와 같은 상황이 미국의 적들을 강화시켜 트럼프의 원래 의도를 좌절시킬 것이다.

트럼프는 이상주의자가 아니며, 그의 방식은 현실주의를 나타내지도 않는다. 사업을 수행하는 최적의 방식은 국제정치에 잘 적용되지 못할 것이다. 어쩌면 트럼프가 딥스테이트로부터 배우고 충고를 구할 필요가 있다.

16

설욕(Xuechi)과 정당성

서방은 중국에 대해 항상 궁금해하는 것이 있는데, 어떻게 이 나라가 2,132년간 독재적인 정부에 의해 통치(기원전 221년 진시황 영정의 통치로부터 1911년 만주왕조의 붕괴 때까지)될 수 있었는가, 그리고 한 번도 민주주의에 대한 관심을 보이지 않고 중국공산당(CCP)의 주먹 아래 남아 있는가이다.

물질적인 이익을 보호하는 것 이외에, 국가 간의 정치는 품위나 위신과 같은 비물질적인 측면에서 중요한데, 중국은 위신의 정신을 중요시하는 문명이다.

그리스 철학에 따르면 인간의 영혼은 세 개의 부분이 있다. 이성(nous), 격정(thymos), 그리고 욕망(epithymia). 이는 각각 마음, 영혼, 그리고 탐욕으로 대표된다. 경제와 같은 물질의 중요성은 탐욕 또는 욕망의 필요를 충족시키는 데 있다. 식탁에 음식을 올려놓기 위한 경제적 자원 쟁탈전은 다름 아닌 욕망(epithymia)에 의해서 촉발되었다.

그러나 국가들은 웬만해서는 격정으로 인해 전쟁으로까지 치닫진 않는다.

이 특별한 이유는 동아시아 국가들 사이에는 매우 명확하다. 일본인들은 명예(めいよ) 또는 위신의 이름으로 싸웠다. 증오 또는 한(*han*)은 한국인들이 외국인에 대해 적대적인 이유가 되었다.

중국인들에게 참을 수 없는 한 가지는 치(*chi*), 또는 치욕이다. 중국인들은 용서하는 성정이 별로 없다. 가장 비열한 사람은 선행에 보답하지 않고, 또한 복수를 하지 않는 사람이다. 중국 속담에 "복수를 하지 않는 사람은 신사가 아니다"라는 말이 있다. 따라서 국가적 차원에서는 복수를 하거나 치욕을 갚는 것이 국가의 의무이며, 그것은 체제에 정당성을 부여한다. 중국 문화는 그들 국가의 운명을 순환하는 것으로 보고 있다. 각각의 왕조는 흥망성쇠가 있으며, 자각(awakening)은 그들이 부닥친 치욕에 대해 복수하는 능력과 관련되어 있다.

중국의 황금시대로 간주되는 두 왕조, 한(BC 206~AD 220)과 당(618~907)을 예로 들어 보자. 두 왕조의 발흥은 치욕을 갚는 이야기와 밀접하게 연관이 되어있다. 초기 한 시대에 한고조 유방은 기원전 200년에 야만인 흉노족에 포위되었다. 77년 후(BC 133) 한무제는 군사원정을 단행하여 흉노족을 대패시키고, 중국의 힘을 중앙아시아까지 확장시켰다. 626년에 당나라의 수도가 돌궐족에 의해 포위되었다. 4년 후 상황은 반전되어 당태종이 돌궐족을 쳐부수고, 다시 한 번 그 힘을 중앙아시아로 확장시켰다.

당태종은 그 지역의 유목부족에 의해 텡그리 칸(Tengri Khan)으로 등극하였다. 현시대의 관점에서 Xuechi(雪耻)는 수백 년에 걸친 치욕과 관련되어 있으며, 이는 아편전쟁(1839~1842)에서의 패배 이후 중국의 몰락과 관련 있다. 위에 언급한 전쟁에서의 패배는 일본과의 청일전쟁(1894~1895), 8개국 동맹(1900) 등 일련의 연속적인 중국 치욕의 시작이었다. 가장 부유한 문명으로 시작하였지만, 중국은 가난하고 퇴보된, 그리고 강대국들에 의해 괴롭힘을 받는 치욕의 길로 내던져졌다.

1949년 중국은 공산국이 되고 나서야 강력해졌다. 그러나 경제적 측면에서는 여전히 후진적이었다. 이런 이유로 덩샤오핑은 1978년에 경제개혁을 도입하였고, 시장경제를 통해 중국을 발전시키려고 하였다. 이러한 개혁 덕분에 이루어진 경제적 지위에 기반하여 중국은 이제 초강대국으로 세계무대에 다시 우뚝 섰다.

이러한 발전은 중국의 위신을 다시 찾게 해 준 존재로서 중국공산당에 정당성을 부여하였다. 오늘날 중국의 부상은 경제와 구매력 영역에서 일어나고 있다. 그것은 동시에 국제시스템에서 중국의 위신과 정치력의 대들보가 되었다. 따라서 우리는 시진핑 주석이 강조한 위대한 중국의 부활에서 우선순위를 알 수 있을 것이다.

일반적으로 중국인들은 만약에 민주주의가 나약함, 분열, 그리고 혼동과 관련되면 이를 거부할 것이다.

어떤 문화에서도 이러한 증상들은 탈중앙집권화, 권력의 분산 등으로 해석될 수 있다. 그러나 중국의 상대국에는 그러한 것들이 왕조의 쇠퇴 증상이다. 오늘날 중국공산당의 통치는 비록 그것이 성격상 공산주의임에도 불구하고 왕조로 간주된다. 중국인들은 형식보다 내용을 우선시하는 실용주의자들이다. 사실상 중국공산당은 왕조이고, 시진핑은 황제이다.

따라서 우리는 중국의 지도자가 약해 보이려고 하지 않는 것을 놀라워하지 않을 것이고, 중국인은 더욱이 수백 년간의 치욕을 겪은 후라 약한 지도자를 받아들이지 못할 것이다.

17

하늘 아래 모든 것

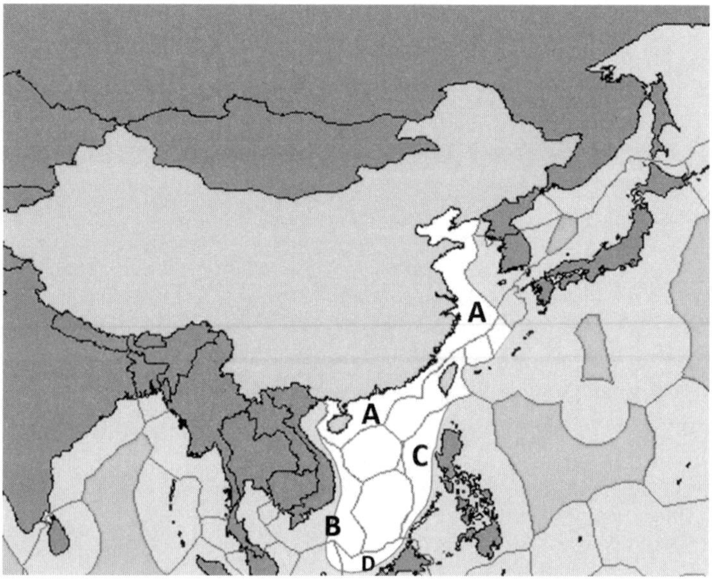

국제해상법에 따른 중국의 영해(A), 중국이 주장하는 영해와 베트남의 영해가 겹치는 부분(B), 필리핀과 겹치는 부분(C), 그리고 말레이시아와 겹치는 부분(D)

중국과 관련된 하나의 특징적인 현상은 중국이 이웃 국가들과 중첩된 국경 분쟁을 하고 있다는 것이다. 1949년 이래 중국은 국경과 관련된 23건의 국제분쟁에 관여되어 있다.

왜냐하면 중국은 역사를 통해 오늘날의 '국민 국가(nation-states)'와 같은 영토 개념을 가져보지 않았기 때문이다. 2,000년 전부터 중국에서 사용된 개념은 천하(天下), 즉 "하늘 아래"였다. 완전한 문구는 "하늘 아래 모든 것은 황제의 것이다"이다.

너무나 탐욕스럽게 들릴지 몰라도, 그것은 마자파힛(Majapahit)* 영토 개념과 다르지 않다. 중앙에는 마자파힛의 궁전인 대왕국(Great Kingdom)이 있다. 대왕국 위에는 '외국'이라는 뜻의 만카네가라(Mancanegara)가 있는데, 이는 인도네시아 자바 문화의 영향을 받았다. 이다음에 있는 것이 '바깥 섬(outer islands) 또는 군도(群島)'라는 뜻의 누산타라(Nusantara)이다. 누산타라는 마자파힛의 종속체이고, 만카네가라 위에 위치하고 있지만, 자바 문화를 받아들이지 않는다.

마지막으로 미트레카 사타타(Mitreka Satata)로 불리는 마자파힛과 동등한 주권 왕국들이 있다. 차이점은 중국의 '천하'에는 주권 왕국과 같은 개념이 없다는 것이다.

중국의 세계관에 따르면 황제는 하늘의 아들(天子)이고, 따라서 그의 권능은 전 세계를 포함한다. 중국의 수도 외곽에는 중국에 조공을 바치는 속국들이 있고, 반대로 속국들은 중국으로부터 지위와 보호를 받는데, 조공국 외곽에는 문명화되지 못한 오랑캐들이 있다. 아편전쟁에서 패배한 이후에야 중국인들은 중국이

* 인도네시아, 자바섬 동부를 중심으로 번영한 인도 자바 시대 최후의 왕국(1293~1520년경) —역주

천자(天子)와 오랑캐

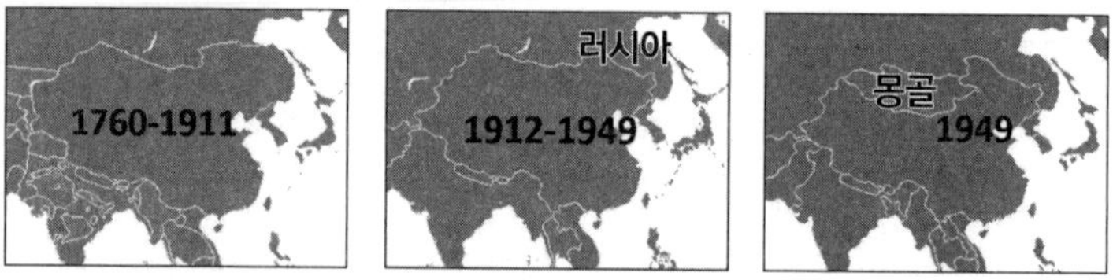

청 왕조, 중화민국, 그리고 중국인민공화국 시기의 각각 상이한 국경들

세계의 중심이 아니고, 서양인들이 처음에 그들이 생각했던 것과 같은 오랑캐가 아님을 깨닫게 되었다.

실체적인 영토 개념이 결여되었기 때문에, 중국의 국경선은 시대의 필요에 따라 변경되었다. 예를 들면, 1683년 이전에 대만

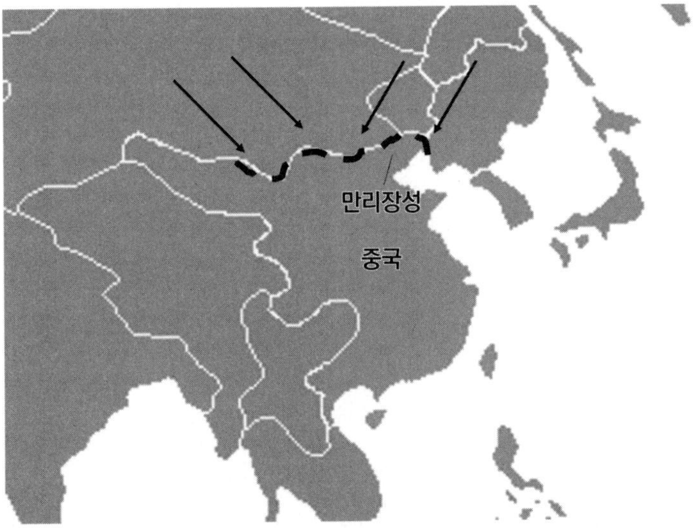

근대 이전에 중국에 대한 주요 위협은 북쪽과 서쪽에서 왔다.
만리장성은 그 위협을 막기 위해 지어졌다.

은 중국의 통치 아래 있어 본 적이 없었다. 비록 몽골이 청왕조(1644~1911)의 일부였고, 이후 중화민국(1911~1949)의 일부였지만, 중화인민공화국은 몽골을 소련의 요구대로 넘겨주었다.

따라서 중국이 영토 주장을 정당화하기 위해 역사적 논쟁을 하면, 그것은 마치 자신의 발에 총을 쏘는 것과 같다. 가장 정직한 대답은 지정학적 필요이다.

근대 이전의 시기, 중국에 대한 위협은 북쪽과 서쪽에서 왔다. 흉노, 거란, 여진, 몽골, 그리고 만주와 같은 오랑캐들은 모두 북쪽이나 서쪽에서 공격해 왔고, 이에 따라 중국의 위기 영역은 북쪽과 서쪽이었다. 이들 지역에 대한 통제권을 잃었을 때, 중국은 쉽게 정복되었다. 그것은 정확히 송 왕조가 몽골에 1279년 함락되었을 때 일어났다.

근대 중국에 대한 위협은 동쪽과 서쪽 바다를 통해 침략해 온 유럽의 강대국들과 일본이었다. 영국과 프랑스는 아편전쟁 동안에 바다를 통해 중국을 공략하였다. 일본도 마찬가지였다. 따라서 근대에 중국은 해군을 강화하는 데 중점을 두었다. 신장과 티베트의 근대 중국 영토로의 편입으로 중국은 육로에서 위협을 덜 느끼게 되었는데, 왜냐하면 이들 지역은 소련/러시아, 그리고 인도에 대해서 완충지대 역할을 하였기 때문이다.

1980년대 이래 중국은 해군력의 주요 지형지물인 "제1열도선(第一島鏈)"을 만들었다. 제1열도선은 일본에서 대만, 필리핀, 그리고 보르네오까지 거대한 사슬을 형성하는 일련의 다도해를 가리킨다. 대부분의 다도해는 미국의 통제하에 있다. 냉전시기에 미국은 일본, 대만, 그리고 필리핀과 군사조약을 맺었다. 따라서 미국은 중국에 가장 큰 위협이 되고 있다.

이런 이유로 중국이 남중국해를 주장하는 이유는 앞서 언급한 제1열도선 때문이다. 석유나 어업과 같은 것은 보너스이다. 그 영토는 중국의 운명을 결정할 것인데, 왜냐하면 중국 통제하에 있는 영토는 남중국해에 대한 자주권이 없이는 심각하게 쇠퇴할 것이기 때문이다.

이러한 상황은 왜 중국이 대만에 대해 영향력을 행사하려고 하는지를 설명하고 있다. 대만 정부는 중국본토를 1912년부터

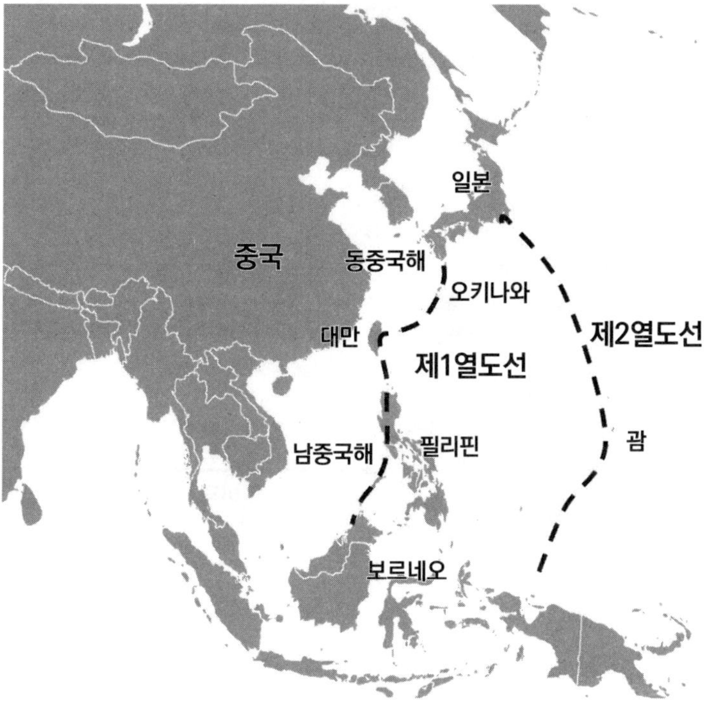

제1열도선(第一島鏈)

1949년까지 통치했던 중화민국의 잔여 유산이다. 중국공산당에 본토를 빼앗긴 이후 국민당 정부는 대만으로 망명하였고, 대만을 계속 통치한 반면, 중국공산당은 베이징에 수립되었다.

오늘날까지 중화민국은 중국본토에 대한 권리를 주장하며, 양측은 서로를 진정한 중국이라고 이야기한다. 그것은 하나의 중국 원칙으로서, 어떤 나라든 중화민국이나 중화인민공화국 둘 중에 하나를 선택해야 한다. 즉, 중화민국과 외교관계를 수립하

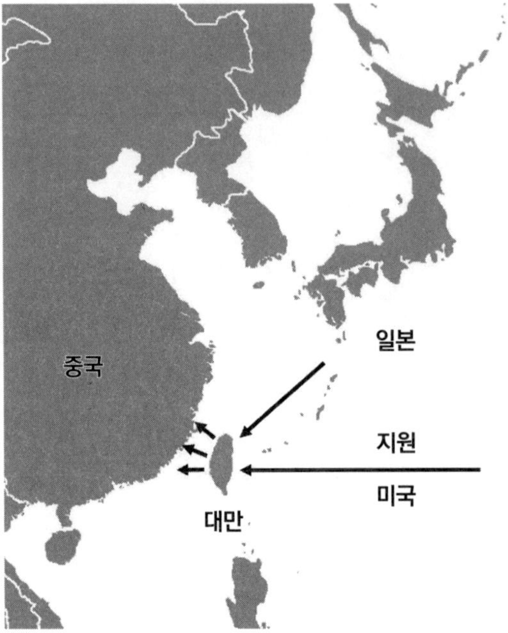

중국에 대한 대만의 위협

고자 하는 국가는 중화인민공화국과의 관계를 끊어야 하며, 그 반대의 경우도 마찬가지이다.

중국공산당은 역사가 아니라 지정학적 목적으로 중국 본토를 대만과 합치려고 한다. 제1열도선에 있는 대만의 위치는 매우 전략적이며, 중국에 대한 위협이 되고 있다. 심지어 대만의 지형마저도 가라앉지 않는 항공모함처럼 생겼다. 따라서 중국은 민진당이 시작한 독립운동을 중국의 안보에 대한 방해 행위로 보고 있다.

비록 미국은 1979년에 대만에 있는 중화민국과 외교관계를 단절하였지만, 대만관계법을 통해 대만이 공격받을 경우 여전히 방어할 수 있는 근거를 가지고 있다. 트럼프와 마이크 펜스 부통령은 종종 친대만적인 언급을 해서 시 주석으로 하여금 트럼프 대통령을 의심하게 만든다.

보르네오가 제1열도선의 마지막에 있기 때문에, 중국은 친미적인 말레이시아를 원하지 않는다. 중국의 지정학을 이해해야만 우리는 중국과의 관계에 있어서 레드 라인을 이해할 수 있다.

18
새로운 실크로드

중국의 일대일로 정책(One Belt, One Road: OBOR)을 언급하지 않는다면 오늘날 중국의 지정학에 대한 어떠한 논의도 불완전하다.

대(帶, Belt)와 로(路, Road)는 실크로드 경제 벨트(SREB)와 21세기 해상 실크로드(MSR)를 말한다. 시진핑은 2013년 9월 카자흐스탄의 수도 아스타나를 방문할 때 실크로드 경제 벨트(SREB)를 건설하기 위한 아이디어를 제안하였고, 한 달 후 인도네시아의 자카르타를 방문할 때는 21세기 해상 실크로드(MSR) 아이디어를 제안하였다.

이 아이디어는 무역을 보다 효율적으로 할 수 있도록 유라시아 대륙 국가들 간의 공공 기반시설 연결성을 향상시키고자 하는 것이다. 실크로드 경제 벨트는 육상에서는 중국을 유럽(네덜란드 로테르담)과 연결하는 철도와 고속도로 건설을 포함하고, 21세기 해상 실크로드는 중국에서 이탈리아 베니스로 가는 해상 무역로를 따라 선정된 국가들에 항구를 건설하는 것을 포함한다.

그러나 그것들은 공짜로 이루어지지 않는다. 중국은 1조 위안

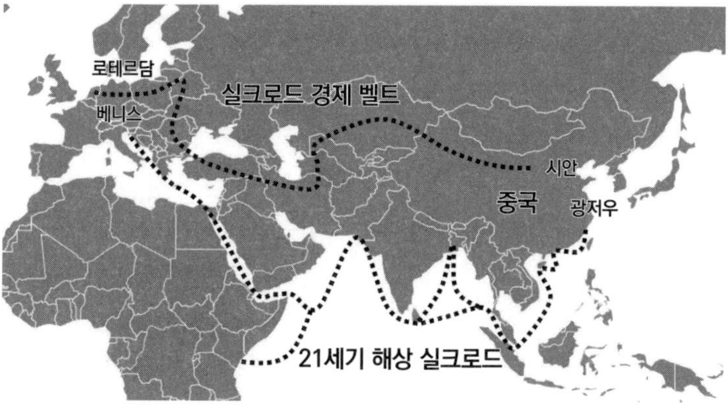

일대일로

(약 1,600억 달러)을 차관으로 할당하였다.

중국은 유라시아와 아프리카 국가 중 65개의 잠재협력 파트너를 확인하였고, 이들 중 많은 국가들이 2015년에 설립된 아시아 인프라투자은행(AIIB)의 회원국들이다.

많은 국가들이 중국의 이러한 시도를 환영하고 있다. 중국은 기반시설 건설, 특히 고속철도 건설에 전문성을 가지고 있다. 따라서 중국의 자금과 전문기술은 인프라 건설이 절대적으로 필요하나 능력이 없는 라오스와 캄보디아와 같은 국가들의 수요를 충족시킬 수 있다. 말레이시아의 동부해안철도(ECRL)와 인도네시아 자카르타-반둥 고속철은 일대일로 계획의 일부분이었다.

그러나 중국은 이러한 파트너십을 통해 무엇을 얻으려고 하는가? 비록 중국이 "운명공동체를 건설하는 것"과 같은 정당화를 위한 사탕발림을 하려고 노력하고 있지만, 사람들은 의심을 품고 있고, 중국에 숨겨진 의도가 있다고 생각하고 있다.

많은 사람들은 일대일로를 중국이 부채의 덫을 통해 다른 나라들을 은밀히 통제하려고 하는 음모로 간주하고 있다. 이 의견에 의하면, 중국이 다른 나라에 많은 돈을 빌려주고, 스리랑카에서 일어난 것처럼 이 나라들이 채무불이행 상태가 되면 관련 자산들을 압류하는 방식이다. 실제로, 스리랑카 정부는 빚을 갚지 못해서 함반토타(Hambantota) 항구를 중국에 99년간 빌려주게 되었다.

그러나 이러한 의견은 왜 중국이 이들 나라의 자산을 통제하기를 원하는지에 대한 답을 주지 못한다. 이들 나라에서 중국은 무엇을 기대하고 있는가?

'대'와 '로'의 상징성에 대해 살펴봄으로서 우리들은 몇 가지 아이디어를 얻을 수 있다. 고대에 중국은 육상과 해상이라는 두 가지 주요 무역 루트를 가지고 있었다.

유럽이든, 아랍이든, 또는 인도든 중국과 무역을 하는 나라들은 모두 이 두 가지 통로를 이용해야 했다. 중국의 주요 수출품이 비단이었기 때문에, 그것은 실크로드로 알려졌다. 16세기에 포르투갈과 네덜란드와 같은 서구열강들이 새로운 대체 해상로를 발견하고 나서 실크로드는 쓸모없게 되고, 역사에서 잊혀졌다.

이들 길은 일대일로와 유사성을 공유한다. 시 주석 본인도 일대일로가 실크로드의 부활임을 인정하고 있다. 시 주석은 사람들이 실크로드를 중국의 패권과 연상시킨다는 것과 새로운 실크로드가 중화권과 조공시스템을 재건하려는 시도로 묘사될 것이라는 것을 알고 있으며, 이에 따라 시 주석은 "중국은 실크로드를 다른 국가를 침략하거나 식민지로 삼기 위해 사용한 적이 없으며, 1405년부터 1433년까지 정화의 원정대에서 나타난 바와 같이 그 길을 따라 우정의 정신을 가져왔다"고 말하는 "실크로드 정신" 이야기를 더 많이 만들려고 하고 있다.

그러나 시 주석이 말하지 않은 것은, 정화 원정대가 사실은 전략적인 목적을 두고 있었다는 것이다. 중앙아시아의 위대한 제국 건설자인 타메를란(티무르의 별칭)은 육지로부터 중국을 침략하려고 준비하고 있었으나 실크로드가 막혔다. 이때 정화는 인도양 해안가 국가들과 타메를란에 대항해 싸우기 위한 조약을 맺고, 이를 후방에서 공격하기 위해 보내졌다. 비록 타메를란이 1405년 중국 원정 시 갑자기 죽었지만, 정화의 움직임은 장기적으로 중국의 안보에 중요하게 여겨졌다.

따라서 일대일로의 뒤에 있는 중국의 목적은 사실은 불안함 때문이라 할 수 있다. 앞 장에서 논한 바와 같이, 중국의 주요 위협은 태평양의 동쪽에서 온다.

미국이 2011년 아시아 회귀(Pivot to Asia) 정책을 도입한 이래, 중국은 말레이시아와 태국 같은 나라들이 미국의 동맹국이 되는 것을 우려하였다. 이는 말라카 해협을 지나가는 중국 무역로의 안전에 영향을 미칠 수 있었기 때문이다.

말라카 딜레마

석유 수입을 포함한 80~90%의 중국 무역상품이 말라카 해협을 통과해야 한다. 만약에 말레이시아와 인도네시아가 중국에 대한 미국의 제재에 동참한다면, 중국 경제는 붕괴하게 될 것이다.

중국은 이 문제를 '말라카 딜레마(Malacca Dilemma)'라고 부른다. 이를 극복하기 위해서 중국은 인도양에 대체 무역로를 만들어야 하고, 중앙아시아 국가들을 통한 육상로도 확보해야 한다. 이 모든 활동은 예기치 못한 사태에 대한 보험 역할을 한다.

만약 말라카 해협에 제재가 일어난다면, 중국은 수입된 원유를 파키스탄의 과다르(Gwadar) 항구에 적재할 수 있고, 그 후 도로, 철도, 또는 송유관을 통해 중국까지 운반할 수 있다. 이렇게 해서 중국은 안전을 확보할 수 있다.

중국인들이 건설한 항구(스리랑카의 함반토타, 파키스탄의 과다르, 그리고 말레이시아의 말라카 관문)들은 심해항으로서 필요할 경우 해군항으로 전환시킬 수 있다. 따라서 이들 항구들은 미국에 대항해서 사용될 수 있는 군사 작전용 및 수송 센터 네트워크를 형성하고 있다.

따라서 중국의 일대일로 목표는 성격상 공격적이기보다는 방어적이다. 그것은 다른 나라들을 식민지화한다는 것이 아니고, 전략적 지점에 중국의 존재감을 확보하는 것이다. 부채의 덫 이야기는 〈니케이 아시안 리뷰〉와 같은 일본 언론이나 브라흐마 첼라니(Brahma Chellaney)와 같은 인도 대변인들과 같은 사람들의 선전선동에 지나지 않는다.

왜 인도와 일본은 그렇게 하는가? 이에 대한 대답은 다음의 두 개 장에 있다.

19
진주 목걸이

무질서한 세계는 어떤 국가가 다른 나라들이 하는 행동에 대해서 회의적인 시각을 갖게 하였다. 다른 나라들의 의도에 대해서 어떠한 가정도 해서는 안 되기 때문에 주의가 필요하다.

중국의 일대일로 정책이 많은 나라의 신경을 건드린 것은 사실이다. 인도는 일대일로에 대해서 가장 회의적이다. 중국과 인도 사이는 겉으로는 좋아 보인다. BRICS, NAM, ASEAN+6 등에서 친구 사이이나, 속으로는 둘이 서로 칼로 찌르려 하고 있다. 그 주된 이유는 1962년에 전쟁으로까지 치달은 두 나라 사이의 국경분쟁 때문이다. 게다가 인도는 티베트 분리주의자들의 얼굴인 달라이 라마에게 정치적 망명을 허용하였다.

가장 치명적인 사실은 중국이 파키스탄의 동맹국이라는 사실이며, 파키스탄은 인도와 1947, 1965, 1971, 그리고 1999년 전쟁을 치른 인도의 숙적이다. 중국-파키스탄 관계는 대단히 가까워서, 전자는 후자를 바티에(batie, 강철 형제)라고 부른다(*ba*는 형제를 의미하는 *bada*의 축약형이고, *tie*에는 강철을 의미한다).

따라서 인도는 항상 중국의 행동에 대해 회의적이었으며, 그

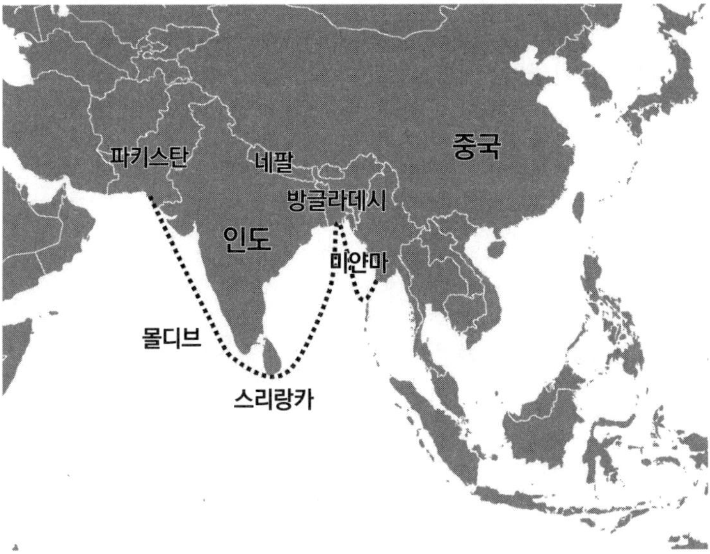

진주목걸이

행동들이 인도에 대해 나쁜 의도를 가지고 있다고 여겼다.

인도 측에서 볼 때 일대일로는 자국의 영향권, 즉 인도양을 침범한 것이었다. 인도는 인도양에서 자국의 안보에 위협을 주는 다른 강대국들의 출현을 전혀 원하지 않는다. "누구든 인도양을 통제하는 사람은 인도를 마음대로 하게 될 것이다"라고 현대 인도 역사에 있어서 존경받는 전략가인 파니카(K. M. Panikkar)는 이야기하였다.

중국이 미얀마, 스리랑카, 그리고 파키스탄에 건설 중인 항구와 인프라는 인도에는 위협의 증거로 간주된다. 만일 각 항구가 연결되면, 인도를 포위하게 됨을 알 수 있다. 미국의 자문 회사인 부즈 알렌 해밀턴은 이 연결선을 진주목걸이라고 부르는데, 그 줄이 진주목걸이의 모양과 비슷하게 생겼기 때문이다.

인도에 있어 그 줄은 다름 아닌 자국의 목을 조르는 차크라비유(chakravyuh), 즉 포위 전략이다. 인도를 화나게 만드는 것은 인도의 의존국으로 있는 네팔과 몰디브까지 중국이 일대일로 파트너십을 확장하고 있다는 것이다.

인도는 진주목걸이를 끊어버릴 전략이 필요하다. 가장 쉬운 방법은 정권교체를 통해서, 즉 이들 국가들의 지도자들을 친인도적 인사들로 바꾸고, 일대일로 정책을 취소하도록 만드는 것이다. 인도는 강대국이고 그러한 작전을 수행할 수 있는 해외정보기관(RAW: Research and Analysis Wing)을 가지고 있다.

스리랑카부터 시작해서, 중국에 과도하게 의존하고 일대일로 계획을 승인했던 마힌다 라자팍사 대통령은 2015년 선거에서 축출되었다.

그러나 그의 후임자인 마이트리팔라 시리세나 대통령은 중국과의 관계에 다소 소극적이었다. 사실 스리랑카는 중국의 대출을 갚지 못해서 2017년 함반토타항의 통제권을 넘겨주었다. 2018년 10월에 시리세나와 스리랑카 총리인 라닐 위크레메싱게 사이에 견해가 일치하지 않아서 정치적 위기가 발생하였다. 그 사태는 시리세나를 위크레메싱게로 교체하려는 인도의 계획 때문인 것으로 알려졌다. 따라서 위크레메싱게가 인도를 방문한 지 일주일 후에 시리세나는 그의 라이벌이었던 라자팍사를 새로운 총리로 임명하였다. 이 임명을 축하한 첫 번째 국가는 다름 아닌 중국이었다. 그러나 중국의 희망은 위크레메싱게가 2018년에 총리로 재임됨으로써 일찍 사라졌다.

또한 같은 해 8월 18일 파키스탄의 정권교체는 인도에 기회를 가져다주었다. 크리켓 영웅 출신의 임란 칸(Imran Khan) 파키스탄 총리는 투명하고 부패 없는 "새로운 파키스탄(Naya Pakistan)"을 건설하고자 한다. 칸 총리는 일대일로 계획이 전임 나와즈 샤리프 총리의 부패로 얼룩진 것으로 보고, 그 계획을 다시 검토하기를 원하고 있다.

그러나 어쩌면 칸 총리가 아직은 미숙한 상태이기 때문에 그가 진짜 원하는 것이 무엇인지 보여주는 단서가 없다. 그는 한편으로는 중국의 영향력에서 자유롭게 되기를 바라며, 또 한편으로는 중국으로부터 새로운 차관을 희망하고 있다. 파키스탄 언론조차 그를 "유턴의 달인"으로 조롱하였다. 따라서 인도조차도 인도와 평화를 만들자는 칸의 약속을 기대하지 않고 있다.

파키스탄 다음으로 정권교체 대상이 되는 남아시아 국가는 몰디브이다. 2018년 9월 몰디브 대선 기간 동안에 국민들은 스캔들로 점철되어 있고, 정적을 구금하는 데 권력을 남용한 압둘라 야민을 축출하였다.

그러나 "국민의 힘" 이면에는 중국과 인도 간의 싸움이 어렴풋이 나타나 있다. 1965년 몰디브가 영국으로부터 독립한 이후 인도 영향권에 있는 위성 국가가 되었다. 그러나 2013년에 압둘라 야민이 정권을 잡은 이후 그는 중국과 가까워지려고 노력하고 있다.

2014년 시진핑 주석의 역사적인 몰디브 방문을 기점으로 양국은 점점 가까워지고 있다. 중국은 적극적으로 몰디브에 공항, 몰디브-중국 친선 다리와 같은 인프라를 건설하였고, 2017년 12월에는 몰디브와 자유무역협정을 체결하였다. 몰디브는 2018년 2월 인도가 주최하는 밀란-2018 연합해군 군사훈련 초청을 역사상 최초로 거절하였지만, 동시에 중국의 군함이 몰디브항에 정박하는 것을 허락하였다.

인도는 단단히 화가 났다. 인도는 압둘라 야민과 그의 정치적 멘토인 마우문 압둘 가윰 간의 분쟁으로 인해 생긴 정치적 불안정을 이용하였다. 마우문은 몰디브를 1978년부터 2008년까지 통치한 독재자였으며, 대선에서 모하메드 나시드에 패배한 이후 축출되었다.

압둘라 야민에 대한 분노에 직면하여, 압둘라 야민에게 대항하기 위해 마우문은 이전의 적이었으며, 공적 자금을 유용하고 몰디브를 중국에 팔아넘긴 나시드와 조약을 맺었다. 압둘라 야민은 나시드와 마우문을 체포하는 것으로 대응하였다. 압둘라 야민이 중국의 지지로 철권 통치를 하는 것을 보고, 2013~2016년 외교장관을 역임했던 가윰의 딸 둔야(Dunya)는 인도에 개입을 요청하였다.

2018년 대선에서 야당 후보인 이브라힘 모하메드 솔리가 알둘

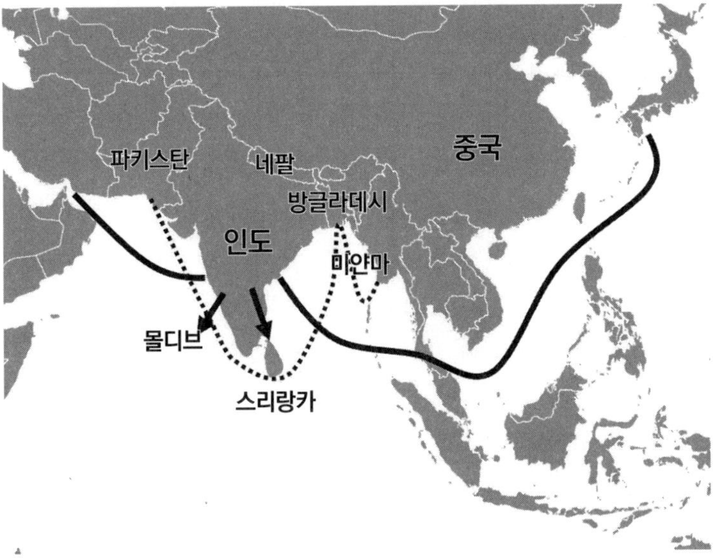

진주목걸이를 부수기 위한 인도의 전략

라 야민을 누르고 당선되었다. 솔리 대통령 취임식에 인도의 모디 총리가 참석한 것은 몰디브에서 인도의 점증하는 영향을 나타낸다. 반면에 솔리는 중국과의 협력을 재평가하겠다고 약속하였다.

2014년 이래 모디가 인도의 총리가 된 이후, 인도는 파키스탄에 중국이 건설한 과다르항 대신에 이란의 차바하르항을 개선하기 위해 이란과 긴밀히 협력해 왔다. 또한 인도는 차바하르와 아프가니스탄을 연결하는 고속도로와 철도망 건설에 자금을 공급했다.

중국의 부채 함정과 인도의 자주권은 사실 동전의 양면이다.

국가들은 협력국가들을 선택할 때 주의할 필요가 있고, 동시에 국내정책과 관련된 목표를 달성하기 위해서는 외세의 개입이 최소화될 수 있도록 해야 한다.

20

아시아-태평양에서 인도-태평양으로

중국이 추진하는 일대일로의 잠재적 위협에 맞서는 나라는 인도뿐만이 아니다. 인도 이외에도 일본과 호주 같은 나라도 같은 입장에 있다. 그들에게 일대일로는 단순한 경제적 협력을 넘어서서 유라시아와 아태지역에서 중국의 힘과 영향력을 극대화하기 위한 지정학적 전략이다.

벌써 2007년에 아태지역에서 중국의 힘과 영향력 증대는 미국, 일본, 인도, 그리고 호주를 포함하는 4자 안보협의체, 즉 쿼드(Quad)로 알려진 비공식 동맹을 탄생하게 하였다.

쿼드의 설계자는 2006년 9월, 1945년 이후 가정 젊은 나이(52세)에 일본 수상이 된 아베 신조 총리이다. 그는 일본이 지역안보에서 좀 더 큰 역할을 하기를 바라는 야심이 있다. 아베는 세 가지 외교정책 구상을 내놓았다. "가치 지향적 외교", "자유와 번영의 호(arc)", 그리고 "더 넓은 아시아".

첫째, 아베 총리는 일본이 민주국가로 자리매김하고, 일본의 외교정책을 민주, 자유, 인권, 그리고 시장경제와 같은 보편적 가치와 연계시켜야 한다고 강조하였다. 따라서 일본의 당연한 동

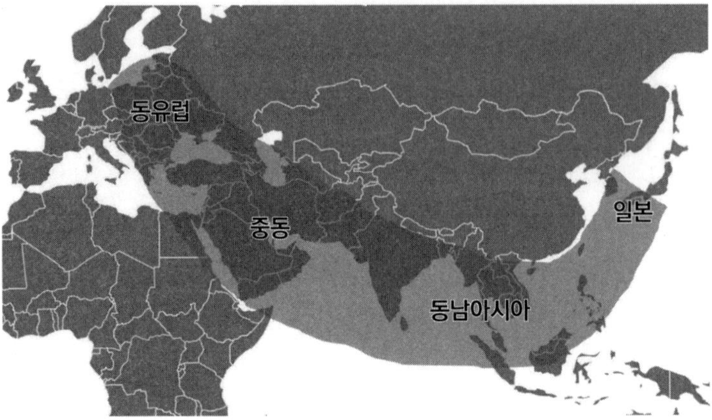

자유와 번영의 호(弧)

맹은 미국, 호주, 그리고 인도와 같은 민주국가로 구성되어야 한다고 보았다.

둘째, "자유와 번영의 호(弧)"를 일본의 이익영역으로 규정한다. 아베는 그 지역을 오래된 민주국가인 아세안과 한국뿐만 아니라 동유럽, 이라크, 아프가니스탄과 같은 새로운 민주국가를 포함하는 것으로 보고 있다. 아시아 지역에서 가장 큰 민주국가 중 하나인 일본이 그 지역에 민주적 가치를 강화해야 할 의무가 있다고 생각한다.

좀 더 자세히 살펴보면, "자유와 번영의 호" 지역은 니콜라스 스파이크만이 언급한 주변지역(rimland region)과 똑같다. 어떤 누구라도 주변지역을 통제하고 있으면 러시아와 중국과 같은 중심부(heartland) 국가로부터 유라시아를 방어할 수 있을 것이다. 아베의 "민주"라는 수식어는 "독재" 국가로서 중국을 지칭하는 것 같다. 따라서, 쿼드는 사실 중국에 대한 4면의 포위망 전략이다.

포위망의 성공을 확보하기 위해서는, 과거 2차 세계대전 때 태평양에 대한 통제권을 가지기 위한 태평양전쟁으로도 알려진 미국과의 전쟁에서 증명된 바와 같이, 일본은 과거 그 중심무대였던 아태지역에만 전적으로 집중할 수는 없다.

일본, 호주, 그리고 미국은 아시아태평양경제협력체(APEC)의 핵심 국가들이다.

중국의 힘의 팽창이 이미 아태지역을 넘어 유라시아로 향하고 있기 때문에, 이제 일본은 아태지역을 넘어서 볼 필요가 있다. 일본은 완전히 새롭고 보다 넓은 무대가 필요하다.

이런 이유로 아베는 2007년 인도 의회에서 "두 바다의 합류"라는 제목으로 실시한 그의 연설에서 "더 넓은 아시아"라는 아이디어를 내놓았다. 그의 연설에서 아베는 일본과 인도의 협력 필요성을 강조하기 위해 2차 세계대전 때 일본과 협력했던 수바시 찬드라 보세(Subash Chandra Bose)와 같은 역사적 인물들의 이름을 언급하였다. 태평양 세력으로서의 일본과 힌두 세력으로서의 인도는 아태보다는 훨씬 넓은 아시아의 평화를 유지할 수 있을 것이다.

국내 정치 문제로 아베는 2007년 9월 사임하였다. 2년 후 아베의 자민당은 1945년 이후 처음으로 권력을 빼앗겼다. 유키오 하토야마가 이끄는 일본민주당(DPJ)은 아베의 반중 정책을 뒤집으

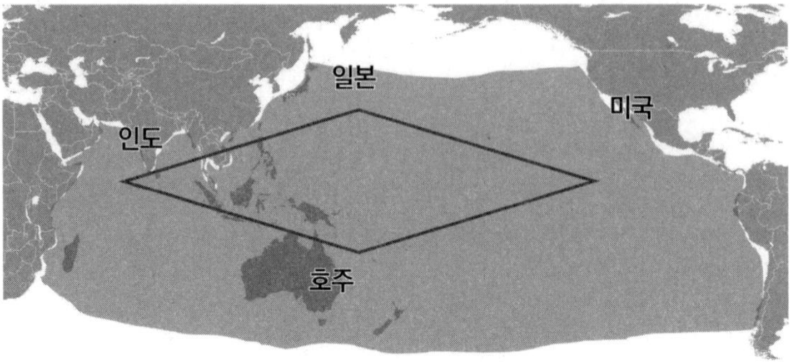

쿼드(Quad) 또는 아시아의 안보 다이아몬드

려고 시도하였다. 2007년 12월부터 총리를 역임하고 있는 케빈 러드(Kevin Rudd)조차도 친중적이었다. 쿼드는 중단되었다.

그러나 일본 민주당의 친중 정책은 일본의 이익을 지키는 데 실패하였는데, 특히 센카쿠 열도에 대한 일본과 중국의 서로 중복된 주장에서 그러했다. 2012년 12월 26일 두 번째 총리직을 맡은* 아베는 계속해서 쿼드를 구상했다. 그는 제97대 총리로 취임한 바로 다음 날 프로젝트 신디케이트(Project Syndicate)를 '아시아의 민주적 안보 다이아몬드(Asia's Democratic Security Diamond)'로 새롭게 바꾸었다.

새로운 아베는 예전의 아베보다 더 공격적이다. 2013년 호주의 토니 애벗 총리, 2014년 인도의 모디 총리와 같은 우익 보수

---

* 아베는 지금까지 네 번째 총리직을 수행 중이다. 제90대 총리(2006.9.26.~2007.9.27.), 제96대 총리(2012.12.26.~2014.12.23.), 제97대 (2014.12.24.~2017.10.31.), 제98대(2017.11.1.~현재) —역주

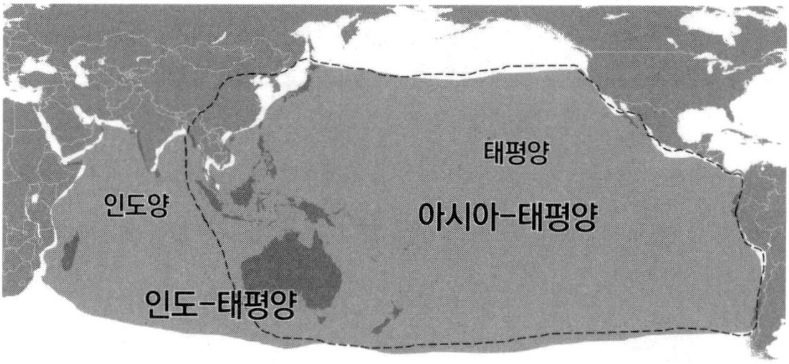

인도-태평양

적인 지도자들의 부상과 함께 쿼드 아이디어는 복원되었다. 사실 쿼드는 트럼프 덕분에 새 생명을 얻었다. 트럼프는 "자유롭고 개방된 인도태평양"을 미국의 정책으로 공식화하였다.

아베가 10년 전에 제안한 태평양과 인도양을 연결하겠다는 구상은 이제 미국과 그 동맹국들이 중국의 세력에 대한 균형을 잡는 안내 역할을 하고 있다.

군사협력을 향상시키는 것에 덧붙여, 쿼드 국가들은 또한 일대일로와 경쟁하기 위한 인프라 개발 계획들을 만들고 있다. 트럼프는 인도태평양경제회랑(IPEC) 창설을 제안하고 있고, 인도와 일본은 아시아-아프리카성장회랑(AAGC)을 제안하고 있다. 중국과 같이 일본도 고속철도 기술을 보유하고 있기 때문에 아시아와 아프리카 국가들의 인프라 개발 수요를 충족시킬 수 있다.

인도-태평양 개념이 실현되면서 중국과 쿼드 사이의 움직임은 아시아를 넘어섰다. 일본은 2차 세계대전 이후로 동아프리카

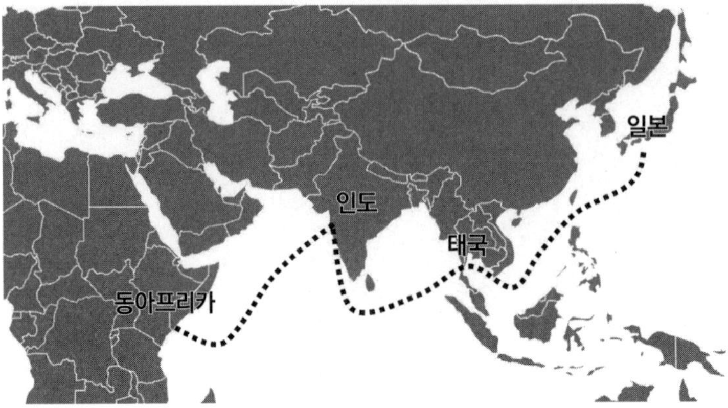

아시아-아프리카 성장 회랑(AAGC)

에서 첫 해군기지로 지부티를 선택하였다. 반면에 호주는 태평양의 섬들을 감독하는 데 중점을 두고 있다. 호주는 태평양에서 중국의 존재를 상쇄시키기 위해 아직도 피지와 뉴칼레도니아 같은 섬나라들에 주권과 영향력이 있는 프랑스와 영국을 초대하고 있다. 심지어 2018년 3월에 동남아시아국가연합(ASEAN)에 가입하고자 하는 호주의 열망은 이 기구에서 중국의 우월적 지위를 상쇄하기 위한 인도-태평양 전략의 관점에서 해석될 수 있다.

현실주의자의 관점에서, 쿼드의 역할은 미국이 전략지역에서 자국의 이익을 유지하는 것을 도울 수 있는 역외 균형자와 유사하다. 그것은 미국의 직접적인 개입 없이 아웃소싱이나 하청을 통한 방위업무와 같다. 따라서 우리는 왜 트럼프가 아베의 발명품인 인도-태평양 아이디어에 그렇게 관심이 많은지를 이해할 수 있다. 돈이 말해준다. 트럼프를 감동시키고 싶다면, 그와 같은 아이디어들이 돈으로 측정될 수 있는 가치를 미국에 가져준다는 것을 확신시키면 된다. 그러나 그것이 무엇이든, 그것은 일본이 변할 수 있느냐 없느냐에 달려 있다.

21

일본 되찾기

(Nihon Wo Torimodosu)

일본이 성공적인 역외 균형자가 될 수 있을지의 여부는 일본의 국력을 괴롭히는 장애물을 제거할 능력이 있는지의 여부에 달려 있다.

2차 세계대전 패배 이후 새로운 헌법(1947)은 미국의 감독하에 개정되었다. 헌법 9조는 일본의 국제분쟁을 해결할 수단으로서의 전쟁을 불법으로 규정하고 있다. 이에 따르면 일본은 공격 능력이 없고 방어 능력만 있는 자위대 외에는 자체 국방력을 가지고 있지 않다.

이 규정의 아이디어는 당시 일본 총리(1946~1954)였던 요시다 시게루로부터 나왔다. 그에 따르면 패전한 새로운 일본은 부흥에만 집중해야 한다는 것이다. 일본은 미국과 군사협약을 체결해서 미국의 주둔을 활용할 수 있다. 일본을 미국에 의존할 수 있는 한 경제문제에만 집중하면 된다.

동시에 일본 정부는 군사비 지출을 GDP의 1%를 넘지 않을 것을 보장하였다. 이는 일본을, 경제적으로는 매우 부강하지만 군사적으로는 발달장애 상태인, 매우 독특한 상태로 만들었다.

그러나 1980년대에 들어서면서 일본이 보통국가, 즉 자체 군사력을 보유하고 스스로를 방어할 수 있는 국가로 만들어야 한다는 목소리가 점점 높아갔다. 이 아이디어의 지지자는 대부분 자유민주당(LDP)에서 가장 큰 파벌인 세이와 연구회(清和研究會)에서 나왔다. 다른 파벌인 헤이세이 연구회(平成硏究會)는 좀 더 현상유지를 하자는 입장이다.

각 파벌은 자유민주당을 형성하는 두 개의 구성파 정당들(component parties)의 후계자들이다. 헤이세이(平成)는 요시다가 이끈 자유당에 연원을 두고 있다. 반면에 세이와(清和)는 하토야마 이치로와 기시 노부스케가 이끄는 민주당에 뿌리를 두고 있으며, 기시 노부스케는 아베 신조의 외할아버지이다. 기시는 2차 세계대전 중 일본 육군의 고위급 장교였고, 전쟁범죄자였으나 미국이 그를 쓸모 있는 사람으로 알아보고 형을 언도하지 않았다.

첫 일본총리 임기(2006~2007) 동안에 아베는 방위청을 방위성으로 승격함으로써 일본의 군사정책을 변화시키고자 하는 그의 열망을 드러냈으며, 2012년 12월 다시 집권하였을 때 그의 행동은 더욱 공격적이 되었다.

2012년 선거에서 아베의 구호는 "일본을 되찾자"라는 의미의 "Nihon wo torimodosu(日本を 取り戻す)"이었고, 이는 일본 민주당 이전의 질서와 사회경제적 위치로 돌아가자는 것 외에도, 일본을 보통국가로 복구시키자는 암시를 가지고 있다. '일본을 다시 위대하게'라는 목적을 위해 헌법 제9조를 개정해야 할 처지였다.

2014년 7월 아베 내각은 이를 개정하기로 결정하였다. 그 동의안은 일본 의회에서 2015년 9월에 통과되었으나 나중에 대규모 반대 시위를 촉발하였다. 대부분의 일본인이 헌법 개정을 반대하는 이유는 역사적인 트라우마 때문이다. 그들은 일본 정부의 군국주의가 히로시마와 나가사키와 같은 비극으로 이끌지 않을까 우려하고 있다. 따라서 일본은 역사적 교훈을 통해 배워야 하며, 다시는 실수를 반복해서는 안 된다고 보고 있다.

그러나 힘의 균형을 고려할 때, 센가쿠 열도(중국명 댜오위다오, 釣漁島)에 대한 일본의 주권과 관련된 문제에 있어서 중국의 위협에 대응하기 위해서는 변화가 필요하다. 2013년 중국은 일방적으로 센가쿠를 항공식별지역(ADIZ)으로 확정하였다. 군사력이 없으면 중국은 일본을 얕잡아 볼 것이며, 일본은 수시로 변하는 미국의 입장을 볼 때 영원히 미국에만 의존할 수는 없다.

2017년 10월 아베는 총리 자리를 지키는 데 성공하였고, 이어서 2018년 자민당 총수 자리를 지킨 것은 그로 하여금 갱신 어젠다를 계속 이어나가도록 하는 위임을 준 것으로 볼 수 있다. 미국에 대한 일본의 의존을 변화시켜야 하겠다는 아베 주장의 근거는 일관성이 없는 트럼프가 등장하면서 더욱 확고하게 되었다.

2018년 12월 일본 내각은 27.47조 엔(2,420억 달러)에 달하는 방위계획지침상의 국방예산을 통과시킴으로서 1945년 이후 가장 높은 군사비 지출을 기록하였다. 그 예산은 미국에서 42대의

F-35B 전투기를 구입하는 데 사용될 것이다. 이들 제트 전투기를 운용하기 위해서는 두 대의 이즈모급 구축함이 항공모함으로 업그레이드될 것이다.

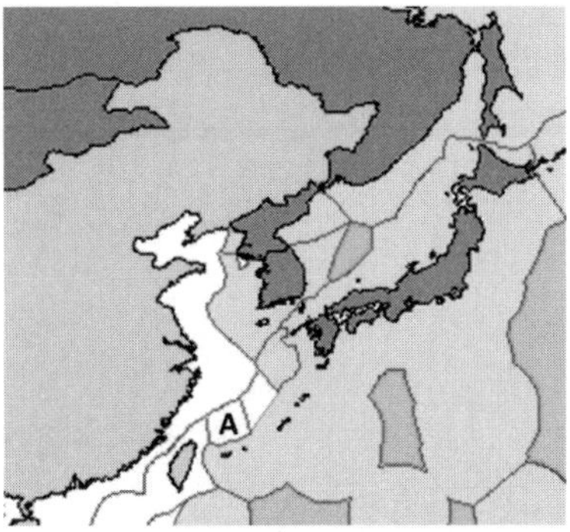

중국과 일본의 센가쿠/조어도(댜오위다오)에 대한 중복된 주장(A)

일본의 마지막 항공모함이었던 운류(雲龍)는 2차 세계대전 때인 1944년에 미국에 의해 침몰되었다.

그러나 현상유지에 대한 어떠한 변화도, 역사적인 배경을 이유로 중국과 한국으로부터의 반대에 직면하게 될 것이다. 아베는 두 국가의 일반적인 여론에서 인기가 없는데, 왜냐하면 그가 전쟁 범죄자들을 합사하고 있는 야스쿠니 신사를 방문한 이후 2차 세계대전 동안 자행된 일본의 군국주의를 미화하는 수정주의자로 인식되고 있기 때문이다.

아베의 일본 부흥 노력이 중국의 위협을 예방할 수 있을지, 또는 중국과 한국으로부터의 더 큰 반발이 군비경쟁이나 지역전쟁으로 악화될지는 오직 시간이 말해줄 것이다.

22

북극 실크로드

21세기의 지정학적 경쟁은 무역로를 장악하기 위한 것이다. 우리들은 어떻게 중국의 일대일로와 인도-일본의 아시아-아프리카성장회랑(AAGC)이 각각 인도양에서 무역로를 장악하기를 원하고 있는지 보아 왔다.

인도양에서의 경쟁이 점점 치열해지고 있는 가운데, 새로운 길이 대안의 무역로로 판세를 바꾸는, 즉 게임 체인저(game changer)로 부상하고 있다. 그 길은 북극을 통한 길이다.

지구온난화로 북극의 빙하 지역은 녹고 있으며, 무역선이 지나갈 수 있는 해상로가 되고 있다.

북극 곰에게는 나쁜 소식이 되겠지만, 중국처럼 인도양 해상무역로 등 해상무역로에 과중하게 의존하고 있는 나라에는 신이 내린 선물이다. 북극해의 출현은 여건이 무르익은 좋은 기회이다.

인도양 무역로와 비교하여 북극항로는 더 시간을 절약하게 해준다.

예를 들어, 중국에서 영국으로 가는 길이 현저하게 단축될 것

북극해상로

이다. 그 길이 인도양 노선과는 다르다는 것은 수십 개의 국가를 횡단한다는 의미인데, 그중의 일부는 미국의 동맹국들도 있다. 새로운 경로는 일본, 러시아, 노르웨이 및 영국의 해역만 포함된다.

비록 그 지역은 여전히 짙은 얼음으로 덮여 있지만, 중국은 이미 2018년 1월에 그 해상로에 대한 백서를 작성하였다. 새로운 길이 사용 가능하게 되면, 중국은 육상 및 해상 실크로드 이외에 대안으로서 제3의 무역로를 가지게 될 것이다. 따라서 중국은 제3의 길을 북극 실크로드라고 부른다.

북극 실크로드의 출현은 그 무역로를 감독하고 있는 러시아에 이득을 가져다주기 때문에 판세를 바꾸게 될 것이다. 만약 이 길이 현실화되면 러시아는 그동안 고립되어 무역과 투자에서 소외되었던 북극 지역을 개발할 수 있을 것이다. 러시아는 자신의 통치하에 있는 광대한 북극지역 덕분에 새로운 경제 강국이 될 잠재력을 가지고 있다.

북반구에 있는 다른 국가들 역시 북극 실크로드의 잠재력을 깨닫기 시작하고 있다. 그들은 북극항로를 무역선의 안전을 위협하는 지정학적 분쟁과 해적에 노출되어 있고, 혼잡한 인도양에 대한 대안으로 보고 있다.

러시아가 북반구의 큰형이기 때문에 북극 실크로드에서 얼마간의 이익을 나눠 가지기를 희망하는 국가들은 러시아와의 관계를 개선해야 할 것이다. 최근에 일본이 그렇게 했다.

비록 양국이 쿠릴열도에 대한 국경분쟁 문제를 가지고 있고, 일본은 미국의 확고한 동맹이지만, 일본은 일-러 조화를 유지하기 위해, 러시아와의 국경분쟁 문제를 해결하기 위한 노력을 기울이고 있다.

더욱 놀라운 것은 싱가포르도 그 루트를 이용하려고 하고 있다는 점이다. 벌써 2008년에 싱가포르는 북극 항행 목적으로 쇄

빙선을 만들어서 러시아에 팔았다. 2013년 싱가포르는 옵서버 자격으로 북극 주변 국가인 미국, 러시아, 스웨덴, 핀란드, 노르웨이, 아이슬란드, 덴마크, 그리고 캐나다로 구성된 북극이사회(Arctic Council)에 참여하였는데, 적도 국가로는 싱가포르가 유일하다.

좀 어색하긴 하지만, 만일 중국이나 일본과 같은 나라가 말라카 해협을 통과하지 않을 경우를 대비해서 싱가포르가 북극항로에 얼마의 지분을 가지는 것이 중요하다. 싱가포르로서는 미리 발을 들여놓고, 문제가 발생할 경우 해결책을 찾느라 허둥지둥하기 전에 대응하는 일종의 유비무환 방식이다.

지정학적 환경을 자각하고, 선도자로서 기회를 잡는 것은 조그만 나라가 가져야 할 필수적인 태도이다. 싱가포르는 만일의 경우에 대비하여 잘 준비해 왔다.

23

동투르키스탄

중국의 다른 지역국가들과 지정학적 경쟁 이외에도, 중국 내부의 문제들, 특히 인권과 관련된 문제들은 항상 세상의 주목을 받고 있다.

2018년 신장지역의 위구르족 인권 문제는 다시 한 번 뜨거운 문제가 되었다. 중국 정부가 백만 명의 위구르인들을 체포하는 것을 UN이 승인하였다는 로이터 통신과 같은 국제 언론의 보도는 무슬림들의 운명에 대한 연대를 표명하면서 중국에 대한 항의를 촉발하였다.

그러나 그 주장은 UN에서 공식적으로 나오지 않았다. 그것은 같은 해 8월 10일 인종차별위원회에서 중국의 의무 준수 상황을 검토할 때 게이 맥두걸(Gay McDougall) 특별보고관이 제기하였다. 맥두걸은 뉴스의 원천에서 대해서 특정하지 않았다. 그러나 그 소문은 미국의 선전매체인 〈미국의 소리〉와 〈자유아시아 방송〉을 통해 퍼졌다.

이들 언론보도는, 위구르인들에 대한 체포와 고문의 이유가 그들의 종교와 신앙심 때문이라고 주장하였다. 그들은 시진핑 통

신장은 터키 문화의 일부였다.

치하의 중국이 공산주의 이외의 이념은 금지했던 마오쩌둥 시대(1949~1976)의 개인숭배를 다시 부활시키려 하고 있다고 보고 있다. 따라서 무슬림인 위구르인들은 중국공산당의 세뇌운동의 주요 목표가 되었다. 위구르인들은 기도, 금식, 할랄 음식 이외에는 먹지 않는 것과 같은 교리들을 포기하도록 강요받고 있다.

그러나 그와 같은 사건은 닝샤(寧夏)의 대부분을 형성하는 후이족의 다른 무슬림들에게는 일어나지 않았다. 비밀리에 일어났을지는 몰라도, 그것보다는 중국 정부가 무슬림들에게 적대적인 것이 아니라, 오랫동안 신장에 뿌리를 둔 위구르 분리주의 운동을 척결하기 위한 것이다.

신장은 내몽골, 티베트, 광서, 닝샤와 함께 인구의 대부분이 위구르족이기 때문에 자치권이 주어진 5개 지역 중의 하나이다. 그러나 신장의 독립을 요구하는 분리주의 정신은 오래되었으며, 그중 유명한 것은 동투르키스탄 독립운동이다.

터키가 쿠르드 분리주의자들과 문제를 가지고 있고, 러시아가

터키의 국기(왼쪽)과 동투르키스탄 독립운동 국기(오른쪽). 주(註) : 터키의 국기는 빨간색이며, 반면에 동투르키스탄 독립운동의 국기는 파란색이다.

체첸 분리주의자들과 문제를 가지고 있는 것처럼, 중국도 위구르족과 똑같은 문제를 가지고 있다. 위구르족은 그 자신들을 중국의 대부분을 형성하고 있는 한족과 똑같은 정체성을 가지고 있지 않은 튀르크족으로 식별하고 있다. 그들은 문화와 신체 모습에서 한족에 동화된 후이족과는 다르다.

그것은 왜 동투르키스탄(East Turkestan) 독립운동 단체가 사용하는 깃발이 터키 국기와 같은지를 설명해 준다.

초승달과 별은 오스만 왕조 시기에 "이슬람의 상징"으로 인기가 있었던 것으로, 원래 터키 민족의 상징이었다.

따라서 이는 신장에 있는 위구르인들이 중앙아시아에 있는 터키 문화의 일부분임을 보여준다. 신장에 대한 중국의 통치 역사는 청 왕조가 중가리아(Dzungaria)와 타림(Tarim) 분지를 독립체로 통합하고, "새로운 국경"을 의미하는 신장으로 개칭한 후인 1759년에 시작되었다.

청 왕조 말기에 중앙아시아 코칸트(Kokand) 출신의 야쿱 벡

(Yaqub Beg)이 1862~1877년에 닝샤, 샨시, 그리고 간쑤에서 일어난 후이족의 반란을 이용하여 예티샤하르 위그 우르 다브라티(Yettishahar Uyg 'ur Davlati, 哲德沙尔汗国, 1864~1877)로 알려진 국가를 건설하였다. 야쿱 벡은 중앙아시아에서 그들의 영향력을 확대하기를 원했던 러시아와 영국의 지지를 받았다. 그는 심지어 범터키주의를 이유로 이스탄불에 있는 칼리프로부터 지도자(amir)로 인정받았다. 그러나 중국은 1878년에 다시 신장을 탈환하는 데 성공하였다.

독립에 대한 열망은 1933~1934년 제1차 동투르키스탄 공화국, 1944~1949년 제2차 동투르키스탄 공화국 설립으로 이어졌다. 제2차 공화국은 당시 국민당 정부 통치하에 있던 중국으로 영향력 확대를 도모하고 있었던 소련의 도움으로 수립되었다. 1949년 중국에 공산정부가 들어서자 소련은 신장 문제에 개입하는 것을 중단하였다.

그러나 분리주의 운동은 결코 멈추지 않았다. 그 문제를 해결하기 위해서 중국 정부는 1999년에 서역 대도약(Great Leap West) 정책을 도입하였는데, 이는 한족 인구를 신장으로 이주하여 위구르 정체성을 약화시키는, 일종의 한족화 정책이었다.

그러나 중국의 행동은 더 강력한 반발을 불러왔다. 폭력 사건이 더욱 빈발하였으며, 또한 알카에다와 연계된 민병대들이 신장에 침투하기 시작하였다.

정치적 이유로, 중국은 결코 신장의 독립을 허락하지 않을 것

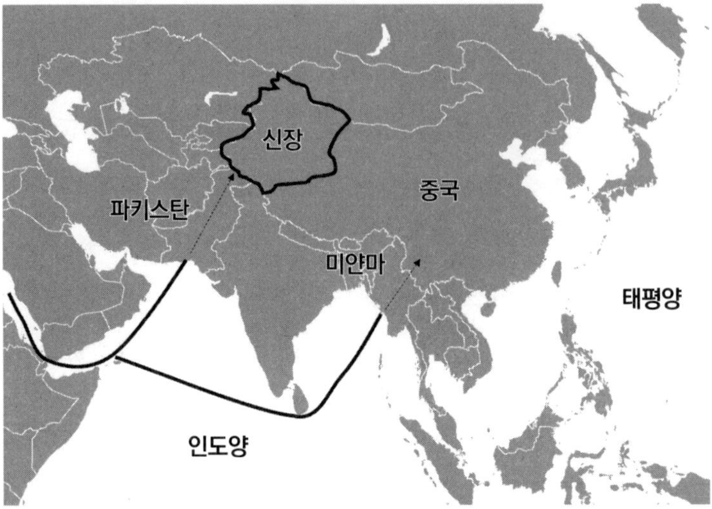

신장과 두 개의 해양(two-oceans) 전략

이다. 왜냐하면 이것은 신장이 17장에 언급한 중국의 인도양-태평양 전략을 성공으로 이끄는 열쇠이기 때문이다. 양 대양 전략은 미국의 통제 아래 있는 태평양에 대해서 인도양을 대안 해양으로 만드는 것을 목표로 하고 있다.

중국이 인도양과 접하고 있지 않기 때문에 인도양에 도달하기 위해서 중국은 두 개의 국가, 즉 파키스탄과 미얀마에 의존해야 한다. 이는 왜 중국이 이들 두 개 국가들과 특별한 관계를 가지고 있는지를 설명해 준다. 이 특별한 관계를 통해서 중국은 이미 일대일로가 공표되기도 전에 양 국가에 인프라를 건설하였다.

이 양 대양 전략에 따르면, 만약 중국이 태평양으로 가는 길이 막히면, 중국은 파키스탄의 과다르항과 미얀마의 시트웨(Sittwe)

항을 계속해서 이용하게 될 것이다. 따라서 수입된 제품은 파키스탄과 신장을 연결하는 카라코람 육로를 통해서, 또는 미얀마와 윈난(雲南)을 연결하는 길을 통해 수송되게 된다.

신장이 없다고 상상한다면, 중국의 양 대양 전략은 어떻게 작동될 수 있을까? 신장 통치권 문제는 중국에게 생사의 문제이다. 따라서 신장 문제는 중국에게 매우 민감하고, 협상의 대상이 될 수 없는 사안이다.

위그르족에 대한 인종청소 주장이 사실이든, 또는 범터키주의(터키와 위구르) 감정을 통해 세력을 확장하려고 하는 터키나, 내외부에서 중국을 방해하려는 일본과 같은 이해 관계국들이 만들어 낸 것이든, 중국은 결코 신장 문제에 대해 타협하지 않을 것이다. 이 문제는 중국이 분쟁의 원인이 되고 있는 위구르 정체성 문제를 해결할 수 있는 공식을 찾을 때까지 중국을 괴롭힐 것이다.

24
부동항

키예프 공국

중국과 같이 러시아도 역시 자신의 생존과 위신에 결정적인 세력권을 가지고 있다. 외국, 특히 서방 강대국들이 세력권을 넘으려고 시도하면, 러시아는 자신의 이익을 지키기 위해 공격적으로 행동할 것이다.

오늘날 러시아 국경은 1283년에 수립되었으며, 키예프 공국의 후예인 모스크바대공국(Grand Duchy of Muscovy)이 확장한 결과이다. 키예프 공국은 볼가강가에 살던 러스(Rus)족에 의해 세워졌으며, 러스족은 러시아, 벨라루스, 우크라이나인들의 조상이다.

매서운 추위 외에는 키예프가 정착한 땅에는 천연장벽이 없었고, 그들은 사방으로부터의 적에 노출되었다. 천연장벽이 없었던 것은 키예프가 1240년대에 몽골 군대에 점령되는 이유가 되었다.

최선의 방어는 공격이다. 이러한 이유로 천연장벽 문제를 해결하기 위해, 몽골의 통치에서 벗어난 이후 러시아는 공격적인 확장에 착수하였다.

모스크바 공국은 1547년에 러시아로 이름을 바꾸었고, 1721년부터 시작해서 피터 1세는 벨라루스와 우크라이나 인들이 정착한 지역을 포함해서 '모든 러시아의 황제(Imperatritsa Vserossiyskaya)'라는 호칭을 받았다. 러시아의 영토는 점점 확장되어서 1700년대에는 역사상 몽골 다음으로 가장 큰 영토 제국이 되었다.

비록 러시아는 방대한 토지를 가지고 있지만, 그것으로 충분하지 않았다. 왜냐하면 러시아가 여전히 한 가지 큰 문제를 가지고 있었기 때문이다. 바로, 겨울에 얼지 않는 부동항을 가지고 있지 않다는 것. 러시아의 모든 영토가 북극에 가까운 위도에 위치하고 있기 때문에, 러시아 항구의 해수들은 겨울 동안 동결된다. 서쪽에서 동쪽까지, 러시아가 사계절 사용할 수 있는 항구는 상트페테르부르크(서쪽)와 블라디보스토크(동쪽)를 포함해서 하나도 없다.

이는 러시아의 안보와 번영에 영향을 미쳤다. 겨울 동안의 해수면 동결은 러시아의 무역을 1년 중 3개월은 쉬게 만들었고, 이는 서방국가들에 비하여 러시아를 경제적으로 불리하게 만들었다. 그것은 또다른 서방국가들(영국, 네덜란드, 스페인, 포르투갈, 그리

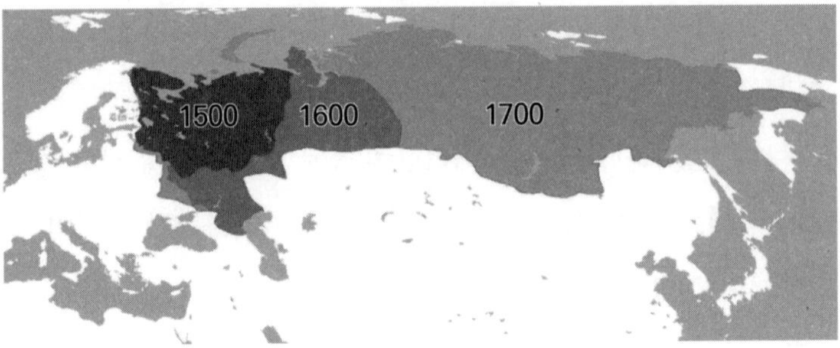

러시아의 확장

고 프랑스)이 진보된 해군력을 가지고 있는 반면에 러시아는 해상을 놓치도록 만들었다.

따라서 러시아인들은 부동항을 찾아서 남쪽으로 정복을 시작하였다. 이는 러시아와 이슬람 국가들 간의 충돌로 이어졌다. 러시아는 흑해를 차지하기 위해 오스만 튀르크와 싸웠고, 인도양 연안으로 도달하기 위한 희망으로 중앙아시아에까지 정복활동을 이어나갔다.

러시아가 빛의 속도로 영토를 확장해 나가자 유럽 국가들은 두려움을 가지기 시작했다.

그들이 우려하는 바는 러시아가 전 아시아를 통제할 수 있고, 만약 그렇게 되면 전 유럽이 압력을 느끼게 될 것이라는 점이다.

이러한 이유로 영국은 19세기에 러시아의 팽창을 저지하기 위한 조치들을 취하기 시작했다. 영국은 크림전쟁(1853~1856)에서 러시아가 흑해를 차지하고, 지중해까지 나아가는 것을 저지하기 위해 오스만을 지원하였다. 동시에 영국은 러시아의 인도양 침입

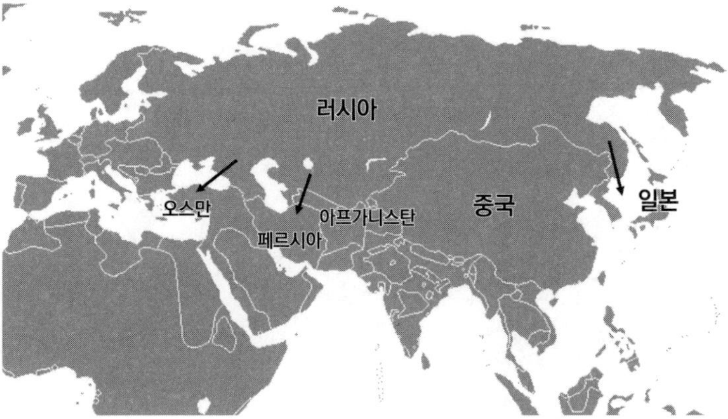

19세기 러시아의 남쪽으로의 확장

을 봉쇄하고, 인도에 있는 영국 식민지들을 보호하기 위해 페르시아와 아프가니스탄을 정복하려고 시도하였다.

19세기 후반에 중국이 약화된 후, 러시아는 또한 만주 옆에 있는 중국 북부지역에 대한 통제권을 얻고자 시도하였고, 이 지역에 대한 일본의 이익을 위협하였다. 나의 적(敵)의 적은 나의 친구인 법이다. 따라서 영국과 일본은 1902년에 동맹을 형성하였고, 일본은 1904~1905년 러일 전쟁에서 러시아를 패배시켰다.

러일 전쟁에서 러시아의 패배는 러시아의 모든 정복 노력을 중단하게 했고, 내부 개혁에 중점을 두게 만들었다. 그러나 동시에 매킨더의 중심부 이론은 유럽국가들로 하여금 러시아에 대한 그들의 회의적인 시각을 유지하게 만들었고, 러시아의 국경을 뒤로 밀어붙일 기회를 찾도록 하였다.

오늘날 러시아의 부동항에 대한 필요는 여전히 자국의 외교정

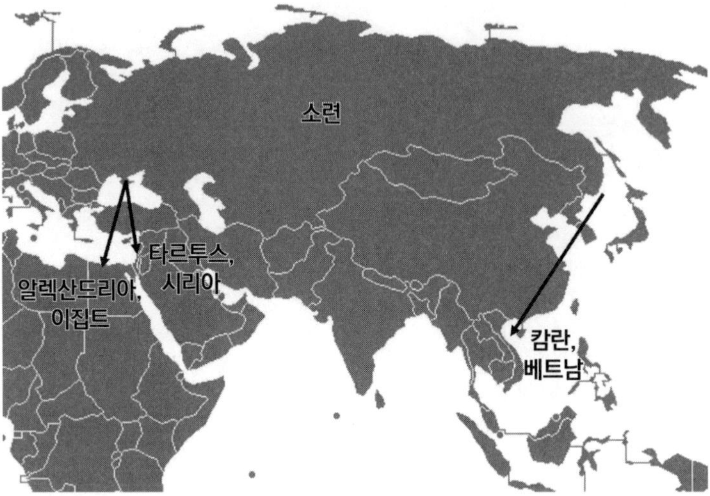

19세기 소련의 남쪽으로의 확장

책 동기와 연관성이 있다. 냉전시기에 소련은 가말 압델 나세르(1954~1970)의 통치하에 있는 이집트와 바트당(1947~현재)이 집권하고 있는 시리아와 같은 아랍 사회주의 국가들과 관계를 맺었다. 이 동맹의 결과로 소련은 알렉산드리아(이집트)와 타르투스(시리아)에 해군항을 만들 수 있었다.

알렉산드리아항은 이집트가 1970년대에 서방국가들과 가까워지면서 폐쇄되었지만, 타르투스에는 오늘날까지 러시아 군대가 주둔하고 있다.

또한 소련은 베트남 공산당 정권을 지원하였고, 이를 통해 자국의 해군항으로 캄란만을 조차하였다. 소련의 아프가니스탄 점령 시도는 실패하였고, 소련의 아프가니스탄 개입은 종국적으로 소련의 해체를 가져왔다.

지리는 운명이다. 러시아의 지리적 위치는 그들로 하여금 따뜻한 바다에 도달하기 위한 영토 확장을 강요하였다. 사람들은 어쩌면 러시아를 공격적이고 만족을 모르는 나라라고 비난할지 모르지만, 러시아의 행동은 순전히 필요에 기반한 것이다. 러시아는 자국의 생존을 위해서 그렇게 하지 않을 이유가 없다.

25
나토 확장문제

부동항에 대한 필요 이외에도 러시아는 자국의 역사적 경험에 뿌리를 둔 불안에 의해서도 움직인다.

러시아가 남쪽과 동쪽 지역 확장 작전에는 성공을 거두었지만, 서쪽 국경에서는 어려움을 겪었다. 왜냐하면 역사적으로 러시아의 서쪽 국경에 있는 이웃 국가들은 폴란드-리투아니아 연방(1803~1815), 독일제국(1871~1918), 나치 독일(1933~1945), 그리고 NATO(1948~현재) 등 주로 강대국과 그 연합이었다.

이 서쪽 강대국들은 러시아가 유럽을 공격하는 것을 방해하는 방화벽으로 작동할 뿐만 아니라, 러시아의 안전에 위협이 되고 있다. 폴란드-리투아니아 연방은, 혼란시대(Time of Troubles)* 로 알려진, 1598년에서 1613년까지 일어난 러시아 내전기간에 러시아를 침공하였다. 폴란드-리투아니아 연방은 나중에 현지인들에 의해 쫓겨나기 전까지 모스크바를 1605년부터 2년간 점령하였다.

나폴레옹이 이끄는 프랑스 군대가 1812년에 다시 한 번 침략

* 1605년부터 1613년까지 계속된 러시아의 혼란시. —역주

해 들어왔고, 성공적으로 모스크바까지 진군하였다. 그러나 러시아인들이 이미 초토화 전술을 사용해서 모스크바를 텅텅 비운 채 퇴각한 이후였다. 히틀러의 독일도 모스크바를 점령하기 위해 1941년 바르바로사 작전(Operation Barbarossa)을 개시하였다. 독일 군대가 모스크바에 거의 도달할 무렵에 목적을 달성할 수 있을 것 같았으나, 겨울 추위가 그들의 진군을 가로막았고, 이에 따라 독일은 스탈린그라드 전투에서 패하였다.

폴란드는 적들의 모스크바 침공을 위한 징검다리가 되었다.

서쪽의 지속적인 침략은 러시아에 정신적 충격을 주었고, 러시아인들 사이에 집단 피해의식을 형성하였다. 이러한 이유로 스탈린은 2차 세계대전이 끝나자마자 연합국과 협상해서 동유럽을 그의 세력권으로 만들고자 하였다.

게다가, 소련은 동유럽의 모든 국가들을 포함하는 바르샤바조약기구를 설립하였다. 이를 통해 소련과 서방 국가들 사이에 완충지대를 만들었다.

1991년 소련 정권의 붕괴 이후, 소련은 15개 국가로 분할되었으며, 동유럽의 국가들은 독립을 획득하였다. 바르샤바조약기구 회원국들은 모스크바의 손아귀에서 벗어나게 되었다. 러

소련과 서방국가들 사이의 완충 국가들

시아는 더 이상 이 국가들을 통제할 능력이 없고, 다만 그들이 중립을 지키기를 바랄 뿐이다. 냉전기간 소련독재의 압박에 있었기 때문에 구 바르샤바조약기구 국가들은 러시아와 불화하게 되었고, 방어 조치로 NATO에 가입하기 시작하였다. 1999년에 폴란드, 체코, 그리고 헝가리를 시작으로, 2004년에는 에스토니아, 라트비아, 리투아니아, 슬로바키아, 루마니아, 그리고 불가리아가 가입하였다.

러시아는 사태 진전에 대해 초조하게 되었고, 서방국가들의 NATO 약속 위반이라는 유감을 표명하였다. NATO는 러시아에 위협적인데, 그 미사일 방어시스템은 러시아 핵무기의 제2격(second-strike) 능력을 훼손할 수 있기 때문이다.

제2격은 다른 나라로부터의 미사일 공격을 견뎌내는 능력을 말한다. 예를 들어 미국이 핵무기로 모스크바를 공격했을 때, 반격을 가할 수 있다. 만약 러시아가 제2격 능력을 갖추고 있지 않으면, 모스크바는 잿더미로 변하고, 미국이 전쟁에서 승리할 것이다. 반면에, 러시아가 제2격 능력을 가지고 있다면, 자신의 핵무기를 미국의 주요 도시로 발사함으로써 공격에 대응할 수 있을 것이다. 그와 같은 시나리오는 미국이 핵 공격을 하기 전에 재고하도록 만드는데, 왜냐하면 그렇게 함으로써 불필요한 상호 파괴의 파국을 막을 수 있기 때문이다.

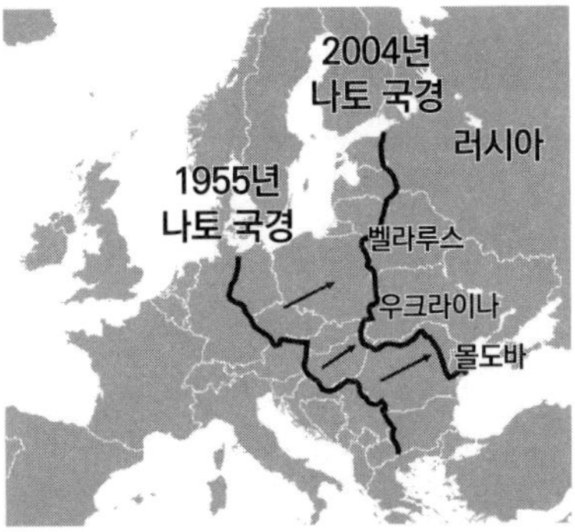

나토의 확장은 러시아로 하여금 모스크바를 보호해왔던 1,000킬로미터의 완충지대를 잃게 만들었다.

미사일 방어시스템은 러시아 미사일을 격추시키기 위해 만들어졌고, 그렇게 함으로써 러시아의 제2격 능력을 무력화시키는 동시에 NATO는 러시아를 향해 미사일을 발사할 수 있는 능력을 갖추게 된다. NATO의 확장은 러시아의 완충지대 중 63%가량을 잃어버리게 만들었다. 이 모든 것은 러시아 안보에 위협으로 간주되며, 러시아의 서방국가들과의 관계는 NATO 확장문제로 인해 악화되고 있다.

26

옛 소비에트연방 공화국들*

독립국가연합(CIS) 국가들

NATO와 같은 골치 아픈 문제 이외에도, 러시아의 서방에 대한 적개심을 높이는 문제는 옛 소련 또는 독립국가연합(CIS)을 무너뜨린 색깔혁명(Color Revolution) 현상이다.

소련은 해체 이후 15개의 국가로 분할되었다. 같은 기간에 러시아는 과거 소비에트연방에 대한 영향력을 유지하고자 노력하였고, 이런 목적으로 독립국가연합체를 결성하였다. 색깔혁명은 2000년대 초기에 조지아(2003), 우크라이나(2004), 그리고 키르기

---

* Near Abroad: 소련 해체 후 독립한 14개 공화국들. —역주

스스탄(2005)과 같은 나라에서 일어난 민중운동을 말하는데, 그들은 대규모 반정부 시위를 통해 독재정부를 무너뜨렸다.

이들 혁명은 특정한 색깔을 상징으로 사용한 점에서 유사성을 공유한다. 조지아에서는 장미혁명, 우크라이나는 오렌지혁명, 그리고 키르기스스탄은 튤립혁명으로 알려져 있다. 또 다른 유사성은 정권교체 이후 정치성향이 모스크바에서 서방으로 향했다는 점이다.

따라서 러시아는 색깔혁명을 민중운동이 아닌 러시아의 뒷마당에 프락치 국가들을 수립하려는 서방의 계획된 음모로 보고 있다. 러시아는 독립국가연합을 자국의 핵심이익으로 간주하고 있다.

모든 독립국가연합국은 과거 러시아 제국의 영토였고, 그 영토는 러시아의 선조들이 러시아의 생존을 위해 피와 땀, 그리고 눈물로 획득한 땅이다. 1917년 혁명 이후 러시아 황제(Tsar)는 왕좌에서 축출되었고, 러시아는 인종적 경계선에 따라 분할되었다. 그러나 레닌과 스탈린은 이들 영토를 러시아의 패권 아래 결속시키는 소비에트연방을 창설하는 데 성공하였다.

이 국가들에는 상당한 규모의 러시아인들이 거주하고 있으며, 그들은 러시아의 독립국가연합국들과의 관계에서 중요한 구심점이 되었다. 이 독특한 상황은 왜 러시아인들이 독립국가연합국가들을 'Near Abroad(옛 소비에트연방 공화국들, *Blizhneye Zarubezh'ye*)'라고 지칭하는 용어를 만들어 냈는지를 설명해 준다.

러시아인들에게 옛 소비에트연방 공화국들은 레드라인으로서 세력권을 형성하고 있다. 만약 다른 나라들이 감히 이 나라들을 침략한다면, 러시아는 힘으로 위협하기를 주저하지 않을 것이다. 2008년 조지아가 NATO에 가입하려고 하면서 러시아의 레드라인을 넘었을 때, 2008년 8월 양국 간에 소규모 전투가 발생하였다. 조지아 다음에, 러시아는 그들의 총구를 우크라이나로 조준하였다.

우크라이나는 러시아가 흑해로 가는 길을 보유하고 있기 때문에 러시아에게 중요하다. 우크라이나 남쪽에 있는 크림반도는 흑해의 러시아 해군기지를 받아들였다. 2013년 친러시아 인물인 빅토르 야누코비치 대통령이 우크라이나의 유럽연합 가입을 연기하자 수도인 키예프에서 대규모 시위가 일어났다. 야누코비치는 친유럽연합적이고 반러시아적인 정부가 수립된 2014년 2월 21일 러시아로 달아났다.

며칠 후 푸틴은 러시아 군대에 크림반도를 침공해서 접수하라고 명령하였다. 2014년 3월 16일 주민투표가 실시되었고, 그 결과 크림반도 주민의 다수가 우크라이나와 관계를 끊고 러시아와 합쳐지기를 원하였다. 그 결정은 크림반도에 거주하는 대부분의 사람들이 인종적으로 러시아 사람인 점을 고려하면 논리적이었다. 소요사태는 우크라이나를 우크라이나인과 러시아인이라는 인종적 경계선으로 나누었다. 다수의 러시아인들이 거주하는 도네츠크와 루한스크 같은 곳에서는 러시아가 자금을 제공하는 무

우크라이나의 분할

장폭동이 일어났다. 또한 우크라이나 내전은 도네츠크의 MH17 비행기 격추 원인이 되었다.

서방국가들(미국과 유럽연합)은 러시아가 우크라이나로부터 크림반도를 합병한 것을 못마땅하게 여겼다. 그들은 러시아가 우크라이나의 주권을 침해하였다고 생각한다. G8 국가들(미국, 캐나다, 영국, 프랑스, 독일, 이탈리아, 그리고 일본)은 러시아에서 개최키로 한 G8 정상회의를 취소하였고, 동 그룹에서 러시아의 회원국 지위를 정지시켰다. 게다가, 러시아에 대한 경제제재가 부과되었다.

오늘날까지 양국은 여전히 으르렁거리며 싸우고 있다. 2018년 11월 25일 러시아는 흑해의 오데사에서 출발하여 케르치 해협을 지나 아조프해의 마리우폴로 향하던 세 척의 우크라이나 선박을 나포하였다. 이 나포는 공황상태를 유발하였고, 우크라이나는 비상사태를 선포하였다.

서방언론은 푸틴을 히틀러에 비교하는 경향이 있다. 그들이 만들어 낸 비교는 푸틴을 2차 세계대전이 일어나기 전에 주변국을 침략한 히틀러와 유사한 인물이라고 지적하는 것이다. 그러나 이 비유는 서방국가들이 러시아의 세력권에 침입하여 러시아의 불안을 초래한 것을 고려하지 않은 것이다.

27

유럽인을 위한 유럽

한때 유럽연합은 다른 국가에 지역통합의 모델로 간주되었다. 통화 사용부터 여권 없이 프랑스에서 독일로 자유로운 이동까지. 벽이 없는 세계를 꿈꾸는 사람들에게 그것은 꿈과 같은 일이다.

유럽연합은 유럽석탄철강공동체(ECSC), 유럽원자력공동체(EAEC), 그리고 유럽경제공동체(EEC)를 포함하는 유럽공동체(EC)에 그 연원을 두고 있다. 유럽의 협력관계 구축 아이디어는 1951년에 프랑스-독일 국경에 위치한 석탄과 철강 광산을 공동관리하기 위한 유럽석탄철강공동체 설립부터 시작되었다. 석탄과 철강을 차지하기 위한 프랑스와 독일의 다툼이 두 차례의 세계대전을 초래했다. 따라서 2차 세계대전이 끝나고 프랑스와 독일은 유럽석탄철강공동체 설립을 통해 그 문제를 평화적으로 해결하고자 하였으며, ECSC에는 프랑스, 서독, 네덜란드, 벨기에, 룩셈부르크, 그리고 이탈리아가 참여하였다.

그 공동체가 성공적으로 운영되는 것을 보고서, 1957년 6개 국가들은 같은 세율을 가진 관세동맹을 창설하는 것을 목적으로 하는 유럽경제공동체(EEC)를 설립하는 로마조약을 체결하였다.

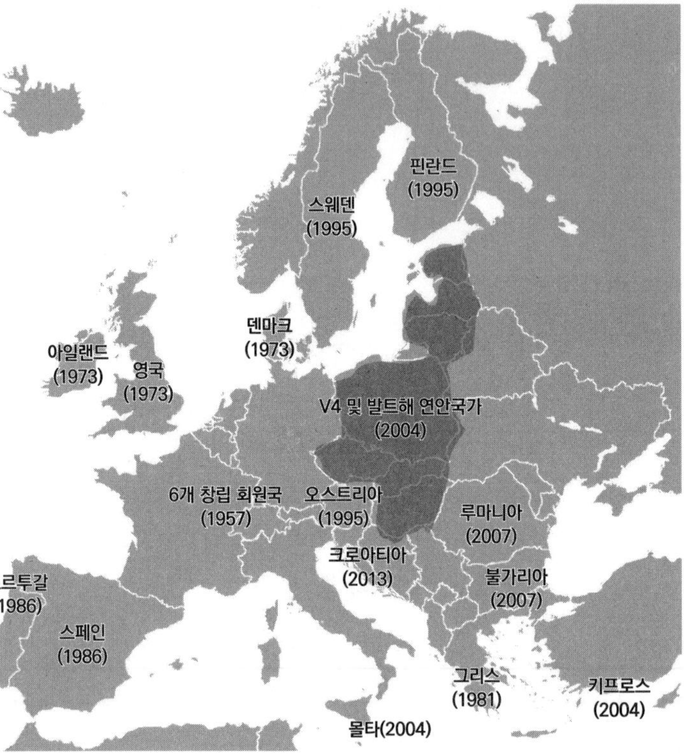

EU 회원국들의 가입 연도

EEC는 6개 국가에서 1986년 12개 국가로 확대되었다.

1992년 유럽공동체(EC) 국가들은 유럽연합(EU)을 탄생시킨 마스트리히트 조약을 체결해서 협력관계를 확대하였다. 유럽연합의 목적은 4개의 자유로 알려진 재화, 용역, 자본, 그리고 사람의 자유로운 이동을 포함하는 단일시장을 창설하는 유럽공동체보다 더 넓다. 경제통합 이외에도 유럽연합은 유럽의회, 유럽이 사회, 유럽재판소처럼 한 국가의 의회, 행정, 사법 기능과 똑같은 특성을 가진 기구를 통해서 정치적 통합을 위한 노력을 기울이고 있다.

표면상의 EU의 성공은 많은 국가들로 하여금 그 뒤를 따르게 하였다. EU 모델의 마법에 빠진 국가 가운데 동남아국가연합, 즉 아세안(ASEAN)도 있다. 2015년 동남아국가연합 공동체 설립은 4개의 자유와 유사한 것을 만들려는 갈망을 반영하고 있다. 역사를 통해서 볼 때 오랜 역사적 연원을 가진 유럽 정체성과 달리 아세안 정체성은 한 번도 있어 본 적 없었지만, 아세안은 EU처럼 공통의 정체성을 만들고자 노력하고 있다.

EEC의 초기 회원국들, 또는 중심 되는 6개 국가는 샤를마뉴(또는 찰스) 대제(768~814)하의 프랑크제국이라는 동일한 정치적 실체에 뿌리를 두고 있다. 샤를마뉴 사망 이후 제국은 서프랑크, 동프랑크, 그리고 중프랑크로 분할되었는데, 이들은 각각 프랑스, 독일, 그리고 이탈리아의 국경을 형성하였다.

이것이 바로 이코노미스트 잡지에서 EU 문제에 관해 글을 쓰는 칼럼니스트가 샤를마뉴로 알려진 이유이다. 결론적으로, EU는 똑같은 뿌리를 공유하는 유럽국가들의 일종의 재통합체이다.

많은 사람들이 EU 내에서 힘의 정치를 간과하는 경우가 많았다. 그들은 오직 좋은 것만을 상상한다. 편견을 버리는 사람들의 통합, 거대한 가족, 그리고 동일 운명. 그러나 그들이 보지 못하고 있는 것은 EU가 국가간 파워 플레이(power play)의 결과물이라

프랑스, 이탈리아, 그리고 독일의 기원이 된 프랑크 제국

는 사실이다.

핵심 6개 국가(또는 가맹 6개국, Inner Six)의 원래 의도는 미국과 소련의 영향을 받지 않는 독립지역으로서 EEC를 창설하는 것이었다. 그것은 세계화나 개방화와 관련된 것이 아니었다. 사실 1992년 EU 창설은 2차 세계대전으로 약화된 유럽 국가들의 힘을 결집해서 유럽 요새(Fortress Europe)*를 창설하는 것을 목적으로 하였다. 유럽국가들 사이의 단일화에 대한 아이디어는 유럽인들을 위한 유럽으로, 처음부터 포용적인 것이 아니라 배타적인 것이었다.

이러한 이유로, 초기 EEC에 대해 조바심을 내고 있던 영국은 EEC에 대항하는 연합체로 1960년 덴마크, 아일랜드, 그리고 노르웨이와 함께 유럽자유무역연합(EFTA)을 창설하였다. 이후, 핵심 6개국에 대한 대응으로 스웨덴, 핀란드, 그리고 오스트리아가 가입하여, EFTA는 주변 7개국(또는 비가맹 7개국, Outer Seven)으로 알려진다.

주변 7개국은 EEC 가입을 신청했으나, 그들의 신청은 샤를 드

* EU의 경제 통합에 따라 단일화된 강력한 유럽. —역주

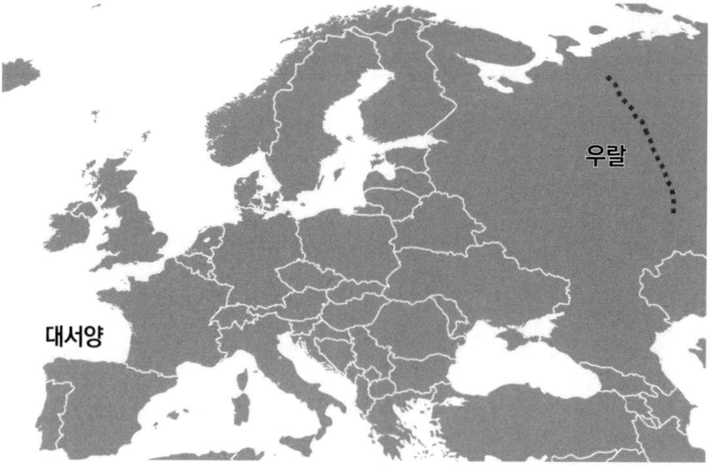

대서양에서 우랄까지

골 프랑스 대통령에 의해 1963년, 그리고 1967년 두 차례 거부되었다.

드골은 국수주의자였고, 미국과 영국에 대해 적대적 입장이었으며, 영국이 유럽이 분열되기를 바랐던 미국의 하수인이라고 보았다. 드골에 따르면 '유럽'의 정의는 '대서양에서 우랄산맥까지'였기 때문에, 영국은 유럽의 일부분이 아니었다. 유럽은 진정으로 유럽인을 위한 것이다.

드골의 통치가 끝난 후에야 영국, 아일랜드, 그리고 덴마크가 1973년에 EEC 회원으로 받아들여졌다. 노르웨이는 자체 국민투표에서 거부 결정이 났기 때문에 받아들여지지 않았다. 그 후 오스트리아, 핀란드, 그리고 스웨덴이 1995년에 가입하였다. 나중에 EFTA에 가입한 두 개 국가, 즉 스위스와 아이슬란드는 EFTA

에 남아 있는 것을 선택하였다.

그러나 EU호(號)는 포퓰리즘과 국수주의의 파도에 휩쓸려 좌초되었다. 반EU의 횃불에 불을 붙인 것은 국가의 자주권 원칙에 반대하는 EU의 성격 그 자체 때문이다.

EU는 성격상 초국가적 독립체이다. 초(Supra)라는 것은 "넘어서는" 것을 의미하며, 따라서 EU는 사실상 회원국들을 왜소하게 만드는 초국가 건설을 목표로 하고 있다. 이것은 국제기구인 국제연합과 같은 국가 간 협력의 형태와는 다르다. 특정 국가 위에 존재하는 것과 달리 International의 "Inter"는 오직 국가 간의 협력을 수반한다.

따라서 벨기에 브뤼셀에 위치한 유럽연방정부의 결정은 회원국들의 결정보다 상위에 있다. 공동화폐의 사용은 EU 회원국들이 그들의 필요에 따라 이자율을 결정할 수 있는 능력을 박탈시켰고, 이는 결과적으로 특정 국가에 있어서 실업문제와 같은 해결되지 않는 경제 문제를 발생시켰다.

그 문제는 2008~2009년 세계 금융위기 때 더욱 심각해졌다. 이런 이유로 사람들은 EU가 사실상 경제회복을 느리게 만들었다고 보았다. EU를 탈퇴하고자 결정한 첫 번째 국가는 국가의 자주권을 강조한 영국이다. 영국은 경제자주권을 이유로 유로존(Eurozone)*에도 가입하고 있지 않으며, 유로화도 사용하고 있지

---

* 유럽연합의 단일화폐인 유로를 국가통화로 도입하여 사용하는 국가나 지역. —역주

않다.

그 외에도 영국은 유럽연합에서의 독일의 우세를 걱정하고 있다. 수출된 독일 상품은 EU 시장을 휩쓸고 있다. 따라서 영국의 EU 탈퇴, 즉 브렉시트 캠페인 기간 중 영국의 보수당은 EU를 독일 제국의 제4제국으로 묘사하는 선전선동 활동을 펼쳤는데, 이것은 신성로마제국의 제1제국, 독일제국의 제2제국, 나치의 제3제국에 이은 것으로 설정한 것이다.

2016년 6월 23일 브렉시트에 대한 국민투표의 성공 이후 "탈EU"의 정신이 다른 나라에까지 퍼져나갔다. 많은 국가들이 2017년 네덜란드와 프랑스 선거 동안에 만약 반EU의 보수당이 승리한다면 프렉시트(Frexit, 프랑스)와 넥시트(Nexit, 네덜란드)가 일어나지 않을까 우려하였다. "탈EU"의 동력은 친EU 후보들이 선거에 승리함으로써 멈춰졌다.

그러나 2018년 4월 이탈리아 선거에서 보수당인 북부동맹(Lega Nord)과 오성운동(Movimento 5 Stelle)이 다수석을 얻었고, 새로운 정부를 구성하였다. 이탈리아는 포퓰리즘적이고 EU 기준에 부합하지도 않는 '인민예산(people's budget)'*안을 내놓았다. 동 예산수정에 대한 이탈리아의 저항은 2018년에 끝없는 긴장을 유발시켰고, 제2차 "탈EU" 물결을 촉발시킬 수도 있었다.

---

* 사회복지정책 추진을 위해 토지와 소득에 대해 유례없는 높은 세금을 부과하는 것을 골자로 함. —역주

28

유럽의 관문에 있는 이방인들

경제적인 문제 이외에도 이민자 문제들은 또한 유럽에서, 특히 동유럽에서 점증하는 반EU 감정을 불러일으켰다.

이민자 문제는 경제문제와 밀접하게 연관되어 있다. 많은 사람들은 경제가 잘 돌아갈 때는 그 문제에 대해서 별로 신경을 쓰지 않는다. 그러나 불경기가 시작되면 사람들은 희생양을 찾는 법이다. 1930년대 유럽에서 나치와 파시스트 정부가 들어선 것은 대공황에 그 뿌리가 있다. 유대인들은 경제문제의 희생양이 되었고, 반유대주의의 나치는 독일에서 광범위한 대중의 지지를 받는데 성공하였다.

그렇기는 하지만 포퓰리즘과 나치즘의 비교는 정확하지 않은데, 그 이유는 포퓰리즘의 반이민 정서는 종족적, 인종적 배경에 있는 것이 아니고, 그들의 경제적 역할에 있기 때문이다. 내국인들에 비해 이민자들이 쉽게 취업할 수 있다는 사실이 세계화에 대해 일반인들이 분개하는 주요 이유가 되었다. 그들은 세계화가 국가이익을 우선시하는 데 실패했다고 인식한다.

이슬람 혐오증과 결합하여 반이민 정서는 더욱 복잡해졌다.

2014~2015년 ISIS의 기승으로 중동지역의 많은 난민들이 EU로 망명하기 위해 도망치듯 떠났다. ISIS와 연계된 테러리스트들의 공격은, 잠재적 ISIS 극단주의자일 수 있는 무슬림 이민자를, 유럽인에게 악몽으로 느껴지게 만들었다. 셍겐(Schengen) 지역의 존재는 특정한 나라에서 다른 나라로 무슬림들의 이동을 급증하게 만들었다.

이민자 문제는 프랑스의 '국민전선(Front Populaire)', 독일의 '독일의 대안(AfD: Alternative for Deutschlands)', 오스트리아의 '오스트리아 자유당(FPO)'과 같은 극우정당들에게 정치적 실탄으로 사용되었다. 한편, 헝가리, 폴란드, 체코, 그리고 슬로바키아와 같은 중유럽 국가들은 이민자에 대해 가장 무관용한 태도를 보였다. 헝가리의 빅토르 오르반 총리는 중동지역 이민자들의 유입을 봉쇄하기 위해 남부 헝가리에 장벽을 건설함으로써 엄청난 비난의 화살을 받았다.

그러나 오르반 총리는 이 점에서 외톨이가 아니었다. 그의 감정은 다른 동유럽 국가들이 동감하는 바였다. 여기에 오스트리아도 동참하였다. EU 회원국이 이민자들을 받아들이도록 의무화하는 쿼터 시스템에 대한 항의 표시로, 5개국 모두 이민 문제를 논의하기로 한 2018년 7월 EU 정상회의에 불참하였다.

폴란드, 헝가리, 체코, 그리고 슬로바키아는 모두 비세그라드 4개국(V4: Visegrad 4)으로 알려져 있다. 이들은 서유럽에 통합되기 위한 비공식적 조약을 체결하였다. 4개국 모두 1999년 NATO에,

그리고 2004년 EU에 가입하였다.

이 그룹의 이름은 1335년에 합스부르크의 패권에 맞서기 위해 동맹을 형성한 폴란드, 헝가리, 그리고 보헤미아(체코의 옛 이름)가 조약 체결을 위해 만났던 헝가리의 비세그라드에서 이름을 따서 '비세그라드 그룹'이라고 불린다.

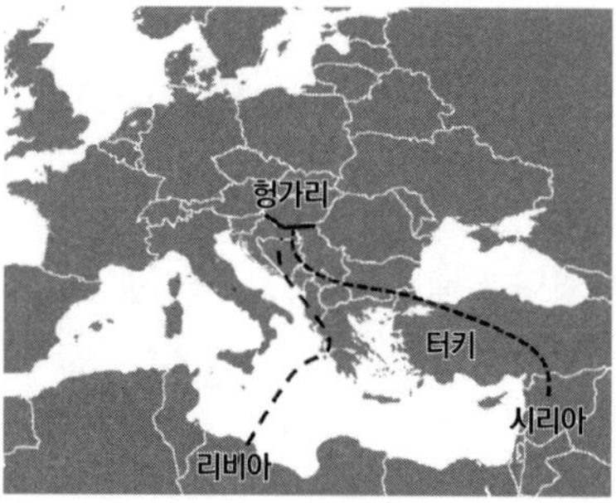

분쟁국가들로부터의 이민을 방지하기 위한 오르반(Orban)의 벽

비록 그 국가들이 유럽국가 중 가장 적극적으로 EU에 가입한 나라들이기도 하지만, EU의 이민정책에 대해 가장 먼저 반대한 국가들이기도 하다. 이러한 것은 사실 그들의 역사에 뿌리를 두고 있다.

중유럽 국가들의 역사에서 종종 그들은 독일, 오스트리아(합스부르크), 그리고 러시아와 같은 초강대국들에 둘러싸여서 왜소화되고, 주변에 서 있는 존재였다. 히틀러 통치시기에 그들은 나치 침략의 첫 번째 희생물이 되었다. 스탈린이 히틀러를 몰아내고 나서, 다음은 소련이 등장할 차례였다. 따라서 국익과 관련된 문제에 있어서 그들은 매우 민감하다. 이들은 사랑, 한 가족, 한 세상을 이야기하는 이상주의자들이 아니다.

이러한 이유로 오늘날 그들의 행동은 그들의 이익에 부합하지 않는 모든 것에 대한 반항과 타협하지 않는 표시로 이해될 수 있다. 그러나 역설적이게도 그들은 합스부르크의 상속인이며, 1335년에 그들을 단합하게 했던 강국 오스트리아와 조약을 맺었다. 오스트리아도 역시 제바스티안 쿠르츠(Sebastian Kurz)가 2017년 12월 총리가 되고 난 이후 EU에 대해 목소리를 내기 시작하고 있다. 쿠르츠는 보수적인 민중당(OVP)의 지도자이다. OVP는 2017년 10월 선거에서 좌파인 오스트리아 사회민주당(SPO)을 물리쳤다. OVP는 단지 184석 중 62석만을 확보하고 92석의 과반수를 차지하지 못하여, 51석을 가진 오스트리아 자유당(FPO)과 연정을 형성하였다.

OVP와 비교하여 FPO는 좀 더 우파적이다. 그들은 무슬림 이민자들에 대해 동일한 혐오증을 가지고 있다. 사실, 쿠르츠는 터키의 EU 가입을 반대한 입장으로 유명하였다.

그들의 태도는 265년간(1526~1971) 이어진 오스트리아와 오스만 사이의 전쟁의 역사를 통해 유추해 볼 수 있다. 가톨릭 국가로서 오스트리아는 이슬람 군대와 터키에 대항하는 기독교 국가들의 지도자 역할을 담당하였다. 가장 극적인 부분은 1683년 9월 12일 오스트리아가 터키 군을 격파한 비엔나 전투였다. 따라서 오스트리아는 여전히 유럽 문화의 수호국가라는 의식을 가지고 있다. 사실, 오스트리아 자유당(FPO)은 여전히 비엔나 전투 승전 기념일을 지키고 있다.

또한 오스트리아는 유럽 내 게르만 국가들의 지도자로서, 베를린에 근거지를 둔 프로이센과 경쟁한 쓰라린 역사를 가지고 있

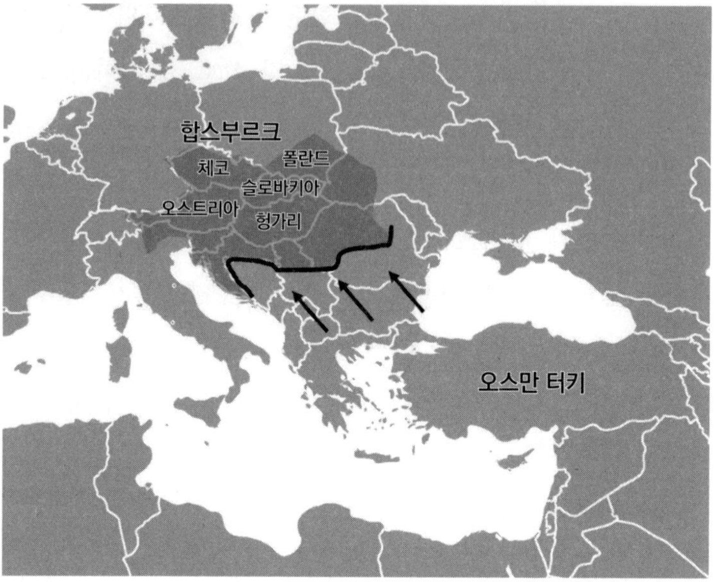

신 오스만에 대항하기 위한 오스트리아-헝가리 동맹

다. 프로이센은 1871년에 오스트리아를 배제한 체 독일제국을 수립하여 최종적으로 승리하였다. 2차 세계대전 전에 오스트리아는 나치 독일의 일부로 포함되었다. 따라서 오스트리아는 독일의 패권에 대한 반감을 품고 있다. 오늘날 오스트리아는 다른 국가들에게 이민자를 받아들이라고 명령한 EU 내에서의 독일의 주도권에 대해 불만족스러운 입장이다.

나치즘의 어두운 역사를 가지고 있는 독일은 인종차별과 무관용의 이미지를 받아들일 수 없다. 그래서 메르켈 총리는 개방국경정책을 고집하고 있다. 경제와 이민자 위기는 사람들이 생각하는 것보다 EU가 완벽하지 않다는 것을 증명한다. EU의 모델을

흠모해서 따라가기를 원하는 국가들은 똑같은 실수를 반복하지 않기 위해서, EU의 위기로부터 교훈을 얻을 필요가 있다.

29

EU 내부로부터의 공격

EU의 온통 뒤죽박죽인 상태는 모든 사람들에게 식은땀이 나도록 만들었다. 이 연합은 자유, 개방, 그리고 통합의 보증수표여야 한다. 만약 EU가 실패한다면 어느 누가 성공할 수 있을까? 그러나 전개되고 있는 에피소드를 즐기고 있는 듯한 국가가 있다. 다름 아닌 러시아이다.

러시아는 종종 EU의 발목을 잡는 혼란 상태를 뒤에서 사주하는 조종자로 비난받고 있다. 프랑스의 마린 르 펜 국민전선 당수와 헝가리의 빅토르 오르반 총리와 같은 반EU 후보자들은 러시아와 긴밀한 관계를 맺고 있다. 사실 그들의 친러시아적 태도는 그들이 푸틴으로부터 자금을 지원받고 있다는 의혹을 받았다. 르 펜은 만일 그녀가 선거에서 승리한다면 2014년 우크라이나 사태로 러시아에 대해 부과하고 있는 제재를 철회하겠다고 공약하였다.

러시아에 대한 제재는 러시아의 천연가스 공급에 의존하고 있는 유럽국가에 역효과를 낳았다. 그럼에도 불구하고 그들은 러시아에 제재를 부과하였는데, 이는 미국의 끈질긴 요구와 미국과

EU가 같은 이해관계를 공유하고 있다고 보는 EU의 친세계주의 리더십(pro-globalist leadership) 때문이었다.

제재에 더하여 EU의 분열은 장기적으로 볼 때, 러시아의 이익을 위협하는 EU와 NATO의 발전을 지연시킴으로써 러시아에 이익이 될 것이다. EU는 러시아의 국력 확대를 막는 유럽의 성채(Fortress Europe)이다. 그래서 만일 EU가 실패하거나 내부로부터 분열되면, 러시아의 운신의 폭은 더 넓어질 것이다.

러시아는 EU가 러시아 영향권 내에 있어야 할 국가들을 차례차례 흡수했기 때문에 EU를 좋아하지 않는다. 정치는 경제를 따라가는 법이다. 만약 이들이 이미 서유럽국가에 경제적으로 동화되었다면, 그들은 조만간 같은 정치적 입장을 공유하게 될 것이다. 그러므로 대부분의 EU 국가들은 또한 NATO 회원국이기도 하다. 우크라이나의 EU 가입문제는 러시아와 우크라이나 간의 분쟁의 원인이 되고 있다.

천연가스는 EU를 협박하기 위한 러시아의 효과적인 무기이다. 러시아는 2013년 유럽연합에 39%의 가스를 공급하는 EU의 최대 천연가스 공급국이다. EU 국가 중 가스에 좀 더 의존하는 국가들, 특히 러시아로부터 40%의 가스 공급을 받고 있는 독일 같은 나라들은 러시아에 대해 다소 외교적이다. 반면에 러시아 가스에 직접적으로 의존하지 않는 영국과 같은 나라들은 러시아에 대해 목소리를 내고 있다.

그러나 EU는 스스로 협박당하는 것을 허락하지 않으려고

러시아가 EU에 가스를 공급하기 위한 주요 파이프라인

한다.

점증하는 추세는 EU가 카타르 및 이란과 협력함으로써 러시아를 피하려고 한다는 것이다. 반면에 트럼프의 미국은 3개 바다 이니셔티브(Three Seas Initiative)*의 일환으로 동유럽 국가들에게 천연가스를 공급하기 시작하였다.

푸틴의 힘이 강해질수록 EU 국가들은 혼란과 혼동에 빠지고 있다. EU의 설립자들조차도 유럽의 성채가 내부로부터 붕괴될 수 있다는 것을 생각하지 못하였을 것이다.

---

* 아드리아해, 발트해, 흑해로 둘러싸인 국가들의 연합체. —역주

30
현대의 범슬라브주의

비록 EU가 어려움을 겪고 있지만 많은 국가들, 특히 1990년대 유고슬라비아의 해체 이후에 형성된 발칸반도에 있는 국가들은 여전히 유럽연합의 회원국이 되기를 희망하고 있다.

냉전 시기, 유고슬라비아는 비록 공산주의 국가였지만 중립을 지켰다. 1943부터 1980년까지 유고슬라비아를 이끌었던 강력한 지도자 요시프 브로즈 티토(Josip Broz Tito)는 비동맹 노선을 고수해서 소련이 주도하는 바르샤바 조약에도, 미국이 주도하는 NATO에도 가입하지 않았다.

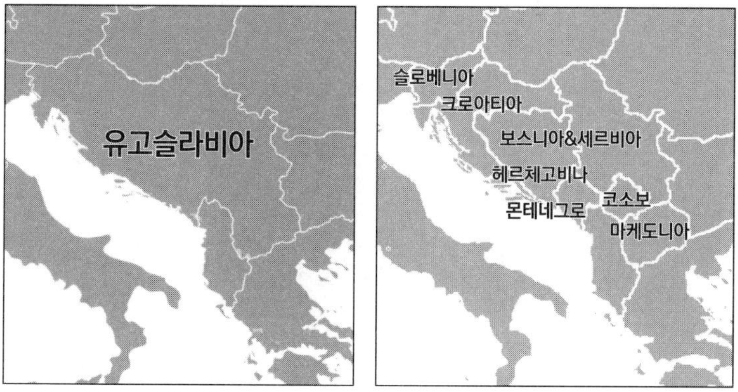

유고슬라비아의 분열

티토 통치하의 유고슬라비아는 한 나라 밑에 일곱 개의 국경, 여섯 개 공화국, 다섯 개 민족, 네 개의 언어, 세 개의 종교, 두 개의 알파벳를 성공적으로 통합한 모범적인 공산국가로 인정받았다. 그러나 냉전이 끝난 후 유고슬라비아는 공산주의라는 공통의 대의명분이 사라지자 분할되었다. 사실 민족에 바탕을 둔 정체성과 문화의 부활은 크로아티아, 보스니아, 그리고 세르비아 사이에 공개적인 분쟁을 야기시켰다.

발칸에 민족에 바탕을 둔 정체성의 대두는 주변 강대국이 그들의 권력을 확장하고, 약소국들을 움직여서 영향력을 미칠 수 있게 하였다. 특히 러시아는 상호 민족적 정체성(슬라브)과 종교(동방정교)에 근거하여 세르비아와 특별한 관계를 맺고자 하였다.

러시아와 세르비아의 문장(紋章)을 살펴보면, 양국 모두 머리가 두 개 있는 독수리 모양임을 알 수 있다. 쌍두 독수리는 팔라이올로고스 왕조(1259~1453) 시기에 비잔틴 제국에 의해 사용된 상징이다. 비잔틴 또는 동로마제국은 동방정교회의 수호자였으며,

이반 3세 시기의 러시아의 상징: 오늘날 러시아와 세르비아의 문장(紋章)

신성로마제국이 후원한 가톨릭교회와 대비된다.

콘스탄티노플과 비잔틴이 오스만제국의 손에 함락된 이후, 동방정교회의 중심은 콘스탄티노플에서 모스크바로 옮겨갔다. 차르 이반 3세는 팔라이올로고스 출신의 소피아 팔라이올로지나 공주와 결혼하였고, 이런 이유로 러시아는 로마와 콘스탄티노플(새로운 로마)에 이어 제3의 로마로 인식되었다. 따라서 러시아는 정교회 신앙을 전파하고, 정교회 지지자들을 보호할 의무를 가지고 있다.

사실 러시아와 세르비아는 같은 슬라브 민족 그룹의 일부이다. 유고슬라비아는 글자 그대로 남쪽 슬라브를 의미한다. 러시아, 벨라루스, 그리고 우크라이나는 동슬라브이고, 폴란드, 체코, 그리고 슬로바키아는 서슬라브이다. 그들은 심지어 유사한 언어를 사용한다. 러시아어, 우크라이나어, 폴란드어, 그리고 세르비아-크로아티아어에서 "전쟁"은 "보즈나(Vojna)", "평화"는 "미르(mir)"이다. 그러나 서슬라브는 동슬라브에 대해 덜 다정한 태도를 취하는데, 그 이유는 그들이 똑같은 종교를 공유하고 있지 않으며, 역사적으로 그들은 볼가-돈(Volga-Don) 지역을

서슬라브, 남슬라브, 그리고 동슬라브

서로 차지하려고 했던 경쟁자였기 때문이다.

이런 이유로, 세르비아의 1995년 보스니아에 대한, 그리고 1999년 코소보에 대한 잔혹행위에 대해 러시아는 세르비아를 징계하는 유엔 결의안에 대해 거부권을 행사하였고, 이와 동시에 인도적 사유를 근거로 NATO의 세르비아에 대한 폭격을 비난하였다.

스위스 국가대표 축구선수인 그라니트 샤카(Granit Xhaka)와 세르단 샤키리(Xherdan Shaqiri) 선수는 둘 다 코소보 출신으로서, 2018년 FIFA 월드컵 경기에서 손으로 머리가 두 개인 독수리 모양(이 경우에는 알바니아 국기를 나타내는 것임)으로 골 세리머니를 하였는데, 주최국인 러시아는 양 선수의 행동을 비난하였다.

정치적 지지의 패턴은 1차 세계대전 전에 일어났던 일을 반복하고 있다. 즉, 러시아 제국은 러시아의 세르비아와의 밀접한 관

그라니트 샤카(Granit Xhaka)의 제스처는 알바니아 국기를 상징한다
(코소보에서 다수 인종은 알바니아인이다).

계의 도구로 범슬라브주의를 이용하였다. 1914년 7월 세르비아 테러리스트 단체인 흑수단(Black Hand)이 저지른 프란츠 페르디난드 오스트리아-헝가리 황태자 암살사건에 대해서, 오스트리아가 세르비아에 흑수단 회원들을 넘겨줄 것을 요구하였다. 러시아는 세르비아 뒤에 서서, 만약에 오스트리아가 감히 세르비아를 침략하면 행동에 나서겠다고 경고하였다. 결국 이것이 동맹국(러시아, 프랑스, 영국)과 중부세력(오스트리아, 독일) 간의 1차 세계대전으로 이어졌다.

냉전시기 이후에 러시아는 다시 한 번 그 영향력을 발칸에 확대하려고 하였다. 비록 그 사건은 80년 전의 일이지만, 러시아의 지정학적 이익이 변하지 않았기 때문에 러시아의 발칸에 대한 태도도 변하지 않았다. 러시아는 발칸에 영향력을 유지하고자 노력하고 있으며, 발칸 국가들이 EU나 NATO에 가입하려는 행동에 반대한다.

오늘날까지 단지 보스니아, 세르비아, 코소보, 그리고 마케도니아만 NATO에 가입하지 않았다. 그리고 알바니아와 몬테네그로는 NATO에 가입하였지만, EU에는 가입하지 않았다. 이와 같은 전개는 이 나라들을 그들의 전략적 중요성 때문에, 러시아가 더욱 소중히 생각하는 나라로 만들었다.

동방정교회 문명의 핵심국가로 자리매김함으로써, 러시아는 자신의 지정학적 이익을 위해 사용할 수 있는 발칸 국가들에 대한 영향력을 가지고 있다.

31

알렉산더를 차지하기 위한 경쟁

세르비아 이외에 러시아와 특별한 관계를 맺고 있는 발칸 국가는, 아랍어로 유나니(Yunani)로 알려진 그리스이다.

그리스는 서구 문명의 발상지이다. 그리스는 플라톤과 아리스토텔레스의 조국으로, 그들의 철학은 서구의 과학과 합리주의를 탄생시켰다. 그리스의 과학과 문화는 오늘날까지도 서구에 계속 영향을 주고 있다. 그리스 문화 없이는 "지정학"이라는 단어도 존재하지 않을 것인데, 그 어원은 그리스어 "지리(geo)"와 "정치(politics)"에 있다.

그리스의 중요성은 현대에도 감소하지 않았다. 냉전은 미국이 그리스 정부가 공산주의에 대항해 싸우도록 도와줌으로써 1947년에 시작되었다.

그 나라의 전략적 가치는 흑해와 지중해 사이의 입구와 출구를 옆에 끼고 있는 지리적 위치에 있다. 만약 그리스가 서방세계를 떠나서 러시아 편에 선다면, 러시아는 서유럽국가들을 직접적으로 위협하는 지중해에 대한 접근이 가능하다.

그리스는 동방정교회 문명 영역에 있는 나라이기 때문에 그렇게 할 가능성은 상존하고 있다. 미국의 여론조사 전문기관인 퓨(Pew) 리서치센터의 2017년 조사에 따르면, 64%의 그리스인들이 러시아에 대해 긍정적인 태도를 보인다. 이는 베트남(83%) 다음으로 두 번째 높은 수치다.

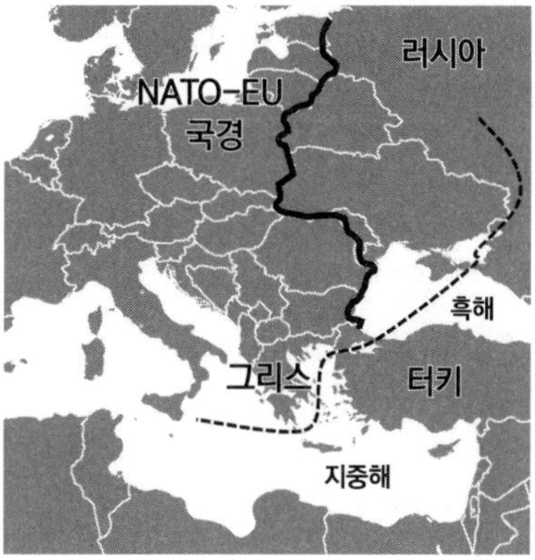

그리스를 통한 러시아의 지중해에 대한 접근

따라서 서방국가들은 그리스에 대해 보호적이다. 2010년 그리스 부채 위기 동안에 EU는 그렉시트(Grexit), 즉 그리스의 유로존 탈퇴를 방지하기 위한 원조를 제공하였다. 사실, 특정 문제에 있어서, EU와 NATO는 터키와 같은 다른 회원국들보다 그리스에 더 우호적이다.

터키와 그리스는 오스만과 비잔틴이 싸우던 시절 이후로 불구대천의 원수지간이다. 1453년 비잔틴의 멸망 이후 오스만 통치하에 있었던 그리스는 15세기부터 1821년까지 터키의 점령을 암흑시대로 보고 있다.

1821~1829년의 그리스 독립전쟁 중에 수많은 그리스인들이 죽었다. 이는 그리스인의 터키에 대한 증오심에 불을 붙였다. 러시아와 영국의 도움으로 그리스가 독립을 쟁취한 이후, 그리스는 더 위대한 그리스(Magna Graecia), 또는 메갈리 이데아(Megali

Idea, 위대한 이상)를 수립하고자 하였는데, 지금의 터키 아나톨리아 해안선을 포함하는 고대 그리스의 영토를 근거로 한다. 이는 그리스와 터키 사이에 반복되는 전쟁으로 이어졌고, 그리스 속담에 "유일하게 좋은 터키인은 죽은 터키인이다"라는 말이 생기는 결과를 낳았다.

최근에 터키는 그리스의 반대 때문에, 비록 두 국가 모두 NATO 회원국임에도 불구하고, EU에 가입하는 데 종종 어려움에 직면하고 있다.

이 문제를 가지고 있는 나라는 터키뿐만이 아니다.

그리스는 유고슬라비아가 해체된 이후 형성된 국가, 즉 마케도니아와 분쟁 중이다. 2008년에 그리스는 마케도니아의 NATO 가입에 대해 거부권을 행사하였는데, 그 이유는 마케도니아의 이름과 관련이 있으며,* 마케도니아의 EU 가입 요청도 여전히 그리스의 반대로 중단된 상태이다.

마케도니아의 공식적인 명칭은 '구 유고슬라비아 마케도니아 공화국(the Former Yugoslav Republic of Macedonia)'이다. 그 명칭은 다소 긴 느낌인데, 그냥 마케도니아로 하면 안 될까? 그 이름에 유고슬라비아의 역사를 되살릴 필요가 있을까?

이는 왜냐하면 그리스가 그것을 허락하지 않기 때문이다. 그리스 영토에 똑같은 지명이 있다. 각자 그들의 마케도니아 지역을

* 마케도니아의 옛 이름은 카라만(Karaman)이었으며, 이는 터키식 이름이다. —역주

유럽, 아시아, 그리고 아프리카를 가로지르는 역사상 가장 위대한 제국 중의 하나를 건설한 마케도니아의 왕(BC 336~323), 즉 알렉산더 대왕의 고향이라고 주장하고 있다.

그리스는 알렉산더 대왕을 그리스 역사의 유산으로 보고 있으며, 이러한 이유로 마케도니아가 그와 관련하여 권리를 주장하는 것을 금지하고 있다. 만일 인도네시아와 말레이시아가 그림자 꼭두각시와 같은 문화적 상징에 대한 말다툼을 벌인다면, 알렉산더와 같은 인물에 대해서는 다툼이 더 크지 않을까? 사실 그것은 그리스가 그리스 국가와 문화에 대한 국가적 서술을 유지

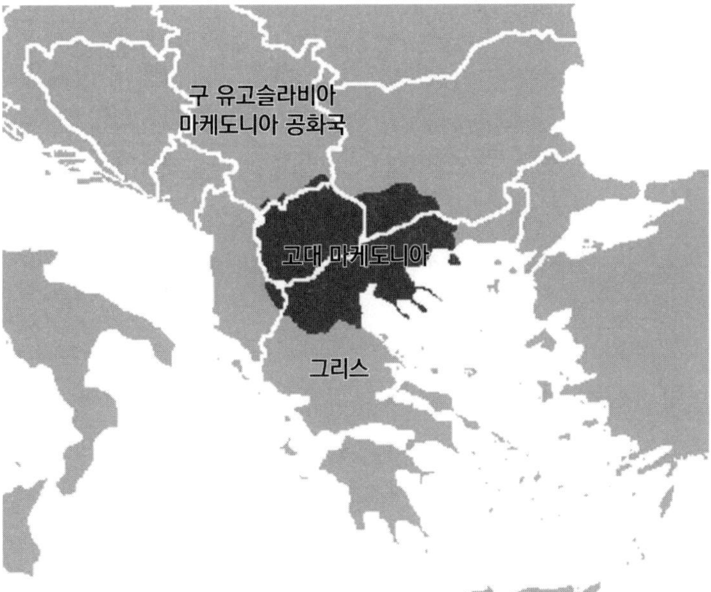

마케도니아와 그리스는 각자 그들이 고대 마케도니아의 계승자라고 주장하고 있다.

하는 데 결정적이었다.

마케도니아 지도자들에게는 NATO에 가입하는 것이 상징에 대한 문제를 놓고 싸우는 것보다 더 중요하다. 그래서 그들은 2018년 6월, 그리스와 타협하여 그들의 국명을 북마케도니아공화국으로 개명하였다. 같은 해 9월 30일 국명 개명에 대한 국민투표가 실시되었다. 그러나 투표에 참여한 비율은 37%로, 헌법이 요구하는 50% 이하였다.

작은 국가들은 강대국들에게 장기판의 졸(卒)과 같은 존재가 될 필요는 없다. 그리스는 국익을 충족시키는 수단으로서 강대국들이 자국의 지리적 이점에 의존하는 것을 교묘히 이용할 수 있었다. 이러한 점에서 그리스는 이웃 중 · 동부 국가들보다 더 성공적이다.

32

사이크스-피코 협정과 현대 중동의 탄생

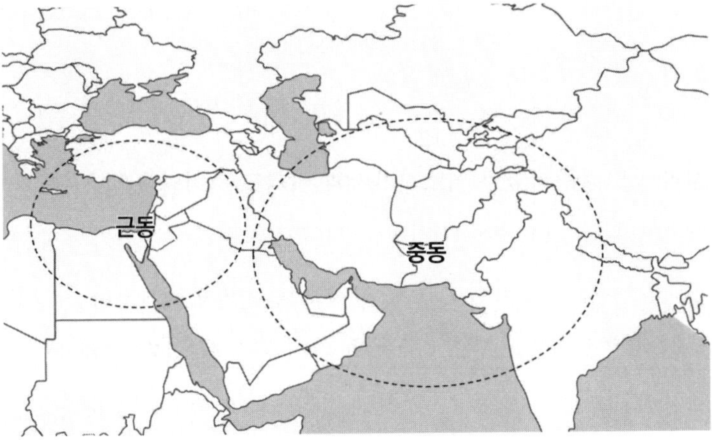

근동(近東)과 중동

"중동"이라는 표현은 미국의 전략가 앨프리드 마이어 머핸(Alfred Mayer Mahan)이 1902년 그의 저서 『페르시아만과 국제관계 *The persian Gulf and International Relations*』라는 책에서 만들어낸 신조어이다.

이는 근동과 극동 사이의 위치를 설명하기 위해 명명되었다. 이런 이유로 머핸이 처음 중동을 정의했을 때의 지역은 전략적

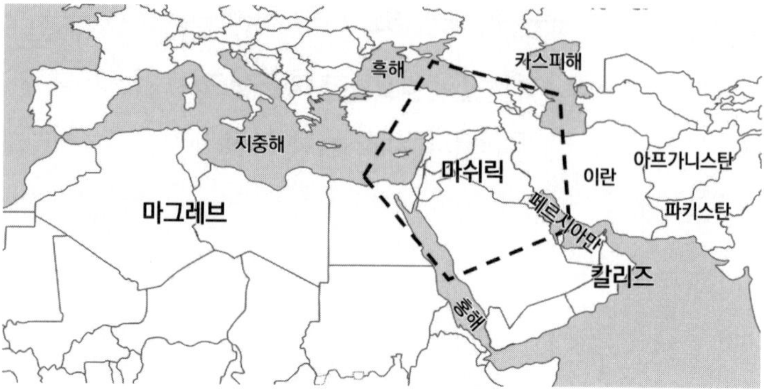

오늘날 중동에 대한 정의

지역으로 간주되었던 페르시아만과 티베트 지역만을 말한다.

그러나 오늘날 중동의 정의는 서아시아와 북아프리카까지 포함하는 지역까지 확장되었다. 동쪽으로는 이란에서부터 서쪽으로는 모로코까지의 영토. 중동은 다시 마그레브(북아프리카), 마쉬릭(해가 뜨는 땅, 즉 동방), 그리고 칼리즈(걸프 국가들)로 세분화된다. 사실 중동이라는 단어는 좁은 의미에서 5개 바다 안쪽에 있는 지역을 가리킨다(지중해, 흑해, 카스피해, 홍해, 그리고 페르시아만).

아프가니스탄과 파키스탄은 보통 중동이 아니라 남아시아 지역에 속한다. 그러나 종종 사람들은 이들 두 나라를 분쟁과 이슬람이라는 두 가지 이유로 중동과 연관 짓는다. 일반인들의 중동에 대한 인식은 끊임없는 분쟁으로 가득 찬 이슬람 국가들의 지역이다.

중동은 히타이트 제국, 아시리아, 바빌로니아, 그리고 페르시아와 같은 역사상 위대한 제국의 본고향이다. 마케도니아와 로마와 같은 유럽의 제국들도 정복활동을 통해 중동의 일부를 점령하였다.

7세기부터 시작해서 중동은 이슬람 국가의 통치자인 칼리프가 통치하는 아랍 제국의 지배 아래 있었다.

우마이야 왕조(661~750)는 오늘날 중동의 모든 지역을 정복하였다. 그 과정에서 아랍 문화와 언어가 그 지역 모두에 전파되었으며, 1453년(오스만 제국의 술탄 무함마드 알파티가 비잔틴 제국의 수도인 콘스탄티노플을 함락한 해)까지 비잔틴의 통치 아래 있던 아나톨리아(터키)만 제외하고, 모든 지역이 아랍어를 사용하였다.

하나의 제국으로 통일된 중동은 유럽 문명에 위협이 되었다. 중동을 모두 통일한 우마이야 왕조는 그 세력을 유럽대륙, 특히 안달루시아까지 뻗쳤다. 그 깃발 아래 광대한 중동지역을 통일한 다음 오스만 제국은 동유럽에서부터 시작하여 유럽을 공격하기 시작하였다.

중동의 지정학적 역학관계를 이해하고자 하는 모든 사람은 16세기 초, 오스만 제국의 발흥시기부터 1차 세계대전(1914~1918)까지의 역사를 알아야 하는데, 왜냐하면 이 역사의 기간이 오늘날 일어나고 있는 모든 혼란과 연관되어 있기 때문이다.

오스만 제국의 발흥은 인도와 중국으로 가는 유럽의 육상무역을 봉쇄하였다. 대체 무역로를 찾고자 하는 필요성은 포르투갈이 바다를 통해 동쪽으로 항해하도록 하는 데 동기부여가 되었

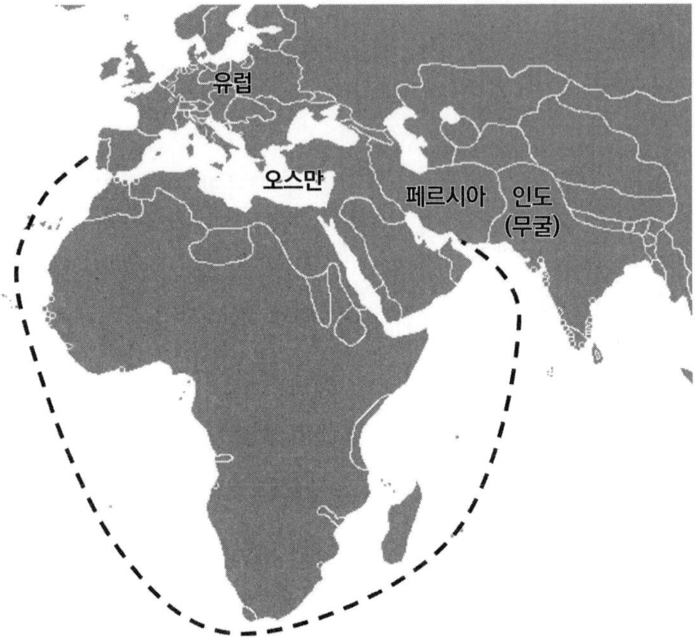

유럽 강국들은 아프리카 대륙을 빙 둘러 항해한다.

다. 포르투갈이 아프리카 대륙을 감싸는 해안지구를 통해 오스만 제국을 빙 돌아서 항해하는 데 성공함으로써 유럽과 이슬람 세계 사이의 힘의 균형은 역전되었다.

동쪽으로 새로운 무역로를 확보하는 것에 덧붙여 유럽의 열강들은 "뒷문"으로 이슬람 세력(페르시아의 사파비 왕조와 인도의 무굴 제국)을 공격도 하였고, 이에 대해 오스만 제국은 앞문으로 유럽을 침략하였다. 포르투갈은 말라카를 포함한 이슬람 세계의 몇몇 주요 도시와 항구를 점령하였다. 포르투갈의 힘이 쇠퇴한 이후 네덜란드와 영국이 중동의 새로운 강자로 부상하였다.

부동항에 대한 러시아의 필요는 흑해를 통치하기 위해 오스만 제국과 경쟁하도록 밀어붙였다. 1914년에 1차 세계대전이 일어나기 전에 러시아는 오스만 제국과 11차례 싸웠다(1568, 1676, 1686, 1710, 1735, 1768, 1787, 1806, 1828, 1853, 1877). 오스만 제국이 독일과 조약을 맺은 여러 가지 이유 중의 하나는 러시아가 영국-프랑스 동맹과 손잡았기 때문이다.

동시에 러시아는 페르시아 카자르 왕조와 코카서스를 놓고 전쟁을 벌였는데, 그 지역은 오늘날 아제르바이잔, 아르메니아, 조지아, 그리고 다게스탄을 포함하는 지역이다.

또한 러시아는 페르시아를 점령하기 위해 영국과 경쟁하였다. 20세기 초 페르시아만에서 석유의 발견은 영국이 페르시아에 개입해서 영국-페르시아 석유회사를 1908년에 설립하도록 만들었다. 그 회사는 1954년에 영국 석유회사(BP: British Petroleum)로 이름을 바꾼 이후 오늘날까지 이어져 오고 있다.

이후로, 유럽에 숨은 위협이었던 중동은, 유럽 열강들이 그들의 세력과 영향력을 확대하기 위한 장기판으로 바뀌었다. 당시 이미 만신창이가 되도록 두드려 맞은 오스만 제국은 1차 세계대전의 난투 중에 그들의 운명을 독일에 걸었다. 불행히도 오스만 제국은 내기를 잘못하였다. 1차 세계대전에서 독일의 패배는 오스만 제국을 독일, 오스트리아-헝가리, 그리고 불가리아와 함께 도살장으로 보내게 만들었다.

사이크스-피코 협정에 따른
오스만 영토의 분할

파리평화회의에서 승전국들은 오스만 제국의 운명을, 1916년 영국과 프랑스가 마크 사이크스(Mark Sykes, 영국 대표)와 프랑스와 조르지-피코(François Georges-Picot, 프랑스 대표)를 통해 맺은 비밀협약에 기초하여 결정해버렸다. 사이크스-피코(Sykes-Picot) 협정으로 알려진 그 비밀협정은 마쉬릭의 오스만 영토를 프랑스와 영국의 세력권으로 분할하였다.

오스만 제국 영토의 분할은 시리아, 레바논, 이라크, 요르단, 그리고 팔레스타인이라는 5개의 새로운 정치적 단위를 만들었다. 사이크스-피코 협정에 따르면 시리아와 레바논은 프랑스의 영향력 아래, 이라크, 요르단, 그리고 팔레스타인은 영국의 영향력 아래 놓이도록 되어 있었다. 프랑스와 영국은 그 국가들을 직접적으로 식민지화하지 않았고, 토착민들에게 권력을 돌려주도록 하는 위임장의 수호자인 것처럼 행동하였다.

따라서 오늘날 중동 국가들은 서구가 만든 작품이다. 상향식 민족주의와 동시에 국가형성이 된 유럽의 국가들과는 달리, 중동의 국가들은 종교적 정체성이나 혈통에 기반한 인종집단과는 관계없이, 서구 열강들과 하향식 토착귀족들 사이의 협정을 통

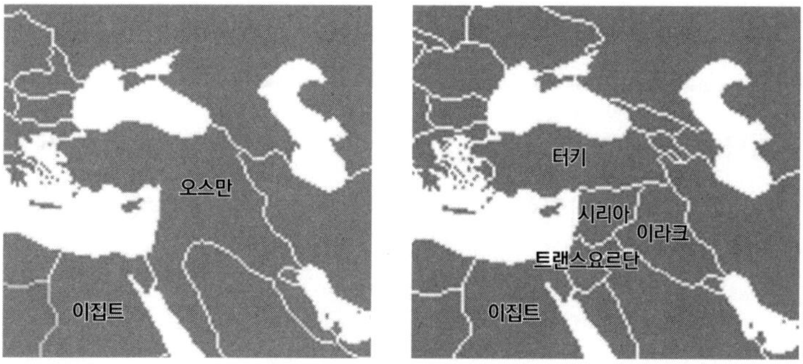

오스만 제국 이후 존재하는 국가들

해 형성되었다.

이것은 국가 정체성의 결여로 이어졌고, 중동에서의 민주주의가 험로를 걷고 있는 요인이다. 시리아에서 알라위 시아파 종족 집단과 수니파 무슬림들의 통합은 종족 간 분쟁의 원인이 되었다. 반면에 이라크에서는 수니파, 시아파, 그리고 쿠르드 부족 집단이 서로 엉켜 있다. 이것은 두 국가를 외국 세력들이 그들 자신의 목적을 위해서 국내 분쟁을 조종하도록 시도하는 지정학적 분쟁지역으로 만들었다.

그러므로 많은 사람들은 중동을 안정화시키는 유일한 방법은 유럽이 했던 것처럼 좀 더 정교한 국가들의 분산을 묘사하는 지도를 다시 그리는 것이라고 보고 있다. 사실 ISIS의 구호 중에는 사이크스-피코 시스템을 종식시키자라는 것도 들어 있다. 그러나 극단주의자들 단체는 이란과 시리아에 있는 수니파 민족들을 통합시켜 수니 국가를 만들기를 원하고 있으며, 또한 그들은 국제적 비난을 촉발시켰던 쿠르드족과 야지디(Yazidi)족을 탄압하였다.

영국과 프랑스가 마쉬릭 지역에서 철수한 이후, 새로운 세계 강국, 즉 소련과 미국이 그 공백을 메우고 그들의 영향력을 행사하기 위한 경쟁을 시작하였다.

33

하심 가문에서 사우디 가문으로

일찍이 1차 세계대전 때 경쟁했던 서구 열강들은 중동을 그들 각자의 영향력을 확장하기 위한 장기판으로 만들었다.

이것은 중동의 전략적 위치 때문이다. 독일은 오스만 제국과 협약을 체결하여 영국의 해상로보다 더 빨리 동쪽에 도달할 수 있는 베를린-바그다드 철도건설을 계획하였다. 이것이 영국을 깜짝 놀라게 했고, 오스만 제국은 1914년 10월, 공식적으로 1차 세계대전에 들어갔다.

영국은 오스만 제국에 맞서 싸울 수 있는 동맹국이 필요하였다. 만일 아무런 동맹국도 찾을 수 없다면, 인위적으로라도 만들어야 했다. 이러한 이유로 영국은 1201년 이래로 이슬람의 왕으로 히자즈(Hijjaz)를 통치하고 있었던 하심 종족(사이디나 하산 이븐 알리의 후손들)의 샤리프 후세인에게 접근하였다.

당시에 샤리프 후세인을 포함한 아랍인들은 오스만 왕조에 대해 반감을 가지고 있었다.

오스만 왕조가 아랍인이 아니고 터키의 후손들이라는 점 외에도, 오스만 통치는 집권세력이 세속적이고 국수주의적인 단결과

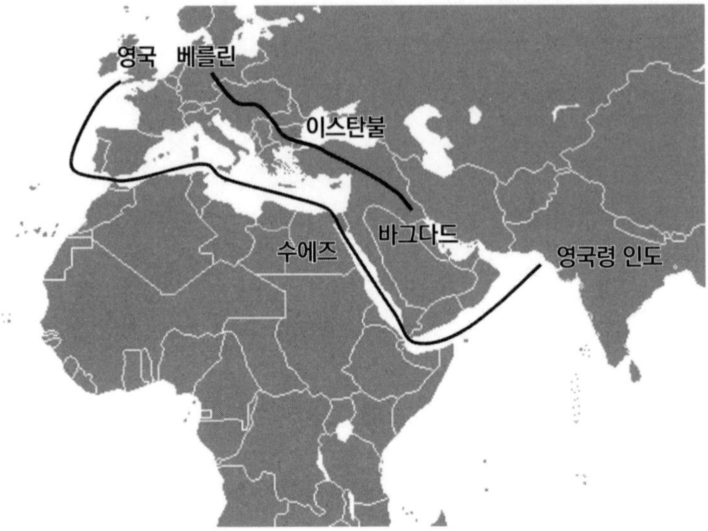

영국을 위협하는 베를린-바그다드 철도

진보 위원회(Committee of Union and Progress)에 의해 점령된 이래로 투르크주의의 이념을 옹호해 왔기 때문이다. 그래서 아랍인들은 오스만에 대항할 때가 왔다고 느꼈다.

샤리프 후세인은 그 임무를 위해 다른 아랍 민족주의자들의 주목을 받았던 유명한 인물이었다. 영국의 이집트 주재 고등 판무관 헨리 맥마흔이 오스만에 대응할 협력방안을 논의하기 위해 후세인에게 접근하였다. 이에 따라 두 당사자 간에 1915에서 1916년까지—후세인 · 맥마흔 서한으로 알려진—서한 교환이 시작되었다. 후세인은 그의 칼리프의 지위를 인정해 주겠다는 맥마흔의 약속을 믿고 그와 함께 일하기로 동의하였다.

맥마흔은 아라비아의 로렌스로 알려진 토머스 에드워드 로렌스(T. E. Lawrence)를 샤리프 후세인의 반란을 도와주도록 파견하였다. 독일이 항복한 이후 오스만도 패전국 대접을 받았다. 1919년 파리평화회의에서, 오스만 제국의 영토는 사이크스-피코 협정(1916)과 팔레스타인 영토에 유대 민족의 국가를 건립하는 것을 영국이 약속한 벨푸어 선언(1917)에 의해 분할되었다. 마쉬릭 지역은 영국과 프랑스에 의해 분할되도록 되어 있었다.

후세인은 위의 두 비밀협정에 대해 모르고 있었다. 그가 이해하기로는, 그가 마쉬릭을 포함한 모든 아랍민족의 왕이 되는 것이었다. 샤리프 후세인은 베르사유 조약을 받아들이기를 거부하였다. 그러나 후세인의 뒤에서 눈치 채지 못하게 진행되고 있었던 것은, 영국이 사실은 다딘 조약(Dardin Treaty)을 통해 1915년 나즈드(Najd)*의 통치자가 된 압둘 아지즈 알-사우드와 조약을 체결하였다는 것이다.

압둘 아지즈는 영국의 도움으로 1924년 히자즈(Hijjaz)를 점령하였고, 히자즈와 나즈드를 통일한 사우디 정부를 수립하였다. 1932년 이후 사우디는 그들이 점령한 땅의 이름을 사우디아라비아로 바꾸었고, 오늘날까지 그렇게 불리고 있다.

샤리프 후세인의 칼리프가 되려는 야망은 물거품이 되었다. 그의 가문은 영국의 보호 아래 피난처를 찾아야 했고, 영국이

---

* 사우디 아라비아의 수도 리야드 주변에 있는 아라비아반도의 중앙 평원. — 역주

샤리프의 가족들은 히자즈가 나즈드에 의해 점령된 이후 트랜스요르단으로 도망갔다.

만든 나라를 통치해야 했다. 후세인의 둘째 아들 압둘라가 트랜스요르단(Transjordan, 1946년 이후 요르단으로 개칭)의 왕이 되었고, 그의 셋째 아들인 파이잘이 이라크의 왕이 되었다.

사우디 왕가는 점점 영국과 멀어지게 되었고, 1943년에 미국과 동맹을 수립한 반면에, 요르단과 이라크는 영국 통치하에 남아 있었다. 1955년에 영국은 페르시아만에 대한 자국의 이익, 특히 유전지대에 대한 이익을 유지하기 위해 소련의 진출을 방지하고자 터키, 이라크, 이란, 그리고 파키스탄과 바그다드 동맹을 체결하였다.

중동에 대한 영국의 영향력은 1952년에 이집트에서 혁명이 일어나 왕정이 전복되고 이집트 공화국이 수립됨으로써 위협받게 되었다. 혁명을 이끈 가말 압델 나세르(Gamal Abdel Nasser)는 아랍 세계에서 매우 공격적이고 야심찬 지도자로서 살라후딘 알-아유비(Salahuddin al-Ayyubi)*와 유사한 인물이었다. 1956년 나세르는 그때까지 영국과 프랑스가 소유해 온 수에즈 운하를 국유화함으로써 수에즈 위기를 촉발시켰다.

---

* 기독교의 십자군에 맞선 아랍의 영웅으로서, 이집트와 시리아의 첫 술탄이 된 인물. —역주

영국과 프랑스의 영향력을 성공적으로 감소시킨 다음, 나세르는 이스라엘에 대한, 그리고 영국의 대리인 역할을 해온 하심가(Hashemites)에 대한 전쟁을 선포하였다. 나세르는 왕정에 대한 단결구호로 사회주의를 사용하였다. 나세르는 이집트와 시리아를 통일하여 1958년에 통일 아랍 공화국(UAR)을 만들기 위하여 시리아에서는 사회주의적 성향의 바트당(Ba'ath Party)과 손잡았다.

나세르는 이집트와 시리아를 합병하려고 했던 살라딘의 전략을 모방하려고 하였다.

같은 해에 이라크는 압둘 카림 카심(Abdul Karim Qasim)이 지도하는 쿠데타가 일어났다. 파이잘 2세 왕은 타도되어 죽임을 당하였다. 이후 카심은 이라크를 바그다드 동맹에서 탈퇴시켰고, 나세르 진영에 가담하였다.

다음으로 나세르는 사우디를 목표로 하였으며, 팔레스타인이 해방되기 전에 사우디가 먼저 해방되어야 한다고 선언하였다. 많은 사우디 가문들이 나세르의 영향을 받아서 왕정에 대항하는 제5열*이 되었다. 그들은 '자유 왕세자들(Free Princes)'로 알려졌다. 그들 가운데 탈랄(Tala) 왕세자[포브스 잡지에 따르면 가장 부유

* 제5열(fifth column): 적과 내통하는 집단. —역주

한 아랍인인 알왈리드(Alwaleed) 왕세자의 아버지]도 있었다.

나세르와 하심가의 충돌은 이제 나세르와 사우디 가문의 충돌로 변하였다. 나세르는 단결구호로 범아랍주의(pan-Arabism)를 내세운 반면, 1964부터 1975년까지 사우디의 통치자였던 파이잘 국왕은 사우디 영향력을 확대하기 위해 범이슬람주의(pan-Islamism)를 내세웠다. 세계 무슬림연맹(The Muslim World League)과 이슬람국제회의기구(OIC)는 파이잘 국왕이 자국의 이익을 증진시키기 위한 플랫폼으로서 수립한 두 개의 조직이다.

그들 사이의 이념 전쟁은 예멘에서 그들의 대리전을 발발시켰다. 1962년부터 1970년까지 나세르는 무하마드 알바드르 왕을 몰아낸 반군을 지원하였고, 반면에 사우디는 무하마드 알바드르를 지원하였다.

이 두 진영은 또한 소련과 미국의 지원을 받았다. 소련은 나세르를 같은 이념을 공유하는 협력자로 보았으나, 나세르의 사회주의는 소련과는 달랐다. 동시에 시리아와 이라크의 사회주의자들은 바트주의(Ba'athism)로 알려진 그들만의 이데올로기를 가지고 있었다.

따라서 그들은 나세르와 협력하는 데 있어서 적극적이지 않았다. 통일 아랍 공화국은 이집트가 시리아의 주권을 침해하였다는 이유로 1971년에 해체되었다.

1967년 6일 전쟁에서 처참하게 패배함으로써 나세르의 위신은 크게 상처를 입었다. 6일 만에 이집트, 시리아, 그리고 요르단의

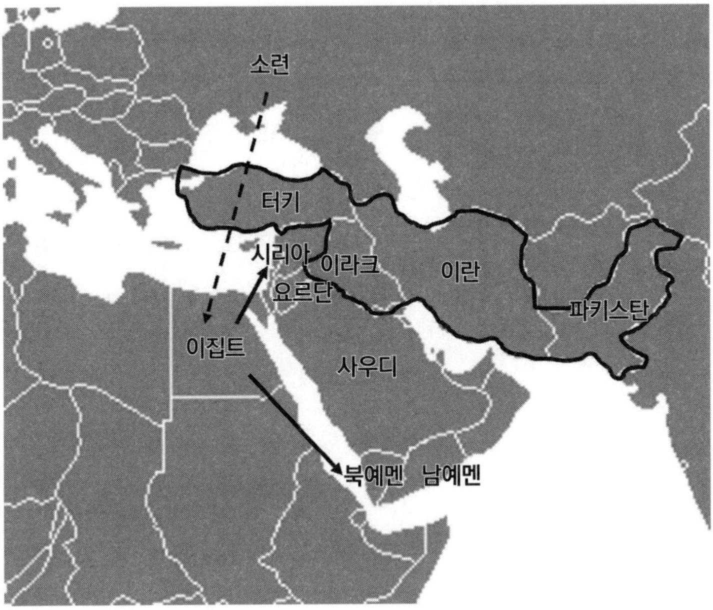

소련은 나세르가 지역에 있는 서방 국가들의 대리자들(하심 가문, 알-사우드 가문, 그리고 바그다드 동맹)에 대항해 싸울 수 있도록 지원하였다.

동맹은 파괴되었고, 각국은 다음과 같이 영토의 일부분을 잃었다. 시나이반도(이집트), 골란고원(시리아), 그리고 요르단강 서안지구(요르단). 나세르는 곧 사우디와 화해하였고, 사우디의 경제 지원을 대가로 예멘에서 철수하였다.

나세르가 죽고 나서 안와르 사다트(Anwar Sadat)가 뒤를 이었다. 1973년 아랍 국가들은 다시 뭉쳤고, 이스라엘을 공격하여 욤 키푸르 전쟁(Yom Kippur War)* 이 발발하였다. 그러나 아랍 동맹국가

* 1973년 10월 유대교 명절인 욤 키푸르(속죄의 날)에 시리아와 이집트의 군대가 이스라엘을 공격한 전쟁. —역주

들은 이스라엘을 패배시키지 못하였으며, 전쟁은 휴전으로 종식되었다. 자국의 이익을 지키기 위해서 이집트는 미국 및 이스라엘과 협상하여 시나이반도를 돌려달라고 하였다. 이집트의 목표는 캠프 데이비드 협정을 통해 달성되었고, 그 후 이집트는 친미국가가 되었다. 이로써 이집트와 아랍 왕조들 간의 대결은 끝났다. 사우디 왕가는 현재 아랍세계의 지도자이다. 그러나 더 큰 위협이 기다리고 있다.

34
필요악

이집트가 소련에 등을 돌리기 전에 중동에서 가장 친미적인 나라들은 사우디와 이란이었다. 양국은 미국의 닉슨 대통령(1967~1974)에 의한 지역 안보의 "두 기둥(Twin Pillars)"이었다.

이란의 왕(샤, Syah)은 시아파였지만, 그는 1958년부터 사회주의 국가가 된 이라크의 위협에 대해 공통의 우려를 공유한 사우디와 동맹을 맺었다. 사우디 왕과 이란의 샤는 그들의 운명이 이라크의 파이잘 국왕처럼 끝날까 봐 두려워하였다. 이라크는 소련의 지원을 받은 반면에, 사우디와 이란은 그들의 안보를 미국에 의존하고 있었다.

그러나 모하마드 레자 팔라비 왕의 양위를 가져온 이란 혁명이 일어난 후에는 사정이 바뀌었다. 그는 1979년 1월 11일 사람들의 시위가 벌어지자 도망쳤다. 3월에 아야톨라 루홀라 호메이니는 국민투표를 실시하였고, 2500년 된 이란 왕정을 대체하는 이슬람공화국 설립을 선언하였다.

그 상황은 사우디에 매우 심각한 관심사항이 되었다.

사우디 왕가는 호메이니의 시아파 가르침이 반왕조적 성격을 띠고 있었기 때문에 사우디 왕가를 전복하는 데 사용되지나 않을까 우려하였다. 사실 1979년 11월에 이란에서의 정권 교체의 결과로 사우디 동부에 있는 카티프(Qatif) 지역에서 소수 시아파에 의한 폭동이 발생하였다.

새로운 이란 정권은 미국을 좋아하지 않았다. 샤를 몰아낸 혁명가들은 샤가 미국의 꼭두각시였으며, 샤의 통치기간 중 국민들이 비참한 생활을 한 원인을 미국에 있다고 보았다. 1979년 11월 한 무리의 대학생들이 테헤란에 있는 미국대사관에 진입하여 대사관 직원들을 인질로 삼았으며, "미국에 죽음을(marag bar Amrika)"이라는 구호를 외쳤다.

따라서 이란은 사우디와 미국의 주요 위협 요인으로 부상하였다. 이라크는 덜 위협적이었는데, 1979년 이라크 대통령이 된 사담 후세인은 이전의 이라크 지도자들보다 온건하였기 때문이다. 후세인은 소련의 충실한 지지자가 아니었고, 이라크의 주권을 지키려고 노력하였다.

이라크와 이란은 해결되지 않은 국경분쟁이 있었기 때문에, 사우디아라비아가 후세인에게 다가가 이란에 대항해서 싸우는 데 도움을 주었다. 이에 따라 1980년 9월에 8년간의 이란-이라크 전쟁이 일어났다. 한편, 사우디와 미국은 함께 1979년 12월 이래 소련에 대항해 싸우고 있던 무자헤딘을 지원하면서 아프가니스탄 문제에 개입하였다. 이란-이라크 전쟁 및 아프가니스탄 전쟁에 대한 미국-사우디의 개입은 이란에 대항한 포위 전략으로 볼

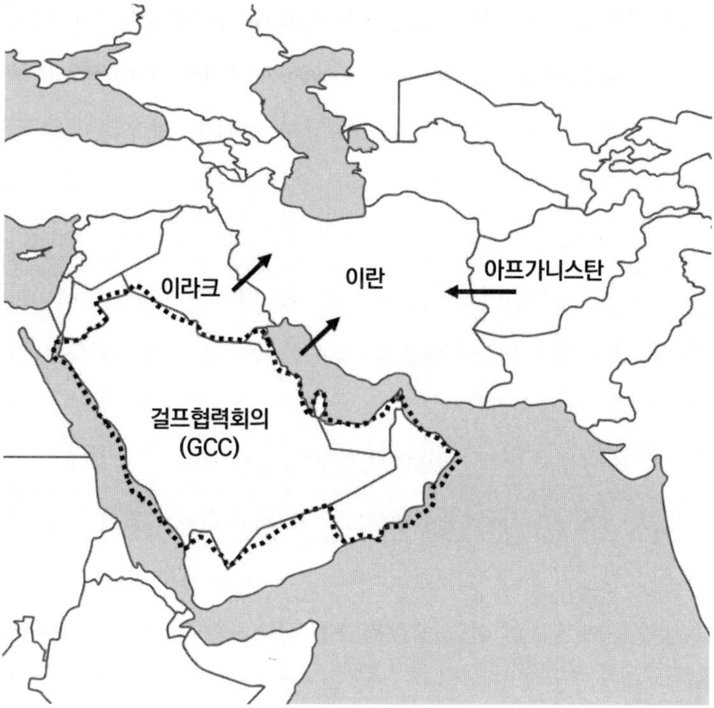

사우디의 이란 포위전략

수 있다.

이란과 이라크 양국이 1988년 8월 휴전한 이후 후세인은 전쟁으로 인해 발생한 재정상의 어려움을 해결하기 위해 그의 또 다른 이웃인 쿠웨이트를 괴롭히기 시작하였다. 이라크는 1990년 8월 2일 쿠웨이트를 침공하였다. 후세인의 사우디아라비아에 대한 침공을 우려하여 미국은 사막의 방패 작전과 사막의 폭풍 작전을 벌여 결국에는 쿠웨이트에서 이라크 군대를 몰아냈다.

그러나 미국과 사우디 양국은 이라크의 독재자를 타도하지는 않았다. 대신에 그들은 후세인이 이라크 안정의 중심 기둥으로 보고 이라크에 대한 제재를 부과하였다. 1958년 파이살 국왕 타도 이후 이라크에서는 10년 동안 두 번의 쿠데타(1963년 및 1968년)가 일어났다. 그러나 후세인이 집권한 이후 쿠데타는 일어나지 않았다. 따라서 이라크가 안정화되고 이란과 사우디아라비아 사이에 효과적인 완충역할을 하기 위해서는 후세인이 권력을 잡고 있도록 할 필요가 있었다.

조지 W. H. 부시 행정부의 많은 각료들은 이러한 결정에 불만이었고, 그중 한 사람이 폴 월포위츠(Paul Wolfowitz)였다. 그들은 미국의 신세기 프로젝트(Project for a New American Century)와 같은, 후세인을 제거하기 위한 싱크탱크를 설립하였다. 국방부 차관이었던 월포위츠를 포함하여 그들 중 많은 사람들이 조지 W. 부시 내각(2001~2009)에 몸담고 있었다. 그들은 2003년에 후세인을 몰아낸 이라크 전쟁을 개시하였으며, 2006년 12월 후세인에게 사형을 선고하였다.

후세인의 몰락으로 사우디아라비아와 이란 사이에 힘의 균형이 깨졌다. 사실상 민주주의를 전파하려는 미국의 정책은 더욱 악화되었다. 이라크에 있는 2400만 명의 인구 가운데 시아파는 1500만 명, 수니파는 900만 명이었다. 그와 같은 인구구조는 시아파 다수에게 유리한 다수결 원칙에 의한 민주주의로 이끌었다.

시아파인 누리 알 말리키(Nouri al-Maliki, 2006~2014 총리 역임) 정부의 이라크는 보다 친이란적이었으며, 이와 같은 사태 진전은 사우디를 더욱 걱정스럽게 만들었다.

이라크 전쟁에서의 어리석은 실수 이후에 미국은 또 다른 실수를 하여 아랍의 봄(Arab Spring)이 걷잡을 수 없이 일어나도록 만들었다. 아랍의 봄은 서방 언론들이 만든 신조어로서, 중동에서 2010~2011년 일어난 일련의 국민들의 봉기를 말한다. 그들은 학생들과 지식인들이 독재정부를 개혁하도록 하는 데 성공한, 1968년 체코슬로바키아에서 일어난 프라하의 봄에 이를 비유하였다.

오바마 행정부하의 미국 정부는 아랍의 봄을 받아들였는데, 왜냐하면 그들은 그것이 중동지역에서 민주화 과정을 촉진하고, 독재 정부를 쓰러트리는 국민들의 자발적인 운동으로 보았기 때문이다. 오바마는 무바라크의 미국에 대한 충성에도 불구하고 30년간(1981~2011) 이집트 대통령을 역임한 호스니 무바라크 정부가 무너지도록 놔두었다.

이는 다시 사우디 국민들에게 걱정거리를 만들어 주었다. 2월 11일 무바라크의 몰락 이후 혁명의 불길이 사우디아라비아의 동부에 위치한 바레인으로 번졌다. 바레인은 시아파가 다수를 차지하고 있는 국가로서, 집권 알-칼리파 가문은 수니파였다. 이에 따라 한 달 후인 2011년 3월 14일 사우디 정부는 혹시 있게 될지도 모를 알-칼리파 정권의 붕괴를 막기 위해 개입하였다.

2011년 10월 20일 리비아의 독재자 무아마르 카다피의 몰락은 압둘라 왕으로 하여금 식은땀이 나도록 만들었다. 카다피는 과거 반미 지도자였으나 후세인의 몰락 이후 친미로 돌아섰다. 그러나 미국은 그가 국민들에 의해 공격당할 때 카다피를 도와주지 않았다.

그와 같은 사태 전개는 사우디로 하여금 미국이 중동의 동맹국들을 버렸다는 확신을 하게 만들었고, 그래서 사우디는 아랍의 봄을 뒤집기 위하여 시리아와 예멘에 직접 개입하였다.

후세인의 몰락이나 아랍의 봄과 같은 충격적인 사건들은 중동 지역의 민주화에 도움을 주지 못하고 끝없는 대량 살상으로 이어졌다. 이는 아랍 국가들의 국민들이 영원히 독재자 밑에 살아야 한다는 뜻은 아니고, 성숙한 민주주의의 선행조건인 국가 정체성과 단결심은 사이크스-피코 협정으로 탄생한 국가들에도 있어야 한다는 것이다. 민주주의는 서둘러서 이루어질 수 없다. 전후 사정과 상관없이 선불리 아이디어를 실행하려고 애쓰는 것은 결국 비극으로 이어진다.

중동 국가에서 독재는 필요악이다.

35
3대 중동 강국

이라크, 이집트, 그리고 예멘에서의 독재자들의 몰락은 권력의 공백 상태를 만들었다. 국제정치에 있어서 권력의 공백 상태에 있는 지역이나 영역은 즉각 외국의 세력이 차지하는 법이다. 그것이 국제정치의 법칙이다.

위에 언급한 국가들에서 권력 공백이 발생하였을 때, 다른 지역 국가들은 그 권력 공백이 채워지기를 기다릴 수 없었다. 이 중 사우디아라비아, 이란, 그리고 터키는 이들이 각각 오늘날 중동 지역의 3대 강국을 형성하였다.

이 3대 강국은, 영토와 경제 측면에서 중동의 가장 큰 국가로 기능하는 것과 별도로, 과거 위대한 제국의 상속자들이다. 사우디아라비아는 우마이야-아바시드 아랍 제국의 후예로 볼 수 있고, 터키는 오스만 제국의 후예, 그리고 이란은 페르시아 제국의 후예로 볼 수 있다.

이것은 7장에서 논의한 정체성 이론을 통해 다시 증명된다. 국가는 항상 행동에 대한 영감을 얻기 위해 과거의 역사를 돌아본다. 이러한 이유로 주목할 만한 역사를 가진 나라들은 권력을 추

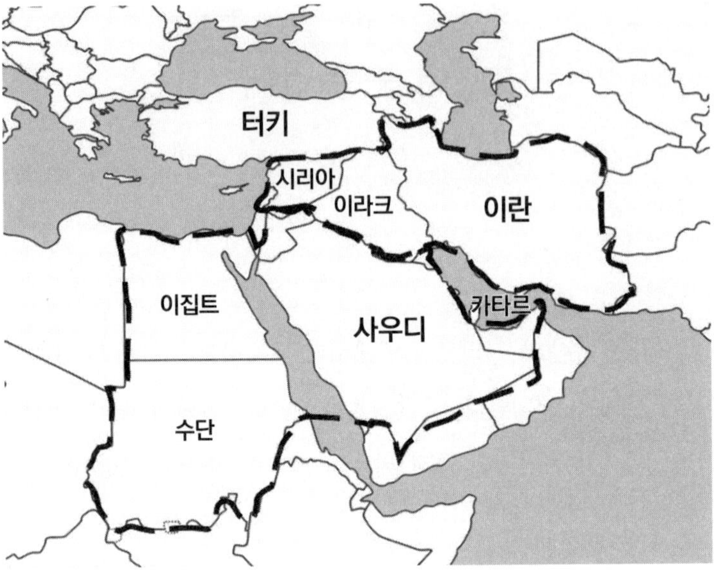

사우디, 이란, 그리고 터키-카다르 동맹 블록

구하는 경향이 있다.

세 강대국은 모두 수 세기 동안 존재해 왔다. 이란은 오랫동안 이라크를 자신의 중요한 세력권 내에 있는 것으로 보았다. 사파비 왕조 시기에 페르시아인들은 이라크에 대한 통제권을 빼앗으려고 오스만 제국과 충돌하였다. 종교적 중요성 외에도(이라크에 있는 나자프와 카르발라는 시아파 추종자들에게는 성스러운 도시이다) 광대한 이라크 평원은 고지대 국가인 이란에게 필요한 농산물을 제공할 수 있는 곳이다.

비록 사우디아라비아는 아랍 제국을 재건하기 위한 영토적 야심을 보이고 있지는 않지만, 스스로를 아랍 세계와 이슬람 세계를 통틀어 정신적 지도자로 간주하고 있다. 사우디아라비아의 왕은 "두 개의 성스러운 도시의 수호자(khadim al-haramayn)"라는 칭호를 가지고 있으며, 이는 지위에 대한 정당성을 입증하기 위해 메카와 메디나에 대한 그의 통치권에 대해 언급한 것이다. 그러나 그것은 칼리프 제도를 복구하는 것에 관심이 없다는 것을 분명히 보여준다.

칼리프 제도에 유일하게 관심을 가지고 있는 나라는 2002년 이후 정의개발당(AKP)이 이끄는 터키이다. 에르도안의 외교고문인 아흐메드 다부토글루(Ahmed Davutoglu)는 그의 저서에서, 터키는 외교정책의 초점을 서유럽 국가에서 과거의 오스만 지역으로 옮겨야 한다고 주장하였다. 그 지역이 터키의 영향권이 되는 곳이다.

그러나 나머지 아랍 세계 전체는 터키에 대해 미심쩍어 하고 있으며, 터키를 신오스만 독립체(neo-Ottoman entity)로 간주한다. 따라서 에르도안 대통령은 중동에 대한 터키의 개입을 정당화하기 위해 이슬람교의 정신에 의존하였고, 미국과 이스라엘에 대해 더욱 목소리를 내고 있다. 이는 사우디가 전략적 이익을 근거로 실행하지 못했던 것이다.

터키의 동맹국은 카타르이다. 비록 카타르는 면적이 작은 나라지만, 사우디가 이란에 대응하기 위해 1981년에 설립한 걸프협력회의(GCC)에서 사우디의 주도권에 대한 반감을 드러내는 등 세력 활동에 매우 적극적이다. 사우디는 오랫동안 GCC의 맏형이었으며, 1996년 카타르의 하마드 빈 칼리파 알사니 왕을 타도하려고 하는 등 다른 나라의 내정에 간섭하였다. 하마드는 그의 지위를 지켰고, 오늘날까지 반사우디 활동을 전개하고 있다.

아랍의 봄 이후 사우디는 GCC를 "아라비아의 나토"와 같은 군사적 동맹체로 발전시키려고 시도하였다. 카타르는 사우디가 동 연합체를 지배할 것으로 우려하면서 그 제안을 거절하였다. 사실 카타르와 터키는 하마스와 무슬림 형제단을 지원함으로써 그들의 영향력을 발휘하려고 노력하고 있다. 이집트에서의 아랍의 봄 이후, 터키와 카타르는 무슬림 형제단의 회원인 이집트의 무르시(Morsi) 대통령과의 네트워크를 활용하려고 노력하였다. 무슬림 형제단은 반(反)왕조 단체이며, 동 단체의 지도자를 옹호하는 카타르의 행동은 비록 카타르 자신이 왕조국가이기는 하지만, 사우디아라비아에 도전하려는 시도로 간주된다.

이는 사우디아라비아로 하여금 카타르를 단단히 손을 봐야 하는 반역자로 보게 만들었다.

따라서 2017년 6월 사우디는 아랍에미레이트(UAE), 바레인, 그리고 이집트와 함께 카타르와 국교를 단교하고, 카타르가 무슬림 형제단과의 관계를 끊도록 요구하면서, 이를 강제하기 위한 제재를 부과하였다. 그러나 그러한 행동은 터키, 카타르, 그리고 이란 사이의 협력을 오히려 강화시켰다. 터키와 이란은 카타르가 제재를 받고 있을 때 원조를 제공하였고, 터키가 경제위기에 빠졌을 때는 카타르가 도와주었다.

2018년 12월 카타르는 석유가 아닌 천연가스의 최대 생산자였지만 OPEC에서의 탈퇴를 선언하였다. 간접적으로 그 행동은 카타르의 사우디 진영으로부터의 완전한 탈퇴를 의미하였다.

비록 이집트는 유구한 역사를 가지고 있지만, 지리적 한계로 인하여 아랍, 터키, 또는 페르시아와 같은 중동의 패권국이었던 적은 없다. 이집트가 마슈리크의 중동 핵심부에 도달하기 위해서는 시리아와 이라크 아래에 있는 가나안 땅/팔레스타인 지역(지금은 이스라엘이 점령)을 통과해야 한다. 시리아와 이라크는 어떤 세력보다 팔레스타인을 점령하기에 유리한 고지에 있었다. 따라서 이집트는 종종 자국의 세력을 파라오 시대의 고대 이집트를 포함해서 이집트 너머로 확장하는 데 어려움을 겪었다.

살라딘(Saladin)은 팔레스타인을 점령하기 전에 이집트와 시리아를 통제하기 위한 그의 전략으로 대부분의 마슈리크 지역을 정복하는 데 성공한 유일한 지도자였다. 나세르도 같은 전략을 구사하였으나 실패하였다. 나세르 이후 이집트는 미국의 종으로 있는 것에 만족하였으며, 현재의 시시(Sisi) 대통령하의 이집트는 사우디아라비아에 더 가까워지고 있다.

이들 3대 힘의 축 사이의 충돌은 다음의 2개 지역 분쟁의 원인이 되어 왔다. 시리아 전쟁과 예멘 전쟁. 그래서 일부 학자들이 그들 사이의 세력 다툼을 중동 냉전(Middle East Cold War)이라고 부르는 것도 과언은 아닐 것이다. 사실 미국과 러시아는 각각 이들 3대 강국들을 그들의 이익을 증진하기 위해 지원하였다.

36

시리아 전쟁

시리아 내전이 8년 차에 접어들면서 바샤르 알아사드(Bashar al-Assad) 대통령은 점점 강해지고 있다. 전쟁 기간 단절되었던 시리아와 다른 아랍 국가들과의 관계도 재개되고 있다. 중앙정부는 과거 반군들이 장악했던 대부분의 지역을 회복했다.

아사드는 2015년 러시아의 개입 덕분에 이러한 사건 속에서 살아남았다. 그 기간에 시리아는 반군과 ISIS의 압력을 받았을 뿐만 아니라, 아사드 자신의 입지도 심각한 위험에 처해 있었다.

이라크와 마찬가지로 시리아도 사이크스-피코 협정 때문에 생겨난 신생국이다. 알레포, 다마스쿠스, 그리고 알라위 지역을 통합함으로써 시리아는 1922년에 탄생하였다. 시리아에는 1949, 1954, 1961, 1963, 그리고 1966년 등 몇 차례 쿠데타가 발생하였다. 1970년 하페즈 알아사드가 살라 자디드를 축출하고 나서야 시리아는 어느 정도 안정화되었다. 그러나 안정의 대가는 아사드가 이슬람 시아파의 분파인 알라위파라는 민감한 배경으로 인해 철권통치가 이어지고 있다.

무슬림 형제단과 같은 수니파 단체가 1976년 아사드에 대항해서 반란을 일으켰다. 아사드는 무력으로 반란을 진압하는 데 성공했다. 1982년 하마(Hama) 전투 이후 무슬림 형제단은 시리아에서 완전히 쫓겨났다. 장기적인 안정을 위해 아사드는 그에게 정당성을 부여해 줄 수 있는 수니파 종교지도자들과 관계를 유지하였다. 동시에 아사드는 종교와 관계없이 모든 시리아 국민들에게 같은 권리와 자유가 주어지는 국가의 세속적 측면을 강조하려고 노력하였다.

외교정책 측면에서 아사드는 이란이 지도하는 시아파 진영과 사우디가 지도하는 수니파 진영 모두와 관계를 유지하려고 노력하였다. 그 정책은 2000년에 그를 이어 대통령이 된 그의 아들 바샤르에 의해서도 유지되고 있다.

그러나 아랍의 봄이 시리아까지 번지자 상황은 달라졌다. 대규모 시위가 무장 반군으로 바뀌었다. 아사드는 권력을 잃을 것을 두려워하여 시위를 폭력으로 진압하고자 결정하였다. 오래된 원한에 대한 앙갚음이 이어지고, 그의 종족은 극단주의자들에 의해 전멸될 수도 있다.

그러나 아사드가 이란과 헤즈볼라에 반군 진압을 요청하였을 때, 이는 마슈리크 지역에 "시아파 초승달 벨트(Shia crescent)"를 만들어서 이란의 영향이 시리아에 퍼지지 않을까 하는 수니파 국가들의 우려를 촉발하였다. 아랍 연맹은 시리아의 회원자격을 정지하였다. 사우디, UAE, 카타르, 그리고 터키는 각자 관련 민병대를 지원하였다. 사우디와 UAE로부터의 원조가 살라피(Salafi)

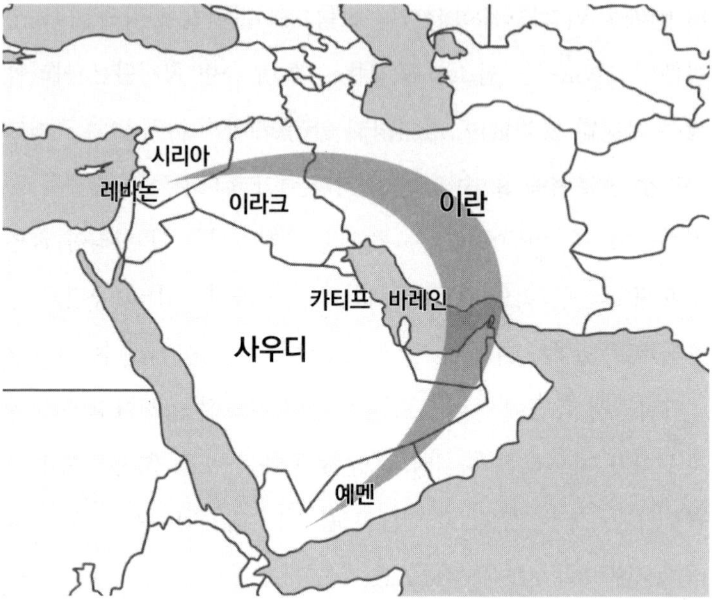

사우디의 신경을 건드린 시아파 초승달 벨트

단체에 흘러들어 갔고, 카타르와 터키의 자금이 무슬림 형제단과 관련된 조직에 지원되었다. 비록 그들 각국의 이해관계는 달라도 그들의 목표는 아사드를 몰아내는 첫 번째 국가가 되는 것이다.

한편, 미국은 개입할지 말지에 대한 딜레마에 빠졌다. 오바마는 이집트 사태 당시 방관자가 되었지만, 아사드의 화학무기 사용으로 인한 인도주의적 위기와 점증하는 중대 분쟁의 발생은 오바마로 하여금 조치를 취하도록 압력을 가하였다.

2014년 ISIS의 준동은 미국의 선택을 더욱 복잡하게 만들었다. 만약 그들이 개입하지 않으면 시리아는 아사드보다 더욱 위협적인 극단주의 체제에 의해 지배될 가능성이 높았다. 만약 그들이 개입하면 아사드의 입지는 더욱 강화된다. 미국은 마침내 ISIS에 대항하는 쿠르드족을 지원함으로써 개입하기로 결정하였으며, 미국은 시리아의 운명을 결정할 그들의 동맹으로서 쿠르드족에 의지하기로 하였다.

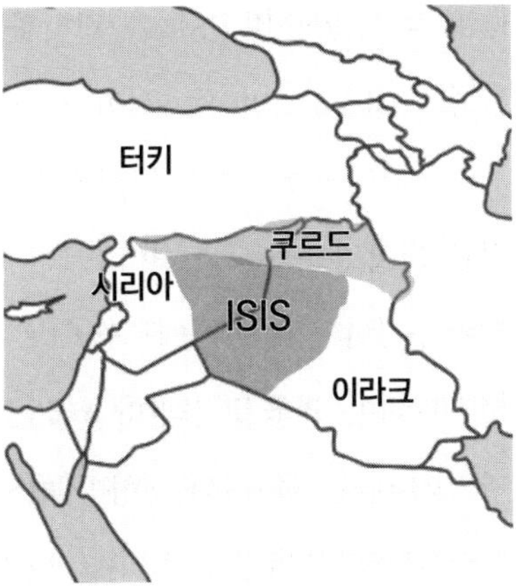

ISIS의 부상과 시리아 내전에서의
쿠르드 권력 기반

미국이 여전히 생각이 많은 가운데, 러시아는 2015년 9월 과거보다 확고한 입장을 취하였다.

러시아가 유럽 측으로부터 압력을 받고 있지만, 시리아에 대한 개입은 러시아가 세력을 확장할 수 있는 새로운 기회를 열어 주었다. 시리아와 러시아는 냉전 이래로 동맹국이었다. 타르투스와 라타키아항은 러시아의 중요한 항구이다. 따라서 시리아에서의 러시아의 존재는, 러시아가 군사 물자를 직접 지중해로 운송함으로써 동유럽에 대한 NATO의 제재를 피할 수 있게 하였다.

러시아의 전략은 트럼프가 미국의 대통령이 되면서 더욱 강화되었다. 트럼프는 시리아와 관련한 관계수립에 과거와 동일한 견해를 가지고 있지 않다. 트럼프는 시리아를 러시아의 영향력 지대로 보고 있으며, ISIS를 격퇴한 후 미군을 철수시킬 것이라고 말한 것이 한두 번이 아니었다.

미국이 가만히 있는 동안에 러시아가 개입함으로써 게임의 균형이 깨어졌다. 아사드의 입지는 점진적으로 강해졌고, 사우디아라비아, UAE, 터키, 그리고 카타르가 자금을 후원하는 반아사드 무장단체는 패배를 겪었다. 터키는 심지어 시리아 자국의 이익을 지키기 위해 러시아와 협상을 하고자 하였다.

비록 아사드가 그의 입지를 그럭저럭 방어하기는 하였지만, 시리아 사회를 결속하는 유대관계는 산산이 부서졌다. 시리아의 내부 문제들은 해결되지 않았다. 그것은 다음 시리아 전쟁이 일어날 때까지 억압되어 있을 뿐이다.

37
예멘 전쟁

시리아 외에 예멘도 역시 심각한 인도주의적 위기로 고통받고 있는 긴 전쟁상태에 있다. 2015년 3월 사우디와 그 동맹국들은 후티(Houthi)라고 알려진 반군들이 예멘의 수도 사나(Sanaa)를 정복한 것에 대한 대응으로 폭탄 공격을 감행하였다. 아랍의 봄(2012년 2월) 동안, 살레(Saleh)의 몰락 이후 대통령을 역임하고 있는 예멘의 압드라부 만수르 하디(Abdrabbuh Mansur Hadi) 대통령이 후티 반군에 의해 전복되었다.

육안으로 보았을 때, 많은 사람들에게 예멘 전쟁은 수니파와 시아파 사이의 종파 전쟁으로 보일 것이다. 후티는 자이디야(Zaidiyyah) 시아파에 속하는 민병대이고, 하디 대통령은 수니파 소속이었다. 그러나 그러한 인식은 정확하지 않다.

역사를 통해서 예멘은 항상 두 개의 부분으로 나뉘어 있었다. 사나를 중심으로 한 북부는 자이디야 시아파 추종자들의 주요 지역이고, 남부는(하드라마우트와 아덴)은 수니파 지역이다. 북예멘은 897년부터 1962년까지 알-카시미 가문의 성직자들이 통치하였고, 남예멘은 1874년부터 1963년까지 아덴 보호령으로서 영국이 통치하였다.

북예멘의 무하마드 알-바드르가 압둘라 알-살랄의 쿠데타를 통해 축출된 이후에 사우디아라비아가 그를 돕기 위해 개입하였다. 사우디아라비아가 자이디야 시아파 종교지도자를 돕고자 했던 사실은 종파적 차이가 이유가 아님을 증명하였다. 대신, 그것은 세력 때문이었다. 1990년 예멘의 통일 이후 북예멘 출신의 살레(Saleh)가 아랍의 봄으로 인해 축출되기 전까지 예멘의 대통령이 되었다. 살레 대통령은 시아파였지만 사우디아라비아와 좋은 관계를 유지하였다. 사우디는 심지어 살레로부터 하디(Hadi) 대통령으로의 권력 이양을 쉽게 하기 위한 중재자 역할도 하였다.

정치적 견해 차이로 후티 반군들은 2004년 이후 살레 대통령에 대항하였다. 둘 모두 자이디야 시아파 소속이다. 살레의 몰락 이후 하디 행정부를 방해하기 위해 살레는 후티 반군과 협약을 맺었다. 정치에 있어서 영원한 적은 없다.

예멘 문제에 있어서 명백하게 사우디는 종교적이거나 종파적인 견해에서 접근하지 않는다. 대신에 그것은 모두 세력경쟁의 결과물이다. 1962년부터 1970년까지 사우디는 이집트와 충돌하였다. 오늘날 이집트의 자리는 이란으로 대체되었다.

사우디는 중동에서 이란의 영향력 확산을 걱정하고 있다. 예멘은 사우디아라비아가 바다로 나갈 수 있는 바브엘만데브(Bab el-Mandeb) 해협에 대한 핵심 통로이다. 바브엘만데브는 호르무즈 해협이나 말라카 해협과 함께 세계에서 중요한 세 가지 관문(해

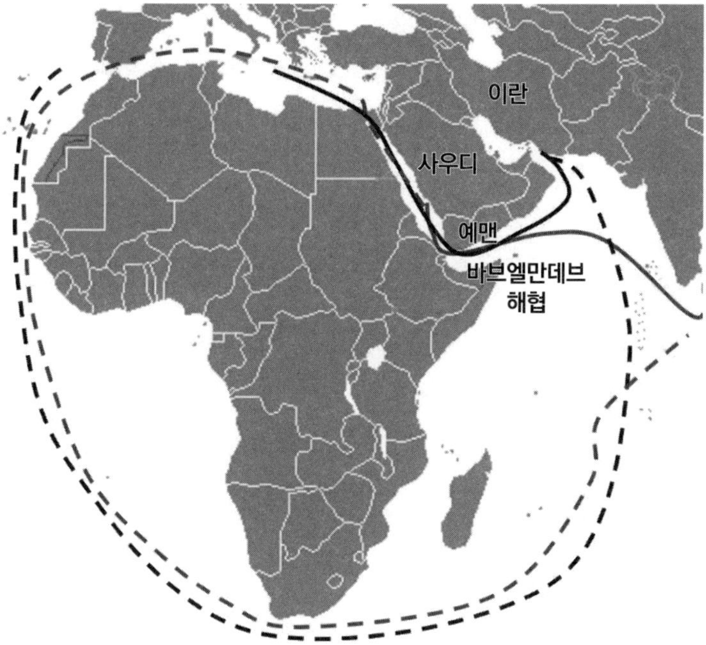

사우디와 이란이 바브엘만데브(Bab el-Mandeb) 해협에 대한 통제권을
잃을 경우의 영향

상 수송에 매우 중요한 좁은 지역) 중의 하나이다.

이란의 통제로 인해서 사우디는 호르무즈 해협을 사용하지 않는다. 만약 바브엘만데브에 문제가 생기면 사우디아라비아는 수에즈-수메드(Suez-SUMED) 운하를 통해서 이동해야 하며, 사우디의 주요 고객들이 있는 아시아로 가기 위해서 아프리카를 빙 둘러 일주항해를 해야 한다. 이것은 이란 원유에 비교하여 사우디 원유의 가격은 높이고 가격 경쟁력은 낮추는 원인이 된다.

같은 상황은 이란에도 해당된다. 만약 바브엘만데브 해협이 사우디의 통제 아래 들어가면 이란은 유럽으로 갈 수 있는 다른 어떤 길도 없다. 사우디아라비아와 UAE만이 원유를 페르시아만에서 수에즈 운하로 옮길 수 있는 파이프라인을 가지고 있다.

예멘 전쟁은 이집트와 사우디 간의 오래된 충돌뿐만 아니라, 비잔틴 로마와 사산 페르시아 간의 충돌도 설명해 준다. 중동에 대한 통제권을 얻으려는 노력의 일환으로 비잔틴은 에티오피아를 기독교화 하였고, 동맹국으로 만들었다.

목표는 유럽으로 향하는 페르시아 바다를 봉쇄하는 것이었다. 에티오피아인들은 페르시아의 정복(575~578) 이전인 525년에 예멘을 정복하였다. 코란의 알필(al-Fil) 장에도 언급되어 있는 아브라하는 예멘의 왕이었으며, 에티오피아의 꼭두각시였다.

예멘은 지리적 위치로 인해 누가 권력을 잡던, 그 나라의 성격이 어떠하던 강대국들 간 경쟁으로 인한 분쟁장소가 되었다.

3년간의 개입 이후 사우디는 후티 반군을 물리칠 방법도 없는 막다른 골목에 직면하였다. 사실 예멘에 대한 사우디의 제재와 금수 조치는 기아와 심각한 인도주의적 위기를 촉발하였다. 이는 지역 강국으로서 사우디의 이미지와 정당성에 영향을 주고 있다.

사우디는 군사작전에서 토대를 잃어 가고 있을 뿐만 아니라, 도덕적 토대도 잃어 가고 있다. 그럼에도 사우디아라비아는 지리적 위치에 따라 행동하는 수밖에, 다른 선택의 여지가 없다.

38
석유정치의 미래

중동의 지정학에 대한 어떠한 논의도 국제정치와 지역정치에 영향을 미치기 위한 전략으로 석유를 사용하는 석유정치를 언급하지 않고서는 완전하지 않다.

석유정치는 사우디의 공식으로서 수십 년간 사우디를 성공적으로 지역의 리더로 자리매김하는 것을 가능하게 하였다. 석유수출국기구(OPEC)를 통해 사우디아라비아는 세계시장에서의 석유공급과 가격을 통제하였으며, 이는 사우디로 하여금 주요 강대국들과의 관계에서 협상력을 부여하였다.

석유는 또한 1945년 루스벨트 대통령과 압둘 아지즈 이븐 사우드 왕이 만난 이후 미국과 사우디 사이의 긴밀한 협력의 수단이 되었다. 미국의 중동 문제에 대한 개입과 사우디와의 특별한 관계의 주요 이유는 석유 때문이었다. 만일 석유가 없었다면 사우디는 미국에 아무런 가치도 없었을 것이다. 그것이 미국이 바라보는 사우디의 “가격”이다.

사우디아라비아는 1973년에 OPEC을 지정학적 무기로 사용하였다. 사우디가 미국과 동맹국들에 석유 금수조치를 취하였을 때, 사우디는 서방국가 시장에서 석유부족 사태를 촉발시키는 데 성공하였고, 이로 인해 미국과 동맹국들이 욤 키푸르 전쟁에서 이스라엘을 지원하는 것을 막을 수 있었다. 수출통제로 인한 석유가격의 상승은 미국과 서방국가들이 누려 왔던 30년간의 급속한 경제성장도 종식시켰다. 그 이후로 미국은 페르시아만에서의 지정학적 사태 발전에 점점 민감해지게 되었다.

그러나 오바마 행정부 시기에 에너지 독립이라는 아이디어가 당연한 주목을 받게 되었다. 오바마는 미국을 사우디의 요구에 족쇄를 차게 만들었던 "석유 중독"에서 해방시키고 싶었다. 그는 미국과 사우디 간에 이해의 충돌이 있음을 보았다. 자유민주국가로서 미국은 사우디가 인권을 위반하는 문제에 연루되지 말아야 했다.

따라서 미국은 오바마 행정부 시기에 대체 에너지원으로서 셰일 오일을 개발하여, 사우디로부터 수입되는 석유에 대한 의존을 줄이려고 노력하였다. 2012년 미국 석유수입의 13%가 사우디아라비아산이었고, 2017년에는 그 비율이 9%로 줄어들었다.

미국이 사우디에 대한 석유 의존에서 자유롭게 되자, 오바마는 이란과 P6+1, 즉 미국, 러시아, 중국, 프랑스, 영국, 독일, 그리고 EU 사이의 이란 핵합의(포괄적공동행동계획, JCPOA)를 통해 이란과의 새로운 협력의 길을 닦았다. JCPOA는 이란의 핵문제를 해결하기 위해 2006부터 2015년까지 협상한 결과였고, 이를 통해 이란에는 민수용 핵 개발만 허용되었다.

그러나 이란은 여전히 핵무기를 생산할 능력을 가지고 있으며, 단지 생산하는 데 시간이 좀 더 걸릴 뿐이다.

2018년 5월 트럼프는 미국을 JCPOA에서 탈퇴시켰고, 이란에 모든 핵 활동을 금지하도록 강제하는 제재를 부과하기를 원하였다. 제재 위협 외에도, 트럼프는 이란산 원유의 주요 수입국인 중국, 인도, 한국, 일본, 터키, 이탈리아, 그리스, 그리고 대만에 대해서는 제재 면제를 허용함으로써 원유시장에 공황상태가 일어나지 않도록 주의를 기울였다. 그것은 제재는 계속 유지되지만, 8개 국가에 대해서는 예외를 인정함으로써 세계유가의 인상을 피하기 위한 예외조치를 취하였다는 것을 의미한다.

오늘날 우리가 목격하고 있는 것은 사우디아라비아의 힘이 오바마 행정부든 트럼프 행정부든 관계없이 아래로 곤두박질치고 있다는 것이다. 트럼프는 이란과 관련된 문제에 있어서 사우디의 조언을 구하지 않아도 된다. 이것은 사우디의 석유정치 힘이 1974년과는 달리 미국에 어떤 영향도 더 이상 주지 않는다는 것을 증명한다.

2007년 에콰도르가 가입하기 전까지 미주 대륙에서 유일한 OPEC 회원국이었던 베네수엘라는 우고 차베스 대통령 집권 동안(1999~2013)에 석유를 지정학적 수단으로 이용하였다. 세계 유가 상승의 기회를 이용하여, 차베스는 석유 판매 대금을 그의 대중적 인기를 높이기 위해 베네수엘라에 사회주의 프로그램을 도입하는 데 사용하고, 주변국에 반미 동맹을 만드는 데도 사용하였다.

그러나 차베스는 베네수엘라의 석유 수입에 대한 의존을 1998년 65%에서 2011년에는 89%까지 높였다. 석유 수입에 대한 의존은 궁극적으로 역효과를 낳았다.

베네수엘라의 경제는 2014~2016년 국제유가가 떨어짐에 따라 극도로 악화되었고, 만성적인 무역적자는 오늘날까지 베네수엘라의 극심한 인플레이션을 유발하였다.

비록 미국이 이들 나라들을 붕괴시키기 위해 고의적으로 유가를 떨어트렸다고 지적하는 이론이 있기는 하지만, 원래 소비재 가격은 성격상 그 자체가 변덕스러운 것이 사실이다. 따라서 어떤 나라라도 국력과 국부의 원동력으로서 100% 석유 수입에 의존한다면, 그것은 그 나라를 멸망에 이르도록 하는 길을 닦는 것이나 마찬가지이다.

39

카슈끄지 사건과 사우디의 기울어짐

미국에 대한 사우디아라비아의 위치는 이제, 단지 무기 구입국으로 축소되었다. 예멘의 후티 반군을 물리치기 위해 사우디는 2017년 5월 트럼프의 사우디 방문 기간에 미국으로부터 1,100억 달러 상당의 무기를 구입하였다. 사실 2018년 3월 무하마드 빈 살만 왕세자의 미국 방문 동안에 트럼프가 사우디 측이 구매한 무기 목록 게시판에서 보여준 행동은 사우디인들에게는 수치스러운 일이었다.

따라서 사우디아라비아가 국제정치에 있어서 뭔가 영향력이 있는 국가로 남아 있으려면 자국의 미래에 대해서 생각해 볼 필요가 있다. 무하마드 빈 살만(MBS)이 2017년 6월 무하마드 빈 나예프(MBN)를 대체해서 전면에 부상한 이래로 사우디에 변화의 바람이 불고 있다. MBS는 또한 알왈리드 빈 탈랄과 같은 사우디 왕자들을 체포하였다.

왕위 게임 뒤에는 미국의 대외정책 방향에 변화의 신호가 있다. MBN 왕세자와 알왈리드 왕자는 사실 가장 친미적인 인물들이며, 미국의 각 기관과 좋은 관계를 유지하고 있었다. MBN과 그의 아버지 나예프 빈 압둘 아지즈는 42년간 내무장관을 역임했기 때문에 미국의 정보기관과 광범위한 네트워크를 형성하고 있다.

2017년 10월 살만 국왕은 푸틴을 만나기 위해 러시아에 역사적 방문을 하였다(과거 사우디 역사에서 한 번도 없었던 일이 일어났다). 이는 사우디아라비아가 점진적으로 미국에서 러시아로 행동반경을 넓히고 있다는 것을 나타낸다.

살만 국왕과 MBS의 행동은 사우디에 대한 미국의 약속에 더 이상 의지할 수 없다는 사우디의 반작용으로 해석될 수 있다. 미국의 사우디 원유에 대한 의존 감소는 사우디가 기댈 수 있는 영향력을 없애 버렸다. 사우디는 예멘 사태에 대한 개입으로 주요 강대국과도 멀어지게 되었다. 따라서 사우디는 푸틴과 따뜻한 관계를 유지함으로써 "보험을 구매"해야 하며, 푸틴으로서는 러시아가 중동에 영향력을 증대시킬 수 있는 한 문제될 것이 전혀 없다.

사우디와 러시아는 OPEC에서 공통의 이익을 공유하고 있다. 가장 규모가 큰 OPEC 원유 생산국으로서 러시아와 사우디의 협조는 원유 가격을 안정시키고 사우디의 이익을 보호할 수 있을 것이다.

2018년 10월 2일에 발생한 자말 카슈끄지(Khashoggi) 사건은 미국과 사우디 사이를 더욱 멀어지게 만드는 원인이 되었다. 카슈끄지는 〈워싱턴 포스트〉의 칼럼니스트였으며, MBS에 대한 비판가였다. 터키 이스탄불 주재 사우디 영사관에서 일어난 그의 죽음은 그 잔학성에 대해 국제적 비난을 야기시켰다. MBS는 카슈끄지의 죽음을 뒤에서 조종한 사람으로 간주되고 있으며, 여론의 집중포화를 맞았다.

카슈끄지는 미국 언론에서 묘사하고 있는 것과 같은 언론자유 투사가 아니었다. 그의 죽음의 원인은 그가 카타르와 공모하여

MBS에 대한 중상모략을 전개하려고 하였기 때문이었다.

사건의 전말이야 어찌되었건 MBS는 압력을 받았다. 미 의회와 CIA는 트럼프 대통령이 MBS를 비난할 것을 강력히 권고하였지만, 트럼프는 그렇게 하기를 거절하였다. 실제로 MBS를 축출하려는 음모가 있었으며, 관련 가해자들은 마치 제거에 역할을 한 것처럼 행동하였다.

MBS는 푸틴의 지원 덕분에 살아날 수 있었다. MBS가 아르헨티나의 부에노스아이레스에서 개최된 G20 정상회의(11월 30일~12월 1일)에 참석했을 때 서방 국가들로부터는 냉대를 받았지만, 푸틴은 왕세자에 대한 러시아의 지원 표시로 따뜻하게 그를 맞이하였다. 푸틴은 심지어 카슈끄지의 죽음에 미국도 일정 부분 책임이 있다고 말하면서 MBS를 보호하려고 노력하였다.

비록 트럼프가 MBS를 여전히 옹호하면서 왕세자가 실질적인 살인자라는 CIA의 보고서를 파기하였지만, 사우디가 러시아 쪽으로 기울어지는 것은 멈출 수 없다. 사우디는 더 이상 유일한 안전 보장국으로서 미국을 신뢰할 수 없다.

사우디는 미국의 동맹국이었다가 일찍이 등을 돌린 다른 동맹국들의 전철을 밟아 가고 있다.

40
터키, 나토 내부의 적

8월 10일 터키의 리라 가치가 단 하루 만에 18% 하락함으로써 터키의 경제는 엄청난 타격을 받았다.

터키의 리라는 많은 사람들의 매도로 가격이 하락하였다. 트럼프가 터키산 철강에 대해서 미국의 관세를 25%에서 50%로 올리고, 터키산 알루미늄에 대해서는 10%에서 20%로 올리겠다고 협박한 이후에 공황 매도(panic selling)가 발생한 것이다.

철강은 터키의 주요 수출품 가운데 하나이며, 미국은 이탈리아, 이스라엘, 그리고 스페인 다음으로 터키의 주요 수입국가이다. 이러한 이유로 그 소식이 발표되자 시장은 공황상태에 빠졌고, 많은 사람들이 시장을 버렸으며, 이는 리라에 대한 수요를 감소시켰다.

에르도안 대통령과 관리들은 이 사태가 미국이 터키를 타격하기 위한 음모라고 언론을 통해 주장하였다. 지지자들 앞에서 행한 연설에서 에르도안은 "그들은 달러를 가지고 있고, 우리는 알라(Allah)가 있다"라고 말하였다.

이 분쟁은 2016년 7월 15일에 일어난 쿠데타 시도에 개입한 혐의로 터키 법정에 서 있는 앤두루 브런슨(Andrew Brunson) 목사를 터키가 석방하지 않음으로써 일어난 것이라고 알려져 있다.

에르도안은 그 쿠데타가 미국에 살고 있는 터키 출신의 전도사인 펫훌라흐 귈렌(Fethullah Gülen)의 추종자(귈렌주의자)들이 계획한 것이라고 주장하였다. 그 사건 이후 에르도안은 귈렌주의자로 의심받는 정부 내 수천 명의 보안요원들과 공무원들을 제거하였다. 터키의 반(反)에르도안 언론은 그것을 정적에 대한 숙청(tasfiye)으로 묘사하였다.

귈렌과 에르도안은 원래 협력자 사이였다. 에르도안은 종교적으로 잘 교육받은, 그리고 이슬람의 영혼을 간직하고 있는 계층으로부터 지지를 받는 정치인으로, 세속적이고 주류를 형성하는 다른 경쟁자들과는 한참 달랐다. 한편, 귈렌은 세계적으로 영향력이 있는 히즈메트(Hizmet, 터키어로 봉사를 뜻함) 운동의 창시자이다. 이 두 인물은 서로를 존경하였다.

터키의 정의개발당(AKP)이 2002년 선거에서 승리하였으며, 에르도안은 총리로 임명되었다. 그러나 그때에 케말주의자로 알려진, 세속 헌법에 충실한 단체의 영향력은 여전히 강하였다. 5년 전에 무슬림 총리인 네흐메틴 에르바칸(Necmettin Erbakan)은 케말주의자 군부의 압력으로 사임하였다. 케말주의자들은 그가 헌법에 소중히 명시되어 있는 라이시테(laiklik, 정치와 종교의 분리/정부와 교회의 분리)에 역행하는 것으로 보았다. 따라서 정의개발당과 에르도안은 세속 헌법을 이슬람법으로 대체하려는 것으로 보이지 않으려고 매우 조심하였다.

그 문제를 해결하기 위하여 에르도안과 귈렌은 뛰어난 정치적 드라마를 계획하였다. 귈렌은 판사, 군인, 경찰을 포함한 공무원들 가운데 엄청난 추종자들을 가지고 있었다.

이러한 이유로 그들은 성공적으로, 에르게네콘(Ergenekon, 극우파 네트워크)과 슬레지해머(Sledgehammer, 대형망치)* 두 개의 쿠데타 음모를 조작하였다. 귈렌주의자 경찰들은 피고들에 대한 귈렌주의자 판사들의 판결에 앞서서 쿠데타의 증거들을 "발견"하였으며, 관련자들을 체포하였다. 이로써 정의개발당의 정적들은 모두

* Sledgehammer(Balyoz) 사건은 2003년 터키 〈타라프〉(Taraf) 신문이 퇴역 및 현역 장성이 주도하여 이슬람 성향의 정의개발당 정부를 전복시키려고 한다는 주장을 제기한 이래, 2009년부터 수사가 착수되어 다수의 전현직 장성 등 고급장교 250여 명이 구속된 사건이다. —역주

제거되었다.

권력의 법칙에 따르면, 하나의 더 큰 적을 무너뜨리기 위하여 함께 손잡은 두 적은, 더 큰 적이 제거되고 나서는 서로 충돌하게 마련이다. 따라서 케말주의자들이 패배한 이후 귈렌과 에르도안이 서로 싸울 차례가 왔다. 많은 추종자들이 있는 귈렌의 장점은 에르도안에게는 불안의 원천이었다. 만약 귈렌이 케말주의자들을 몰아낼 수 있었다면, 귈렌이 그의 장점을 에르도안에 대항해서 사용하지 않을 것이라고 누가 장담할 수 있을까? 심지어 에르도안과 귈렌의 관계도 악화되었는데, 이는 후자가 전자를 2013년 강도사건 스캔들에 연루되었다고 공개적으로 비난하면서 비롯되었다.

2016년 7월 15일 사건 이후 단행된 에르도안의 숙청작업은 EU와 미국으로부터 엄청난 비난을 받게 되었다. 양자는 그것을 인권과 정치적 자유의 침해라고 고발하였다. 에르도안은 귈렌을 테러리스트라고 부르면서 그 주장을 부정하였고, 미국 정부에 그를 넘겨줄 것을 요청하였다. 미국은 거절했고, 에르도안은 그것을 미국이 그를 몰아내려고 하는 음모라고 주장하였다.

그러나 터키가 지정학적 장점을 보유하고 있기 때문에, 미국과 NATO가 단순히 터키를 내팽개치지 않을 것이라는 것은 모두가 잘 알고 있다. 에르도안은 심지어 서방국가들과의 긴장관계를 러시아와의 관계 개선을 위해 이용하였다.

2015년 11월 러시아 비행기 한 대가 터키-시리아 국경지역 외곽에서 터키군에 의해 격추되었다. 많은 사람들은 이 사건이 러시아의 시리아 전쟁 참여에 대한 "징벌"로 터키가 고의적으로 벌인 일이라고 믿고 있다.

7월 15일 밤에 에르도안은 푸틴에게 전화하여 그 사건에 대해 사과하였으며, 귈렌주의자들을 그 사건의 배후라고 비난하였다.

푸틴은 에르도안이 미국에 등을 돌리는 것을 환영하였다. 그는 에르도안이 간교한 사람이며, 격추 사건에 숨겨진 깊은 사연이 있다는 것을 알고 있지만, 그 역시 러시아의 시리아에서의 전략적 성공을 담보하기 위해 그 지역에 가능한 한 많은 우방을 둘 필요가 있었다. 러시아, 터키, 그리고 이란 사이의 협조는 러시아의 이익 확보를 보장할 것이다.

터키를 러시아로 향하게 하는 에르도안의 전략은 터키에 매우 유용하다는 것이 증명되었는데, 특히 쿠르드 분리주의 운동(제41장에서 다시 논의될 것임)과 같은 이익이 상충되는 문제에 있어서 미국을 압박하는 데 효과적이었다. 대신에 만약 터키가 미국의 영향력 아래에 있고 러시아에 대해 적대적이었다면, 터키는 쿠르드 문제에 대한 미국의 결정을 따라야 했고, 러시아는 에르도안이 시리아 국경을 넘어 쿠르드 민병대와 싸우는 것을 허락하지 않았을 것이다.

터키의 지정학적 이점에 의존하여 에르도안은 미국과 러시아 모두로부터 이익을 거둬들일 수 있었다. 이는 필리핀의 로드리고 두테르테 대통령이 잘 써먹는 위험분산 전략(hedging strategy) 또는 보험구입 전략(insurance buying strategy)이다(자세한 내용은 48장에 설명할 예정).

터키의 두려움은 귈렌과 같은 내부의 적에 있지만, 반면에 터키는 NATO 동맹에 있는 내부의 적이다. 에르도안의 행동에 잘못된 점은 아무것도 없다. 그가 했던 모든 행동은 그의 권력을 유지하고 터키의 국익을 지키기 위해서였다.

41
쿠르드족, 터키의 골칫거리

지난 2~3년간 터키의 외교정책 방향은 터키를 중동에서 미국의 동맹국이라고 보는 많은 사람들에게 큰 의문을 남겼다. 무엇이 에르도안으로 하여금 미국에 등을 돌리게 만들었을까?

그것은 다름 아닌 쿠르드족 문제 때문이며, 이는 터키의 골칫거리 중의 하나이다. 3천만 명에 달하는 쿠르드족은 그 지역에서 아랍인(4억 5천만), 페르시아인(5천만) 다음으로 세 번째로 큰 종족집단이다. 쿠르드족은 인도-이란 민족 언어 그룹에 속한다. 따라서 그들은 튀르크어파에 속하는 터키인들과 다른 언어를 사용한다. 이집트의 술탄이었으며, 예루살렘의 해방자였던 살라딘(1174~1193)은 쿠르드족 출신이었다.

그러나 그들은 자신들만의 나라가 없다. 그들은 터키, 이란, 이라크, 그리고 시리아 4개 국가에 흩어져 살고 있다. 쿠르드족이 살고 있는 지역은 쿠르디스탄(Kurdistan)으로 알려져 있으며, 그들 자신의 나라를 가지는 것이 쿠르드족들의 변함없는 야망이었다.

16세기 이후로 쿠르드족은 오스만 칼리프의 통치 아래 있었고, 그들 대부분은 현재의 이라크 지역인 모술 지역에 살고 있었

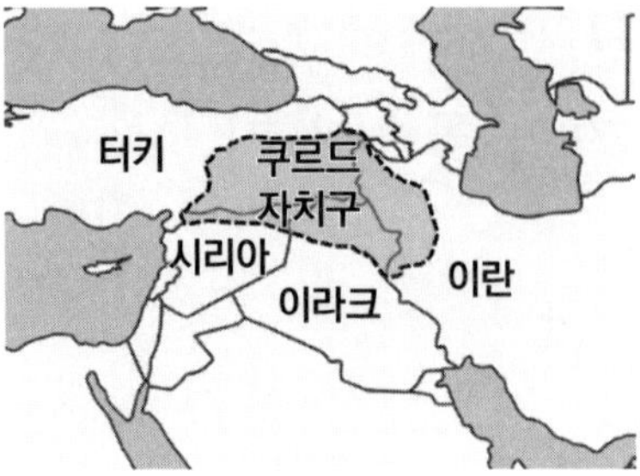

쿠르드 자치구

다. 쿠르드족은 수니 지지자들이었고(법리학적으로 샤피파), 그런 이유로 이스탄불에 있는 중앙정부로부터 차별을 받지 않았다. 이전에 오스만 제국 밑에 있던 나라들이 차례로 독립을 한 이후에 쿠르드족 역시 그들 자신들만의 나라를 수립하고자 하였다.

그들 자신의 나라를 만들고자 하는 꿈은 미국의 우드로 윌슨 대통령이 1919년 파리평화회의에서 민족자결주의 원칙을 주창하면서 구체화되기 시작하였다. 오스만 제국과 1차 세계대전의 승전국들이 체결한 세브르 조약은 모술(Mosul)의 운명을 결정할 국민투표를 지정하였다.

그러나 터키인들은 그 조약을 거부하였으며, 그것이 터키의 존엄성을 침해하는 것으로 보았다. 무스타파 케말 아타튀르크(Mustafa Kemal Atatürk)의 지도 아래 터키는 1919년부터 1923년까지 4년간 승전국들과 전쟁에 들어갔다. 그 결과로 승전국들과 터키 사이에 로잔 조약을 통한 재협상이 전개되었다.

쿠르드족의 운명은 로잔 조약에 언급되지 않았다. 동부 아나톨리아에 있는 쿠르드족들이 점유하고 있는 지역은 1923년에 수립된 터키 공화국 영토 안에 있는 것으로 윤곽이 그려졌다. 모술은 1921년 바스라 및 바그다드와 함께 이라크를 수립하기 위해 덧붙여졌다. 이러한 이유로 쿠르드족들은 흩어졌고, 그들 자신의 국민국가를 만들려는 꿈은 망가졌다. 터키 내 쿠르드 반군들은 아타튀르크에 의해 진압된 반면에, 마흐무드 바르잔지(Mahmud Barzanji)가 지도하는 이라크의 쿠르드 반란은 단명이었지만 쿠르디스탄 정부(1922~1924)를 수립하는 길을 닦았다.

쿠르디스탄 독립 문제는 지역의 지정학적 안정을 위해 영국에 의해 무시되었는데, 이유는 영토의 상당한 부분이 떨어져 나가게 될지도 모르는 터키, 이라크, 그리고 이란을 자극하지 않기 위해서였다.

터키 정부는 비록 쿠르드족의 정체성을 부정하고, 그들을 산악(山岳) 터키인(Mountain Turks)이라고 불렀지만, 쿠르드족들이 터키의 소수민족으로 동화할 필요가 있다는 것을 의미하는 터키화 정책을 실시하였다. 따라서 쿠르드족은 1978년 독립을 쟁취하기 위해 쿠르디스탄 노동자당(PKK)을 결성하였다.

쿠르디스탄 노동자당은 터키의 일반 대중들을 상대로 도시 전투를 벌였고, 터키 정부는 그것을 심각한 안보위협으로 보고 있다. 소련, 그리스, 그리고 시리아를 포함한 터키에 적대적인 국가들은 터키의 국경을 불안정하게 만들기 위하여 쿠르디스탄 노동자당을 뒤에서 조종하고 있는 것으로 알려지고 있다. 사실, 쿠르디스탄 노동자당(PKK)의 사회주의는 PKK가 또 다른 사회주의 국가인 시리아의 자연스러운 동맹이 되게 만들었다.

ISIS의 대두 이래 미국은 극단주의 세력을 물리치기 위해 북부 터키, 북부 이라크, 그리고 북부 시리아에 거주하는 쿠르드 민병대에 대한 지원을 제공하였다. ISIS가 탈취한 지역을 확보하면 쿠르드족이 점령할 것이다. 쿠르드 무장세력의 요새는 로자바(Rojava, 아프린Afrin, 자지라Jazira, 그리고 유프라테스강을 포함하는 지역)이며, 이곳은 쿠르드 인민수비대(YPG)와 시리아 민주군(SDF)이 점령하고 있다.

미국과 시리아 민주군은 2017년 10월 ISIS의 수도인 락까(Raqqa)를 점령하기 위해 함께 작전을 벌였다. 방치해 놓고 있으면, 이 지역에서 쿠르드족의 주도권을 높여줄 것이다. 그래서 러시아의 "허락"을 받은 에르도안은 2018년 1월 20일 올리브 가지 작전(Operation Olive Branch)을 실행하였다. 58일간의 전투 끝에 터키군이 마침내 아프린을 점령하였다.

한편, 에르도안은 트럼프가 어느 정도 쿠르드 문제에 관여하고 있는지 상황을 살펴보고 있었다. 이 점에 대해 트럼프는 모호한 입장이며, 2018년 12월 트럼프는 ISIS가 퇴치되었다는 것을 이유로 시리아에서 미군을 철수하겠다고 밝혔다.

훈련받지 않은 눈으로 보면, 트럼프의 행동은 미국의 군사비 지출 부담을 줄이고, 대통령 선거에서 미국의 세계경찰 역할을 끝낼 것이라고 한 약속과 일치한다. 그러나 그것은 미국과 터키 사이의 협상결과와 관련된 것일 수 있다. 카슈끄지 살인은 이스탄불에서 일어났으며, 터키는 분명히 트럼프의 협력자인 무하마드 빈 살만 왕세자의 입장을 위험에 빠트릴 수도 있는 암살의 증거를 가지고 있을 것이다.

시리아로부터의 미국의 철수는 쿠르드에 대한 지원 철수를 의미하였다. MBS를 보호하기 위해 트럼프는 보다 손해를 덜 보는 선택을 하였다. 그러나 그것은 미국의 쿠르드에 대한 중요한 배신으로 간주될 것이다.

군사력과 외부지원의 부족으로 쿠르드는 강대국들 틈새에 끼인 운명이 되었고, 그들의 독립에 대한 열망은 꺾이게 되었다. 그러나 많은 사람들은 이스라엘이 쿠르드의 비밀 동맹국이 아닌지 의심하고 있다. 사실 이라크의 쿠르드족이 이라크로부터의 독립을 위한 국민투표를 했을 때, 이스라엘은 지원을 표명한 초기 국가들 중의 하나였다.

터키의 반격을 초래한 북시리아에 있는 쿠르드 권력 기반

이것은 왜냐하면 쿠르드의 전략적 위치가 터키, 이란, 이라크, 그리고 시리아의 국경을 불안정하게 만들 수 있기 때문이었다. 따라서 지정학적 이익을 위해서 주변 국가들은 절대로 쿠르드족의 독립을 허용하지 않을 것이다. 반면에 쿠르드는 결코 그들의 목표를 달성하는 것을 멈추지 않을 것이며, 이로 인해 언제나 관련 국가들에게 걱정의 원인으로 남아 있을 것이다.

42

이스라엘 건국 70주년

2018년은 이스라엘이 건국 70주년을 맞이한 해이다. 1948년 5월 14일 영국이 팔레스타인에 대한 국제연맹의 위임통치를 종료한 이후 다비드 벤구리온이 이스라엘의 독립을 선언하였다.

유대인은 그 자신들을 팔레스타인의 토착민으로 보지 않았다. 토라(Torah, 율법)에 따르면 그들은 이집트에서 왔다. 대신에 그들은 자신들을 히브리 사람(Children of Israel)의 상속자로 보고 있으며, 가나안(팔레스타인) 땅은 그들에게 약속된 땅, 또는 신이 약속한 땅으로 그들에게 주어졌다고 보고 있다.

가나안 땅에 정착한 이후 이스라엘 사람들(이스라엘과 유다 왕국)은 사울, 다비드, 그리고 솔로몬 왕을 포함한 기간으로 기원전 1050년부터 930년까지 이스라엘 왕국(United Monarchy) 아래 통합되어 있었다. 성전 산(Temple Mount)에 성전을 지은 솔로몬 왕의 통치 이후 이스라엘은 두 개로 나뉘었다. 10개 부족을 포함하는 북쪽의 이스라엘 왕국, 그리고 남쪽의 두 개 부족(유다족과 벤자민족)으로 구성된 유다 왕국.

이스라엘 왕국이 BC 722년 아시리아에 의해 정복된 다음 10개

부족은 역사의 페이지에서 사라졌으며, 이스라엘의 잃어버린 10개 부족으로 알려지게 되었다. 반면, 유다 왕국은 BC 586년 바빌론에 의해 점령당했다. 페르시아가 바빌론을 점령한 후, 키로스(Cyrus) 왕이 유다의 포로들을 고향으로 돌아가게 풀어 주었다. 페르시아인은 유다의 땅을 예후드(Yehud)로 개명하였고, 여기에서 야후디(Yahudi, 유대)라는 이름이 유래되었다.

로마 통치 시기인 서기 66~73년에 유대인들이 반란을 일으켰다. 이에 대한 벌로서, 그리고 새로운 반란을 막기 위해서, 로마는 유다(또는 유대아*Judea*)를 팔레스타인으로 개명해 버렸다. 이후 유대인들은 로마 제국 안팎으로 흩어져 살게 되었다. 로마가 기독교를 포용한 이후, 유대인들은 예수 그리스도의 살인자로 간주되었기 때문에 차별을 당했다. 그들은 땅을 소유하는 것도 금지되었고, 기독교 공동체로부터 멀리 떨어진 곳에 설치된 게토(ghettos)를 주거지로 삼도록 강제되었다.

그들의 사회경제적 지위를 개선시키기 위해, 시오니즘 운동이 유대의 땅에 이스라엘 국가를 건국하기 위한 세속적인 민족주의 운동으로 대두되었다. 그러나 하시디(Hasidi)와 하레디(Haredi) 학파와 같은 보수적인 종교 단체는 이스라엘 국가를 세우는 것을 좋아하지 않았는데, 하나님이 오직 심판의 날에 국가를 세울 수 있다고 약속한 것에 위반되는 행위라고 생각하였기 때문이다.

1897년 제1차 시온주의자 총회는 유대인들의 국가를 수립하는 것을 목적으로 하는 바젤 프로그램(Basel Program)을 채택하였다. 시온주의 운동의 후원자인 로스차일드 가문의 월터 로스차일드(Walter Rothschild, 영국 정부에 헌신하는 유대인 은행 가문)가 1917년 11월 영국의 외무장관인 아서 밸푸어(Arthur Balfour) 장관에게, 팔레스타인에 유대인들을 위한 국가를 설립하겠다고 말하면서 실행되었다.

영국은 베르사유 조약을 통해서 팔레스타인을 획득하였고, 팔레스타인이 독립할 때까지 영국이 후견인 역할을 하는 팔레스타인 위임통치령을 수립하였다.

유대인들은 대규모로 그들의 새로운 국가로 이주하기 시작하였다. 이와 같은 상황은 아랍인들을 동요하게 만들었는데, 특히 독일의 홀로코스트로 많은 유대인들이 팔레스타인으로 떠난 이후에 생긴 일이라 더욱 그러했다. 아랍인과 유대인 사이의 긴장은 1936~1939년의 폭동을 촉발시켰다.

소요사태에 대한 대응으로 영국은 팔레스타인의 미래에 대한 기초를 형성하기 위해 필 위원회(Peel Commission)을 설립하였다. 영국은 1939년 팔레스타인에 관한 백서를 발간하여 팔레스타인을 두 개로 나눌 것을 제안하였다. 그 제안은 보다 급진적인 유대인들에 의해 반대되었다. 따라서 시온주의자들은 1942년에 좀 더 급진주의적인 빌트모어 프로그램(Biltmore Program)을 승인하였고, 그들의 목표를 유대인들의 자치구역을 수립하는 것에서 유대인 연방(Jewish Commonwealth), 즉 국가를 수립하는 것으로 바꾸었다.

팔레스타인에서의 상황을 더 이상 통제할 수 없었던 영국은 팔레스타인 문제를 유엔으로 넘겼다. 유엔총회결의안 181호를 통해 팔레스타인은 유대인 국가와 아랍 국가 2개로 나뉘었다. 그 결의안에 반대했던 아랍국가는 1948년 5월 15일 이스라엘을 공격하였다. 수천 명의 팔레스타인 아랍인들이 집을 잃게 되었으며, 그 비극은 나크바의 날(Nakba Day, 재앙의 날)로 알려지게 되었다.

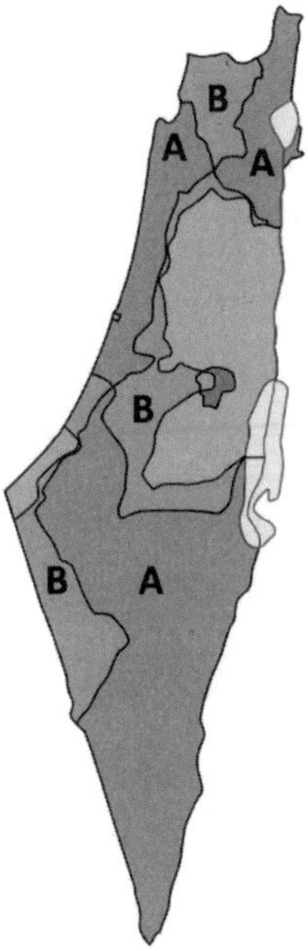

국제연합 팔레스타인 분할 계획 : A는 유태인들, B는 아랍인들 지구. 그러나 이스라엘은 1948년 이후 B의 대부분 지역을 통제해 왔다.

네 번에 걸친 이스라엘 전쟁(1948, 1956, 1967, 1973) 이후, 아랍 국가들은 이스라엘을 진압하려고 했으나 실패로 끝났다. 심지어 이집트는 입장을 바꾸어, 과거에 가장 반이스라엘적인 나라에서 1978년에 이스라엘과 외교관계를 수립하는 첫 번째 국가가 되었다.

팔레스타인 문제에 있어서, 이스라엘의 입장은 집권당에 따라 입장이 변하였다. 1974년 이후 노동당은 중도적인 입장을 취하였으나, 1977년에 좀 더 강경하고 급진적인 리쿠드(Likud)당이 선거에서 승리하였다. 리쿠드당은 노동당보다 좀 더 보수적이고 강경한 신시오니즘(neo-Zionism) 입장을 취하고 있으며, 그들의 투쟁을 이스라엘의 부흥에 관한 토라의 예언과 일치시키고 있다.

노동당이 1990년대에 집권했을 때에는 이스라엘과 팔레스타인 사이의 협상에 진전이 여전히 있었다. 그러나 리쿠드당이 2000년대에 이스라엘 정치를 주름잡고, 하마스가 팔레스타인 정부를 통제하자 양국 간 협상 진전의 속도가 떨어졌고, 결국에는 협상이 적대감으로 바뀌었다.

고대 이스라엘 역사에 있는 팔레스타인

더구나 가자 지구(Gaza Strip)에 있어서 하마스의 위치는, 토라에 나타나 있는 이스라엘의 적인 필리스틴 사람(Philistine)에 대한 이스라엘 사람들의 피해 망상증을 유발시켰다. 팔레스타인이라는 이름은 Philistine(필리스틴 사람)에 뿌리를 두고 있다. 따라서 이스라엘은 가능한 모든 수단을 동원해서 하마스를 진압하기를 원하고 있다.

미국에 의존하는 것에 덧붙여 이스라엘은 러시아에 접근함으로써 "보험 구입"을 하고 있다. 이것은 미국이 만일 중동에서 발을 뺄 경우나, 중동에서 미국의 세력이 러시아에 압도당할 때에 대비하여 이스라엘의 이익을 지키기 위한 것이다.

오바마가 냉소를 보낸 이후에 네타냐후는 러시아에 관심을 보이기 시작하였다.

사실 오바마 대통령 재임기간 중 마지막 성과 중의 하나는 이스라엘의 불법 정착 문제에 대한 유엔안보리결의안 2334호에 미국이 거부권을 사용하지 않았다는 것이다. 이스라엘에 대한 오바마의 반응은 그의 사우디아라비아에 대한 반응과 같았는데, 이는 양국이 미국을 동원하여 미국의 이익과 양립될 수 없는 그들 자신들의 목적을 달성하고자 했을 때 나타난 태도였다. 결과적으로 오바마도 역시 이스라엘에 대한 미국의 약속과 책무를 약화시키려고 노력하였다.

트럼프의 등장은 네타냐후에게 매우 큰 원조가 될 것으로 기대되었다. 포퓰리스트인 트럼프는 그가 대선공약으로 약속한 예루살렘을 이스라엘의 수도로 인정하겠다는 약속을 완수하고자 하였으며, 그것은 이스라엘 정권에 정당성을 부여하였다.

많은 사람들은 이스라엘의 생존을 협잡이나 끊임없는 음모와 연결시키는 경향이 있지만, 이스라엘이 국익을 지키기 위해 강대국들 사이에서 힘의 균형을 어떻게 잡으려고 노력하는지 살펴보려고 하는 사람은 많지 않다.

43
예루살렘의 국제적 지위

2018년 5월 14일 이스라엘 건국 70주년 계기에 트럼프 대통령의 미국 정부는 텔아비브에 있던 미국 대사관을 예루살렘으로 이전함으로써 이스라엘에 멋진 '선물'을 안겨 주었다.

그 이전은 2017년 12월 7일 트럼프가 예루살렘을 이스라엘의 수도로 인정하겠다고 한 발표에 맞추어 이루어졌다. 대사관 이전 행사는 친이스라엘적인 유대인 재러드 쿠슈너와 결혼한 트럼프의 딸 이방카에 의해 거행되었다.

트럼프가 추진한 것은 사실 놀라운 일이 아니다. "분리되지 않은 이스라엘의 수도"로서 예루살렘을 인정하는 것은 미 의회가 '예루살렘 대사관법'을 통과시켜 미국 정부가 대사관을 텔아비브에서 예루살렘으로 이전하라고 의결한 1995년 이래 미국의 공식적인 입장이기 때문이다.

그러나 예루살렘은 지역의 긴장을 촉발할 수 있는 민감한 문제이기 때문에, 1995년 이래 모든 미국 대통령(클린턴, 부시, 오바마)은 예루살렘 대사관법 7항(a)에 규정되어 있는 이전 중지와 관련된 예외를 사용하였다.

역대 대통령들은 그들의 권한으로 6개월마다 "미국의 이익을 보호하기 위하여" 예외조항에 서명하였다. 따라서 트럼프는 2017년 12월에 단 한 번 예외조항을 적용하였으며, 2018년 5월에는 적용하지 않았다. 70주년을 맞이하는 것은 매일 있는 일이 아니다.

이후 트럼프가 했던 것은 유대인들과 친이스라엘 복음주의 기독교 유권자들의 표를 얻기 위한 것이었다. 트럼프가 했던 몇 가지 약속은 대사관의 즉각적인 이전이었는데, 이는 민주당 후보에게 투표하는 경향이 있는 친이스라엘 로비 표(AIPIC: 미국-이스라엘 공공문제위원회와 같은)를 얻기 위해서였다.

미국 우선주의 슬로건을 고수하는 트럼프에게는 이스라엘-팔레스타인 평화 프로세스에 정성을 기울이는 것보다, 이스라엘 로비스트들의 지원을 얻는 것이 더 중요하다.

예루살렘은 이슬람교, 기독교, 유대교 세 가지 종교의 성지다. 이슬람교인에게 예루살렘(또는 알쿠즈*al Quds*)은 경이로운 밤의 여행(이스라와 미라지*Isra and Mi'raj*)[*] 지역이며, 알아크사(al-Aqsa) 모스크가 있는 장소이다. 기독교인에게 그곳은 예수가 십자가에 못 박혔다가 다시 부활한 성묘 교회(Church of the Holy Sepulcher)[**]의 장소이다. 유대인에게는 솔로몬 왕이 세운 사원이 한때 있던 곳으로, 로마 군대가 무너뜨린 이후 지금은 단지 한쪽의 벽(통곡의 벽, the Wailing Wall)만 남아 있다.

종교와 성전 산의 위치에 따른 예루살렘 성(Old City)의 분할

예루살렘은 아브라함 종교와 관련된 세 성지의 본고장이며, 인류의 공동유산이기 때문에, 1947년 11월 29일에 합의된 UN의 팔레스타인분할안(UN Partition Plan for Palestine, 결의안 181호)은 예수살렘을 분할하여 하나의 분할체(Corpus separatum) 또는 국제기

---

* 서기 621년 알라신이 예언자 무하마드를 메카에서 멀리 떨어진 사원으로 데려가 신의 말씀과 역대 선지자들의 말을 전한 후 다시 메카로 데려다 놓았다고 알려진 날. —역주

** 그리스도가 부활할 때까지 누워 있었던 성묘(聖墓) 교회. —역주

서예루살렘과 동예루살렘

관이 관리하는 도시로 만들었다.

그러나 이스라엘과 아랍 양자 모두 이 해결책에 대해 불만이었고, 그래서 각자 예루살렘의 일부분을 차지하였다: 이스라엘은 서예루살렘을 차지하였고, 요르단은 성전 산(Temple Mount), 통곡의 벽, 그리고 알아크사 모스크 등의 성지가 있는 예루살렘 성(Old City) 지역을 포함하는 동예루살렘을 차지하였다.

1967년 6일 전쟁 이후에 이스라엘은 동예루살렘을 점령하였고, UN과 UN 결의안 242호에 따른 강력한 비난에도 불구하고 이스라엘은 반환을 거부하였다. 그들은 이스라엘에 1967년 이전의 국경선, 또는 녹색선(Green Line)으로 물러날 것을 요청하였다.

1980년 이스라엘 국회(크네세트*Knesset*)는 예루살렘은 통일된 수도이며, 분리될 수 없다는 것을 선언하는 예루살렘법을 통과시켰다. 이는 과거처럼 분리될 수 없다는 것을 의미한다. 1980년 8월 20일 UN은 결의안 478호를 통해 예루살렘의 지위 변화를 인정하지 않았고, 이스라엘과 외교관계를 가지고 있는 모든 국가에 예루살렘에 있는 그들의 대사관을 예루살렘 밖으로 옮길 것을 요청하였다.

그러나 시온주의자들은 UN 결의안과 타협하지 않겠다는 결의를 굳게 하고 있다. 시온주의자들의 투쟁은 예루살렘을 뜻하는 시온(Zion)을 붙들지 않고는 완성되지 못할 것이다. 이츠하크 라빈과 같은 온건주의자들도 알아크사에 대한 이슬람교도들의 접근만 허용하였을 뿐, 예루살렘에 대한 이스라엘의 주권은 그대로 유지하였다. 네타냐후와 같은 급진주의자들이 있는 한 확실히 상황은 더 좋아지지 않을 것이다.

신앙적인 가치 외에도 예루살렘은 지정학적 가치를 가지고 있다. 예루살렘을 수도로 정한 것은 다윗 왕의 정치적 결정이었다. 선지자 다윗은 남쪽 출신이고, 사울 왕(탈루트 *Talut*, 사울의 쿠란식 호칭)은 북쪽 출신이다.

따라서 예루살렘은 북쪽과 남쪽의 통일을 상징하는 중앙지점에 있는 이상적인 장소이다. 더구나 예루살렘이 고지대에 위치하고 있는 점도 방어에 유리하였다.

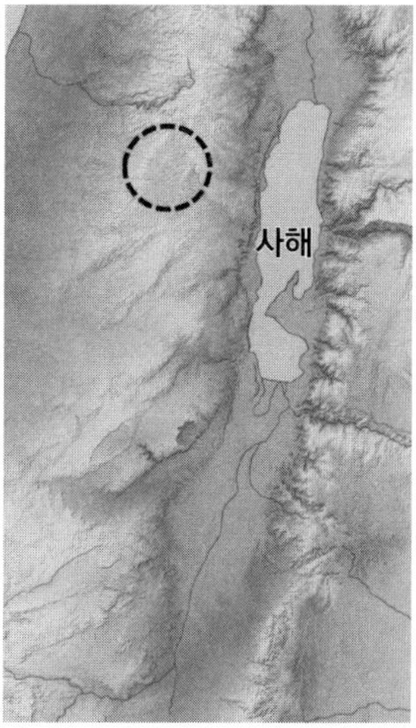

예루살렘 지역은 고지대에
위치해 있다.

예루살렘의 히브리어인 "예루샬라임"은 평화를 의미하는 "샬롬"이라는 단어에서 나온 "평화 도시"를 의미한다. 그러나 아이러니하게도 그 도시는 평화와 아직 거리가 멀다.

44

바람직하지 않은 한국의 통일

동아시아에서 미국을 중심으로 한 동맹과 러시아-중국 동맹 사이에 인화점이 될 수 있는 지정학적 분쟁 지대는 한반도이다.

1945년 이후 한반도는 두 개로 분단되었다. 한반도는 1910년부터 1945년까지 일본의 식민지였다. 미국이 1945년 8월 9일 나가사키에 원폭을 투하한 이후, 소련은 만주와 한반도에 있는 일본군에 대항해서 공격을 감행하였다.

소련의 한반도 통치를 막기 위해서 미국은 한반도에 상륙해서 남쪽에 군정(USAMGIK)을 수립하였다. 한편 소련은 북한에 김일성으로 알려진 공산주의 투사를 지원하였다. 소련과 미국은 38선을 분단선으로 만들어 각자의 세력권을 분할하였고, 두 개의 상이한 정권을 수립하였다. 북쪽에는 조선민주주의인민공화국, 남쪽에는 대한민국.

한반도는 서기 918년 고려왕조가 세워짐으로써 통일된 정치적 체제로 존재하였다. 고려에서 코리아(*Korea*)라는 단어가 나왔다. 한반도 거주민들에게 통일은 강력한 정체성 의식을 부여하였다. 1392년 고려왕조에서 조선으로의 변화와 1910~1945년 일본의 한반도 식민지화에도 불구하고, 한국이라는 정체성은 이미 뿌리를 깊게 내리고 있었다.

남한과 북한 간의 내전인 한국전쟁(1950~1953)은 한국역사에서 비극적인 사건이다. 소련과 중국의 지원으로 북한은 남한을 침략하여 한반도를 공산주의 체제로 통일하고자 하였다. 친미적인 이승만의 남한 정부는 미국과 UN의 도움으로 반격을 개시하였다(UN은 북한의 공격을 부당한 침입으로 보고 개입하였다).

한국의 분단

그 전쟁은 수백만 명의 한국인들의 목숨을 앗아갔으나, 어느 쪽도 승자를 결정할 수 없는 전쟁이었다. 1953년 7월 정전협정이 판문점에서 서명되었다. 북한과 남한 양쪽 모두 원래의 군사분계선(DMZ)으로 물러섰다.

냉전시기에 분단되었던 국가들(독일, 베트남, 예멘)은 통일되었으나(1975년 베트남, 1990년 독일 및 예멘), 한국은 그 대열에서 멀어졌고 오늘날까지 분단된 채로 남아 있다.

이러한 이유는 동아시아의 독특한 지정학적 맥락 때문이다. 역사적으로 중국은 한반도를 중요한 영향권의 하나로 보았다. 고려왕조 이래로 한국은 중국의 조공국(朝貢國)이 되었고, 중국에 조공을 바쳐야 했으며, 왕 스스로 중국 황제의 신하임을 인정해야 했다. 따라서 한반도의 왕은 황제라는 칭호를 쓸 수 없었는데, 황제는 오직 중국의 통치자만이 쓸 수 있는 호칭이었기 때문이다.

그와 같은 관계에서 한국이 얻은 것은 무엇일까? 안전이다. 중국은 한국의 안전에 대한 보장자였다. 한국에 대한 어떠한 침략도 중국 황제에 대한 도전으로 간주되었다. 따라서 임진왜란(1592~1598)을 도요토미 히데요시가 벌였을 때, 중국은 조선을 방어하기 위해 군대를 파견하였다. 중국의 승리는 한국에 대한 패권을 강화하였고, 일본은 19세기 말까지 조선에서 뒤로 물러나 있었다.

중국과 일본 사이의 완충국으로서 한국의 역할은 1894~1895년 중일전쟁에서 입증되었다. 그 전쟁으로 중국은 한국에 대한 통제권을 잃게 되었고, 일본은 한국의 새로운 주인이 되었다. 한국을 징검다리로 삼아 일본의 중국 침략은 순조롭게 되었다. 1931년 9월 일본은 중국의 북쪽 지역인 만주를 침략하여 점령하였고, 만주국이라는 괴뢰국가를 수립하였다. 6년 후 일본은 북쪽에서 중국을 침략하였고, 8년 동안 역사적인 중국의 저항을 촉발하였다.

일본의 입장에서 보면 한국은 징검다리일 뿐만 아니라, 사실은 일본에 대한 잠재적 위협의 요인이기도 하다. 메이지 시대의 일본 군부 엘리트들은 한국을 "일본의 심장을 겨누는 칼"이라고 불

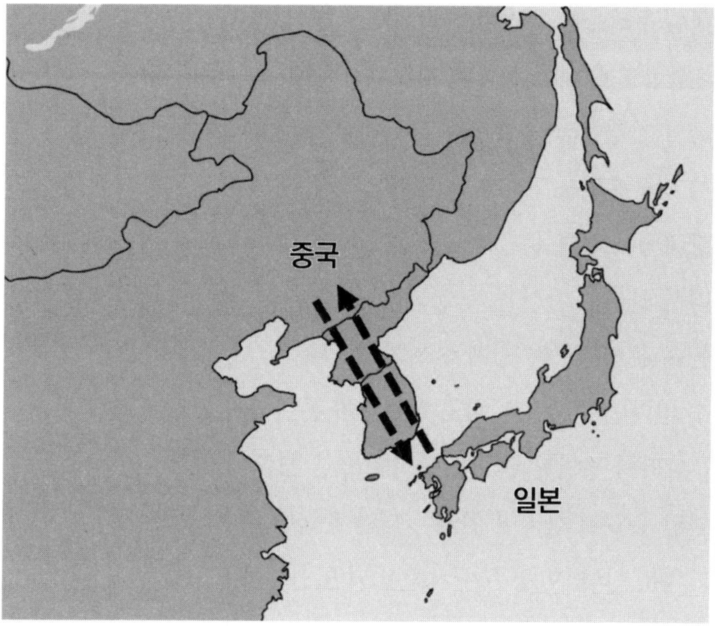

한국은 중국이 일본을 침략하는 징검다리가 되었고, 또한 일본이 중국을 침략하는 징검다리가 되었다.

렀다.

한일 양국은 200km밖에 떨어져 있지 않은 대한해협과 쓰시마 해협으로 분리되어 있으며, 한국을 성공적으로 점령하는 어떤 강대국도 쉽게 일본까지 접근할 수 있다.

역사에서 한국으로부터 일본을 점령하려는 두 번의 시도가 있었다. 1019년 여진족과 1274년, 1281년 몽골에 의한 침략이 그것이다. 비록 일본이 살아남기는 했지만, 그 역사적 경험은 일본인들의 마음속에 한반도로부터 올지도 모르는 숨어 있는 위협에 대한 두려움을 남겼다.

한반도에 대한 일본의 지정학적 중요성은 유럽대륙에 대한 영국의 지정학적 중요성과 유사하다. 일본과 마찬가지로 영국 역시 영국해협을 건너오는 위협에 직면해 있다. 즉, 강력한 유럽의 강대국이 해협을 건너 영국을 언제든지 침략해 올 수 있었다. 따라서 일본은 자신을 "극동의 영국"으로 보았다. 영국이 유럽국가들을 분열시키는 정책을 가지고 있듯이, 만약 한반도를 통제할 수 없다면 일본은 적어도 한반도가 분단되어 있기를 원한다.

따라서 통일된 한국은 중국과 일본 모두에 바람직스럽지 않다. 만일 통일된 한국이 친일이 되면 중국은 위협을 받게 되고, 마찬가지로 만약 그 정부가 친중이 되면 일본이 위협을 받게 된다.

따라서 분단된 한반도에서, 북한은 중국으로 기울어 있고, 남한은 미국과 동맹국인 일본에 기대어 있는 현재의 상황(현상유지)은 각국의 이익에 좀 더 부합하는 것이다. 중국과 미국은 한국의 통일을 촉진할 어떠한 동기도 가지고 있지 않다.

만약 한국이 단일 체제로 통일이 된다면, 미국은 중국의 세력에 대항하고 균형을 맞추기 위한 군대를 한반도에 파견할 이유가 사라지게 된다.

속담에 있는 "고래 싸움에 새우 등 터진다"라는 것이 한국의 운명이다. 그것은 "두 마리 코끼리가 싸우면 중간에 낀 쥐사슴(mouse deer)*은 밟혀 죽는다"라는 말레이시아 속담과도 비슷하다.

---

* 머리는 쥐고, 몸통은 사슴인 지구상에서 가장 작은 발굽 포유동물. —역주

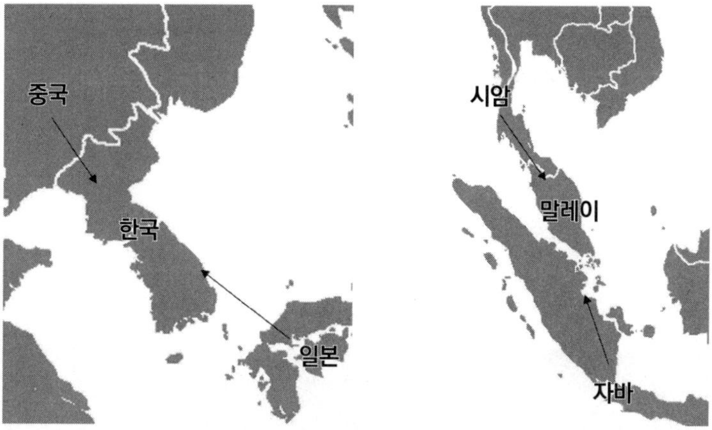

한국과 말레이시아의 지정학적 유사성

한반도의 지리적 상황이 말레이반도와 똑같이 보이는가?

지리는 운명이다. 같은 지리는 같은 역사적 경험을 형성한다. 따라서 그것은 같은 지정학적 의식을 생산하게 된다.

45

김정은과 핵 벼랑끝 전술

2018년, 가장 놀라운 발전 가운데 하나는 북한의 최고 통치자인 김정은이 180도 다른 태도를 보여 주었다는 것이다.

세상 사람들은 모두 그의 공격적인 성격을 잘 알고 있다. 2011년 그의 아버지 김정일로부터 은둔의 왕국을 물려받은 이래, 김정은은 그가 가지고 있는 핵무기로 북한의 적(남한, 미국, 그리고 일본)을 공격하겠다고 반복적으로 위협하였다.

2006년 10월 북한이 처음 핵무기 실험을 한 이후로 북한의 핵무기는 날로 진보하고 있다. 11년간(2006~2017) 북한은 여섯 번의 핵실험(2006년 10월, 2009년 5월, 2013년 2월, 2016년 1월, 2016년 9월, 2017년 9월)을 하였고, 그중 네 번은 김정은의 지도하에 실행되었다. 심지어 2016년 1월 김정은은 북한이 가장 파괴적인 핵무기 형태인 수소폭탄을 완성했다고 주장하였다.

비록 핵무기의 효율성에 대한 소식은 외부소식통으로는 확인할 수 없지만, 핵무기 존재 그 자체는, 억제력으로서의 무기의 특성상, 미국을 포함한 다른 나라의 등골을 오싹하게 만들었다. 핵무기는 국제관계에서 "위대한 균등자(great equalizer)"로 알려져 있는데, 왜냐하면 그것은 약소국을 강대국과—이 경우에는 북한과 미국 사이—동등한 위치에 놓을 수 있기 때문이다.

이것은, 서방국가들이 "민주화" 대상으로 삼고 있는 독재 체제인 북한이 오늘날까지 생존할 수 있는 비결이다. 사실, 북한이 핵개발을 하는 이유는 체제를 수호하기 위한 것이다.

한국 전쟁이 끝나고 김일성은 북한이 중국과 소련의 영향력 밑에 있는 (장기의) 졸(卒)이 되지나 않을까 우려하였다. 비록 그가 양쪽 강대국에 빚진 것이 많기는 하였지만, 김일성은 그의 나라가 외세의 이익 앞에 희생양이 되는 것을 보고 싶지 않았다. 그러한 이유로 그는 소련 및 중국과 밀접한 관계를 가지고 있는 사람들을 숙청하기 시작하였다.

1955년 김일성은 "주체"라는 개념을 발전시켜 북한을 공산진

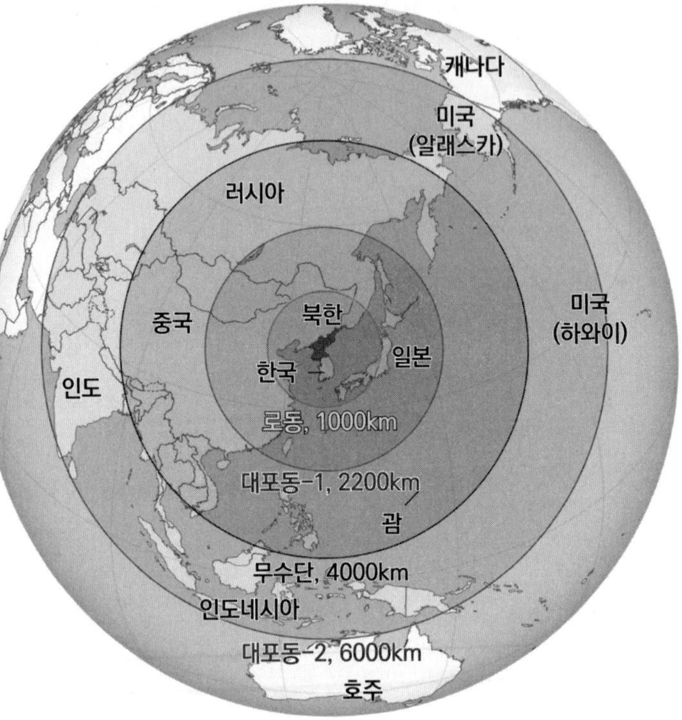

북한의 미사일은 미국에 도달할 수 있는 능력이 있는 것으로 평가된다.

영의 몸종으로 만들지도 모를 마르크스-레닌주의를 대체할 북한의 새로운 공식이념으로 삼았다.

그러나 중국과 소련과 같은 강대국들도 핵무기를 보유하고 있는 상황에서 "주체"는 어떻게 적용될 수 있을까? 남북한을 막론하고 한국인들은 꿈을 크게 꾸는 경향이 있다.

따라서 북한은 1980년대에 중국과 소련의 위협으로부터 자국을 보호하기 위해 핵탄두와 핵기술을 개발하기 시작하였다.* 북한은 냉전시기 동안에 자국의 야망을 달성하기 위해 핵무기를 사용하기 시작했다. 북한은 UN 제재로까지 이어진 핵확산금지조약(NPT)에 위배되는 핵무기 개발의 특이성을 보여주기 위해 고의적으로 긴장을 촉발시켰다. 경제 제재를 받게 되자, 북한은 강대국들이 협상 테이블로 나오도록, 그리고 제재를 철폐하도록 하는 한편, 핵활동을 중지하는 선결조건으로 경제지원을 쏟아붓도록 하기 위해 긴장을 더욱 고조시켰다.

북한 전문가들은 그것을 핵 벼랑끝 전술의 북한식 기법이라고 부른다. 벼랑끝 전술은 "벼랑끝"이라는 단어가 의미하는 바와 같이 전쟁을 일으키지 않으면서 위험하고 긴장되는 상황을 만들어내는 능력을 말한다. 이러한 맥락에서 북한은 마치 타협을 위해 적들을 위협하던 벼랑끝에서 뛰쳐나오기를 원하는 것처럼 행동하였다.

김일성은 이 전술을 영변 핵발전소를 문 닫는 대가로 미국으로부터 성공적으로 경제지원을 받았던 1993~1994년에 최초로 사용하였다. 그럼에도 불구하고 당시 북한은 핵개발 활동을 계속하고 있는 것으로 의심받았으며, 핵무기를 여전히 개발해야 하는 상황이었다.

---

* 북한은 1980년대에 중국과 소련으로부터 독립적인 주권을 확보하고, 미국의 핵위협으로부터 자국을 보호하기 위해 핵탄두와 핵기술을 개발하기 시작하였다. —역주

2006년 10월 김정일의 첫 핵실험에서 북한은 미국으로부터 원자로를 폐쇄하는 조건으로 2007년 2월 4억 달러의 원조를 받는 데 성공하였다.

그리고 2009년 5월 북한은 두 번째 핵실험을 단행하였으며, 미국은 2012년 2월 다시 한 번 식량지원을 약속하는 데 동의하였다.

이번에는 김일성의 손자 김정은이 다시 한 번 핵무기를 발사하겠다고 위협하여 강대국들을 조종하고 있다.

김정은은 2011년 28세의 나이로 권력을 이어받았다. 그의 지위는 이복형이자 김정일의 후계자가 될 것으로 북한 주민들이 알고 있었던 김정남에 의해 위협받았다. 그리고 북한정치의 2인자인 장성택으로부터도 위협을 받았는데, 장성택은 김정일의 여동생인 김경희(김정은의 고모)와 결혼하였다. 중국 또한 김정남을 선호하였다.

장성택이 중국과 비밀계획을 통해 김정남을 북한의 최고지도자로 앉히고자 하는 것을 알고 난 이후, 김정은은 2013년 12월 장성택에게 사형을 선고하였다. 그리고 나서 김정은은 2017년 2월 쿠알라룸푸르 공항에서 그의 이복형인 김정남의 암살을 꾸몄다.

한편 트럼프의 대통령 취임은 김정은에게 골칫거리임이 증명되었다. 트럼프는 북한 핵위협 문제를 해결하는 것을 핵심지표(KPI)로 했다. 트럼프는 김정은이 고개를 숙이도록 다양한 제재와 전쟁 위협을 가하였다.

트럼프는 심지어 북한이 핵실험을 중지하도록 강요하기 위하여 중국과도 작업하였다. 트럼프는 두 가지 주제를 연결하려고 시도하고 있다. 하나는 미국이 북한을 다루는 데 중국이 협조하는 것이고, 다른 하나는 이에 대한 반대 급부로 미국은 통상문제와 관련하여 중국에 여지를 제공하는 것이다. 따라서 중국은 2017년 말까지 북한에 대해 경제 제재를 가하는 데 협력하려고 하였다.

그러나 김정은은 싸워보지도 않고 패배한다면, 중국의 힘에 종속되리라는 것을 알고 있다. 중국과 미국 가운데, 미국이 덜 유해한 존재(the lesser evil), 즉 차악(次惡)이다. 그래서 김정은은 2018년 1월 1일 신년사를 통해서 남한과 평화회담을 하겠다는 발표를 통해 독자적인 행보를 보였다. 남한을 통해, 김정은은 트럼프를 만나서 협상하고 싶다는 의사를 표명했다. 그것은 최근 몇 년간 북한 문제의 전개에 있어서 가장 큰 반전이었다.

중국을 불쾌하게 만들지 않기 위해 김정은은 트럼프를 만나기 전에 처음으로 중국을 방문하였다. 방문의 목적은 북한이 중국에 등을 돌리고, 미국과 가까워지려고 하는 것이 아님을 확신시키는 것이었다.

김정은은 좌우에서 압박받는 대신에, 운 좋게도 자기만의 길을 갈 수 있었다. 2018년 6월 12일 그들의 싱가포르 만남에서 김정은과 트럼프는 각자 비핵화에 대한 그들의 확고한 결의를 표명하였다. 트럼프에게 이것은 북한이 핵무기를 포기할 것이라는 것을 의미하였다. 김정은에게 이것은 미국이 한반도에 핵무기와 장비를 들여오지 않을 것이라는 것을 의미하였다.

김정은은 결코 서방국가들의 기분을 맞추기 위해 핵무기를 포기한 무아마르 카다피의 전철을 절대로 밟지 않을 것이다. 카다피의 핵무기 포기는 그의 정권이 리비아에서 국민 폭동이 일어난 이후에 발생한 NATO의 공습을 견디지 못하게 만들었다. 이것이 카다피의 죽음으로 이어졌다.

김정은은 아버지의 뒤를 잇기 몇 달 전에 일어난 이 사건에서 분명히 교훈을 얻었을 것이다.

결론적으로 김정은의 갑작스러운 태도 변화는 그가 한반도에서 항구적인 평화를 수립하기 위한 뜻을 가지고 있어서가 아니고, 적의 관심을 다른 데로 돌리기 위한 임시적인 조치에 불과하다. 미국과 중국의 입장이 느슨해지게 되면, 북한은 다시 옛날의 태도로 되돌아갈 것이다.

역사로부터 배우지 못하는 사람은 김정은에게 대적할 수 없을 것이다.

46

미스터 선샤인, 문재인 대통령

평창동계올림픽에 선수단을 보내겠다는 김정은의 우호적인 표시는 문재인 대통령으로부터 환영받았다. 그 결과로 남한과 북한 선수단은 2018년 2월 9일 한국에서 개최된 평창동계올림픽에서 함께 행진을 하였다. 2000년 시드니 올림픽에서와 마찬가지로 남한과 북한은 통일된 깃발(한반도기)을 들고 입장하였다. 한반도기는 햇볕정책 시기(1998~2008)의 상징이다.

햇볕정책은 김대중 대통령(1998~2003)이 추진하였다. '햇볕'이라는 이름은 이솝우화에 나오는 "해와 바람(The Wind and the Sun)"에서 영감을 받았다. 그 이야기는 해와 바람이 누가 힘이 더 센지를 결정하는 내용을 담고 있다. 어느 여행자의 옷을 벗기는 내기이다. 아무리 바람이 세게 불어도 그 여행자는 옷을 벗지 않았다. 대신에 그는 더욱 옷을 단단히 붙잡았다. 그러나 해가 빛나자마자 그 여행자는 더위를 느끼고, 옷을 벗었다.

김대중 대통령은 무력(바람)이 북한을 다루는 최선의 방법이 아님을 보여주기를 원하였다. 대신에 남한은 북한을 "따뜻하게 덥혀야" 한다. 김 대통령이 보여준 따뜻함은 한국 전쟁 종료 이후 사상 최초로 2000년 6월 남북정상이 만나는 결과를 낳았다. 김정일을 만난 이후 남한은 북한에 대한 다양한 원조와 투자를 약속하였다. 그 결과 김 대통령은 2000년 노벨평화상을 수상하였다.

그러나 햇볕정책은 결국, 북한을 길들이는 데 실패하였다. 2006년 7월 북한은 핵탄두를 실험 발사하였고, 뒤이어 2006년 10월 핵실험을 하였다. 그 결과로 이명박 대통령(2008~2013)은 햇볕정책을 폐기하고, 강경한 노선으로 선회하였다. 북한은 2010년 3월 천안함을 피격하였고, 2010년 11월 연평도를 포격함으로써 한국 전쟁 이래로 한반도에 가장 팽팽한 긴장상황을 유발하였다. 이명박 대통령의 뒤를 이어 박근혜 대통령도 북한에 대해 강경한 입장을 취하였다. 박 대통령은 북한에 대한 압력을 행사하기 위해 이 대통령의 친미정책을 바꾸어 중국과 긴밀한 관계를 유지하고자 하였다.

2017년 3월 탄핵으로 물러난 박근혜 대통령 이후 정권을 잡은 문재인 대통령은 북한에 대한 정책을 바꾸었다. 많은 사람들은 문 대통령이 햇볕정책 2.0을 실시할 것이라고 알고 있다. 문 대통령은 햇볕정책의 지지자인 노무현 대통령(2003~2008)의 후임자이다.

신년사를 한 이후 김정은은 2018년 3월 5일 문 대통령의 특사로 간 정의용 국가안보실장을 맞이하였다. 면담을 통해 남한과 북한은 8년간의 긴장 끝에 새로운 관계를 맺게 되었다. 남북한 정상은 2018년 4월 26일 첫 만남 이후로, 같은 해 5월과 9월 다시 만났다.

많은 사람들은 이러한 관계 개선이 한국 전쟁을 종식시키고, 종국에는 통일된 한국을 만드는 긍정적인 신호가 될 것으로 받아들였다. 이러한 시각은 너무 이상적이면서도 낙관적이며, 이것이 일종의 "정략결혼"이라는 것을 이해하지 못한 것이다.

햇볕정책 시기의 만남 이외에도 똑같은 사건이 세 번 있었고, 세 번 모두 북한의 분노로 끝났다. 첫 번째 사건은 박정희 대통령이 특사로 보낸 이후락 중앙정보부장이 김일성을 만났던 1972년에 일어났다. 두 번째는 북한이 전두환 대통령을 암살하려고 한 후 1984년에 일어났으며, 이는 중국의 분노를 자아내었다. 세 번째는 남한이 소련(1990) 및 중국(1992)과 외교관계를 수립한 후에 양국이 공동협정서를 체결하면서 일어났다. 네 번째는 햇볕정

책이었다.

2018년의 상황은 1972년의 상황과는 달랐다. 2018년에 한국은 예측이 불가능한 트럼프에 대해 우려하고 있으며, 북한은 중국과 다투고 있는 상황이었다. 1972년 한국은 미국이 태국과 베트남에서 군대를 철수함으로써 아시아에서 미국의 공약을 줄이기를 원하고 있었던 리처드 닉슨 대통령에 대해 우려하였다.

당시에 북한과 중국 사이의 관계도 껄끄러운 상황이었다. 남북은 모두 각자의 체력을 강화하기 위해 한반도에서의 긴장을 완화시키기를 원하였다.

한국 속담에 "피는 물보다 진하다"는 속담이 있다. 아무리 적대적이라고 할지라도, 남한과 북한은 각각 그들의 생존을 위하여 잠정적으로라도 단합하는 이해심은 가지고 있다.

한반도 통일의 길은 아직 멀다. 사실 한국 전쟁에 대한 기억이 없는 젊은 세대에게는 통일에 대한 열망이 덜하다. 그들에게 북한은 문화와 정체성 측면에서 상이한 또 다른 외국이다. 그들은 북한과의 통일이 남한 경제에 악영향을 미치고, 이미 감소하고 있는 일자리도 더 없어질까 봐 걱정하고 있다.

북한 정권은 쉽사리 권력을 쥔 손을 놓지 않을 것이다. 만일 남한과 북한이 통일한다면, 나라를 운영하기 위한 정치 체제는 어떤 체제를 사용해야 할까? 김씨 왕조의 운명은 어떻게 될까? 핵무기 개발을 위해 많은 돈을 쓴 김정은은 그의 권력을 쉽게 내려놓지 않을 것이다.

양국 간의 평화는 각자가 상대방의 체제를 인정하고, 종국적으로 한반도 분단 상황을 현실로 받아들이는 것이 새로운 서막이 될 것이다. 한반도는 700년간 세 개의 왕국으로 분할되어 있었다. 이에 비추어볼 때 70년은 상대적으로 짧은 기간이다.

47

압력받고 있는 아세안

1967년 8월 8일에 창설된 동남아국가연합(ASEAN)은 항상 EU 다음으로 가장 성공적인 지역 통합의 모델이었다. 2015년에 아세안은 EU 통합의 모델을 따라서 아세안 정치-안보공동체(APSC), 경제공동체, 그리고 사회-문화 공동체(ASCC)를 포함하는 아세안공동체를 발족시켰다.

지역통합은 경제 및 군사력이 상이한 국가들을 연합하여 힘의 균형을 만들어내는 역할을 한다. 그것은 지역에 영향력을 행사하려는 외세에 대항하는 일종의 요새 역할을 하게 된다.

EU와 마찬가지로 아세안 창설의 아이디어는 국가들 간의 경쟁을 약화시키고, 불구대천의 적이었던 프랑스와 독일이 유럽경제공동체(EEC)를 통해 평화를 찾은 것처럼, 외부의 위협에 집중하기 위한 목적에서 나왔다. 아세안은 대결 시기*에 서로 싸웠던 말레이시아와 인도네시아 사이에 평화를 만드는 데 성공하였다.

당시 긴장완화는 중요하였는데, 왜냐하면 유럽이 소련으로부

---

* The Confrontation: 1957~1965년 말레이시아 연방 결성의 구성을 둘러싸고 발생된 국제분쟁. —역주

터 위협을 받고 있는 것처럼, 당시 아세안도 인도차이나로부터 공산주의의 위협에 직면하고 있었다. 오늘날 아세안은 한때 아세안에 위협이 되었던 인도차이나 국가들이 가입해 있다. 그러나 그것이 냉전시기 이후에 아세안이 어떤 잠재적 위협으로부터 자유롭다는 것을 의미하는 것은 아니다. 지리는 운명이다. 지역은 언제나 강대국들의 장기판이 될 것이다.

동남아 지역은 태평양과 인도양을 연결하는 지점이기 때문에, 16세기 이후 서구 식민열강들의 관심을 받았다. 21세기에 아세안은 정치적, 전략적으로 중요한 주변 지역이기 때문에, 중국과 미국 사이에 전쟁터가 될 수 있는 것을 피할 수 없다.

중국은 남중국해를 자신의 안보지역으로 통제하기를 원하고 있고, 미국은 "항행의 자유"를 이유로 그 지역에 대한 중국의 주권을 부정하려고 시도하고 있다. 따라서 우리들은 두 국가가 분쟁이 되는 해양에서 서로를 도발하고 있음을 볼 수 있다.

이들 강대국은 그 지역 또는 국가의 조직에 존재하는 분열을 그들의 이익을 증진하는 기회로 활용할 것이다. 러시아가 EU를 조종하는 것과 마찬가지로, 중국과 미국은 각각 아세안에 영향을 미치려고 노력하고 있다.

아세안 국가 가운데 CLMT 국가들(캄보디아, 라오스, 미얀마, 그리고 태국)은 친중 국가들로 분류될 수 있고, 반면에 브루나이, 필리핀, 말레이시아, 그리고 베트남은 남중국해에서 중국과 국경 분쟁을 겪고 있다.

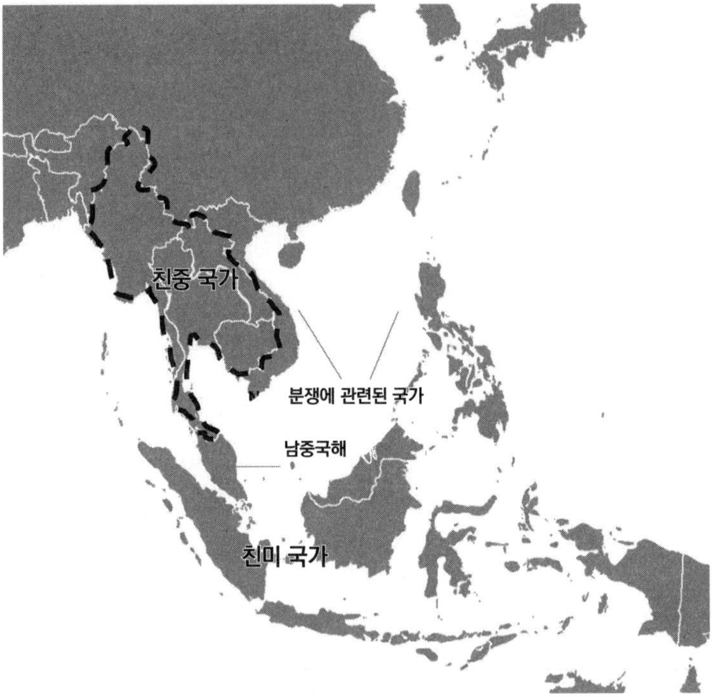

강대국들을 향한 성향에 따라 분석한 아세안의 구분

다른 한편으로는, 인도네시아와 싱가포르는 미국과 군사동맹 관계를 가지고 있지만, 동시에 중국과도 우호적인 경제관계를 유지하고 있다.

아세안의 핵심 취약점은 공동체 내의 무역과 투자 수준이 낮다는 점이다. 이는 아세안 회원국들이 외국의 무역과 투자에 심하게 의존하고 있다는 것을 의미하며, 이것이 그들을 취약하게 만들었다. 아세안-중국 FTA(ACFTA는 2010년에 발효됨) 체결 이후,

중국은 브루나이와 캄보디아를 제외하고 아세안의 거의 모든 국가에 대해 최대 교역 상대국으로 부상하였다. 중국은 심지어 브루나이와 캄보디아에 접근하기 시작하였으며, 그들의 환심을 사기 위해 다양한 경제협력 기회를 제공하고 있다.

중국에 대한 경제 의존은 아세안을 지역 기구로서 실효성이 없게 만들고 있다. 남중국해 문제를 아세안의 회의 의제로 삼으려는 어떠한 시도도 CLMT 국가들에 의해 거부되고 있는데, 왜냐하면 그들과 아무런 관계도 없는 분쟁 때문에 중국과의 관계에 손해를 끼치고 싶지 않아서이다. 이익과 관련된 문제에 단결이라는 문제는 끼어들 틈도 없다. 남중국해에 대한 이해관계가 있는 국가들조차도 만일 그들이 중국의 심기를 건드릴 경우 그 경제적 영향에 대해 고려해 봐야 할 지경이다.

미국이 TPP(환태평양경제동반자협정: 브루나이, 말레이시아, 싱가포르, 베트남)를 통해 아세안에 대한 중국의 지배를 축소시키기 위해 시도했던 것은, 그것이 비록 아세안을 TPP 회원국과 비회원국으로 분열시키는 위험은 있었지만 초기에는 아세안의 문제를 해결할 수 있는 시도였다. 그러나 미국이 TPP에서 탈퇴하고, 미국의 아세안에 대한 공약도 문제가 되고 있는 상황에서 아세안은 여전히 중국에 의존할 필요가 있어 보인다.

트럼프 시대에 미국은 직접적인 개입은 축소하고, 미국의 역외균형자 역할을 하고 있는 인도와 일본을 통해서 간접적으로 개입하는 방식을 취할 것이다. 인도, 일본, 러시아의 아세안에 대한 참여는 아세안 지역 국가들에는 좋은 소식이다. 그러나 그들이 아세안의 중국 의존 문제를 해결하지 않는 한, 동남아에 있어서 절대적인 자주권은 기대하기 어렵다.

48
필리핀의 세력균형 기술

여러 아세안 국가들 가운데 필리핀은 아태지역의 모든 강대국들과 국경을 맞대고 있기 때문에 가장 전략적인 국가이다. 중국, 미국, 그리고 일본이 동남아시아로 들어가는 입구를 보호하는 전초선에 위치하고 있다.

미국은 필리핀이 1898년 스페인으로부터 독립한 후 이를 차지하였다. 따라서 미국과 필리핀은 오늘날까지 특별한 관계를 형성하고 있다. 냉전시기에 필리핀은 미국의 중요한 동맹국으로서, 수빅(Subic)항과 클라크(Clark) 공군기지를 미국에 제공하였다. 냉전이 종식된 이후 미국은 1992년 필리핀에서 철수하였으나, 1995년 중국이 미스치프 환초(Mischief Reef)를 점령한 이후 외국군 방문협정(Visiting Forces Agreement)을 통해 다시 들어왔다.

글로리아 마카파갈 아로요 대통령 시기(2001~2010)에는 필리핀과 중국의 사이가 안정적이었다고 말할 수 있었다. 양국은 남중국해에 있는 원유매장에 대한 공동연구협정을 체결하였다. 그러나 베니그노 아키노 3세가 2010년에 대통령이 되자 상황이 바뀌었다.

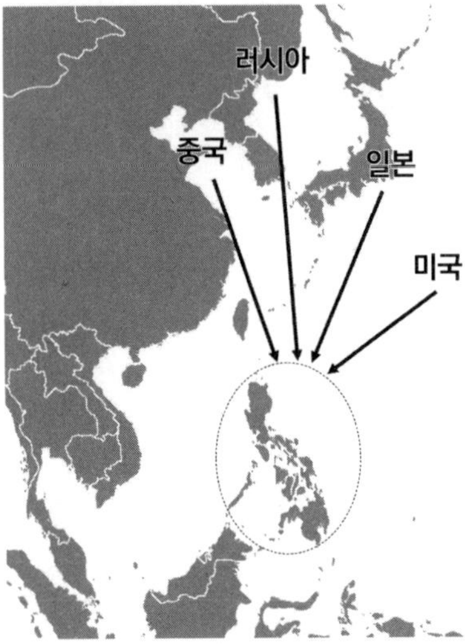

필리핀의 전략적 위치

아키노는 오바마 대통령이 2011년에 도입한 아시아 회귀 전략(또는 아시아 중심 전략)을 이용하면서, 중국에 대해 점점 더 목소리를 내고, 거부적인 태도를 취하였다.

남중국해를 서필리핀해로 개명하는 것에 덧붙여, 필리핀은 남사군도(Spratly Islands) 분쟁 사례를 2016년 7월 네덜란드 소재 헤이그 상설중재재판소에 제소하였다. 헤이그 재판소가 중국의 주장에 근거가 없다는 판결을 한 후 중국-필리핀 관계는 더욱 악화되었다.

그래서 중국은 필리핀에 압력을 가하기 위해 경제 제재를 단행하였다. 이는 필리핀의 대중국 최대 수출품인 바나나 수입을 금지하는 것을 포함하였다. 자국의 경제적 약점을 간파한 로드리고 두테르테는 2016년 5월 대선에서 당선된 이후 필리핀을 미국에서 중국으로 향하게 하는 새로운 접근을 시도하였다.

이런 변화는 두테르테가 당시에 미국에서 종국적으로 일어날 상황 변화를 간파하였기 때문에 일어났다. 대선 기간 중 트럼프는 전 세계에 대한 미국의 공약을 축소할 수 있음을 내비쳤다.

두테르테는 필리핀과 중국 사이에 분쟁이 일어날 경우 미국이 필리핀의 안보를 계속해서 보장하리라는 것을 확신할 수 없었다. 그래서 중국에 대항하기보다는 외교적으로 접근하는 것이 더 낫다고 판단하였다.

필리핀이 실제로 미국에 등을 돌렸다는 것을 보여주기 위해 두테르테는 공개 성명서를 통해 오바마를 후려쳤다. 중국이 미끼를 물었다. 중국과 필리핀 사이의 긴장이 가라앉았고, 공동 탐사 협정이 다시 협상 테이블에 올라왔다. 경제는 회복되고, 자주권은 보호되었다.

이는 때로는 잠정적으로 고개를 숙이는 것이 무모하게 대드는 것보다 낫다는 것을 보여준다. 그러나 두테르테는 중국의 꼭두각시가 되는 것에는 불만이었다. 두테르테가 시도했던 것은 필리핀과 이해 관련 국가들, 즉 미국, 중국, 러시아, 그리고 일본과 같은 나라들과의 관계에 있어서 균형을 잡는 것이었다.

필리핀 외교정책의 변화는 지도자의 개성에 관련된 것이 아니다. 아키노는 오바마의 아시아 회귀 정책 덕분에 대담해질 수 있었다. 만약 아키노가 여전히 대통령이라면, 그는 중국과 화해하기 위해 같은 접근법을 취하였을 것이다. 따라서 국가들은 순전히 이념이나 가치에 따라 행동할 것이 아니라, 국제 구조의 변화를 현명하게 평가하여야 할 것이다.

49
무적 베트남

필리핀과 달리 베트남은 중국에 대해 더 강경한 입장을 취하고 있다. 베트남은 남중국해에서 중국의 힘에 대한 균형추 역할을 할 수 있기 때문에, 인도와 일본이 주도하고 있는 쿼드(미국, 일본, 호주, 인도 등 4개국)에 가입할 수 있는 잠재 대상국가이다.

지리와 정체성으로 형성된 베트남의 역사는 중국의 패권에 대해 참을성이 적은 베트남의 태도에 영향을 주었다.

아세안축구연맹(AFF)의 스즈키컵에서 베트남과 말레이시아 간의 최종전을 관람한 사람은 누구라도 베트남 지지자들이 외치는 "Việt Nam Vô Địch" 소리를 들었을 것이다. 'Vô'는 아무것도 아니다, 없다라는 뜻이고, 'Địch'는 경쟁자, 적이라는 뜻이다. 따라서, "Việt Nam Vô Địch"는 "베트남에 필적할 적은 없다"라는 뜻이다. 이는 강대국들에 맞짱을 떴던 베트남의 역사에 부합한다. 사실 베트남은 디엔비엔푸 전투에서 프랑스를, 베트남 전쟁에서 미국을, 1979년 중-베트남 전쟁에서 중국을 패배시킨 자이언트 킬러(giant-slayer)로 행동하였다.

이와 같은 사건들은 베트남의 투쟁정신을 형성하였고, 동시에 그들을 자기중심적으로 만들었다. 그것은 베트남의 행동, 특히 중국에 대한 관계에 영향을 미쳤다.

파라셀 제도(시사 군도)에 대한 베트남과 중국의 분쟁

중국에 대한 베트남의 입장은 애증의 관계로 묘사될 수 있다. 한편으로, 베트남 사람들은 베트남의 주권을 훼손해서 형성된 중국을 싫어한다. 오늘날까지 베트남은 여전히 파라셀 제도(西沙諸島)와 남사군도에 대한 주권 문제로 싸우고 있다.

또 다른 한편으로 베트남은 중국을 갈망한다. 베트남은 자국을 "작은 중국"으로 여긴다. 옛날 베트남 문서에 보면 베트남 왕은 자신을 "중앙정부"로 언급하였고, 남쪽의 참파(Champa)국은 오랑캐라고 불렀다. 이는 베트남의 세계관이 중국 문화의 일부분으로서, 중국의 영향을 강하게 받았음을 의미한다.

중국이 1978년 경제개혁을 통해 자본주의 시장경제를 도입한 후, 베트남도 뒤를 이어 1986년 도이모이(개혁) 정책을 통해 문호를 개방하였다. 사실 경제특구를 통한 발전은 중국 모델과 같은 선상에 있다.

베트남은 중국을 좋지 않게 보지만, 중국을 선망하고 있고, 그

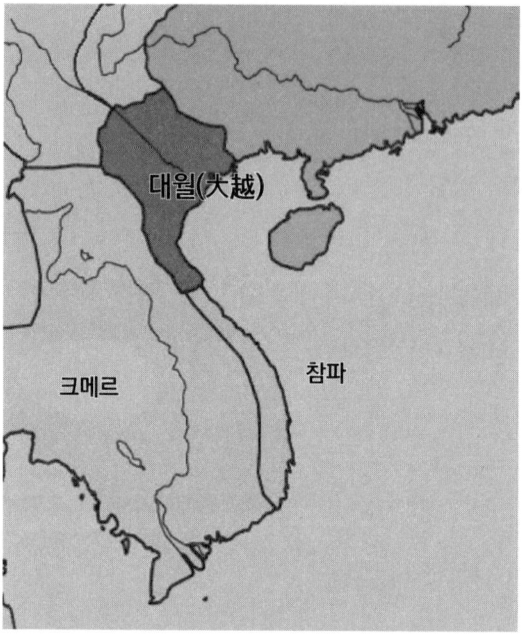

참파와 동크메르의 대부분을 점령하기 이전의 1100년대
베트남(大越, Dai Viet)의 영토

들의 가치를 증명해 보이기 위해 중국과 경쟁하였다. 따라서 베트남은 필리핀보다 덜 유연한데, 왜냐하면 베트남과 중국 사이의 문제는 협력과 분쟁이라는 선을 넘어선 곳에 있기 때문이다.

베트남과 중국의 분쟁은 타협할 수 없는 정체성 충돌로 보인다. 그것은 훨씬 위험성이 크고, 양국 간의 분쟁이 지역분쟁으로 폭발될 잠재성을 가지고 있다.

50

말레이시아의 운명

보다 도전적인 국제환경에서 말레이시아는 어떻게 행동해야 할까? 국력, 지리, 그리고 정체성의 틀 안에서 대답을 찾아볼 수 있을 것이다.

국력의 측면에서 말레이시아는 여전히 약소국이다. 군사력 측면에서, 아세안 국가들 가운데 베트남과 인도네시아는 주요 지역 강국인 반면에, 말레이시아는 중견국에 속한다고 볼 수 있다. 경제력 측면에서 말레이시아는 중견국이다. 말레이시아의 GDP는 인도네시아, 태국, 싱가포르, 베트남 다음이며, 필리핀이 뒤쫓고 있다. 1인당 GDP 측면에서 말레이시아는 싱가포르와 브루나이 다음이다. 따라서 말레이시아는 혼자서 행동할 수 없다. 어느 정도의 중량감을 가지기 위해서는 지역기구의 발판이 필요하다.

지리적으로 말레이시아는 한때 베니스에 비견할 만한 무역항으로 알려졌다. 다시 말해, 말라카 해협은 태평양 무역 루트상의 주요 길목이다.

이것은 미국과 중국을 포함하는 외국의 관심을 잡아당기는 자석이다. 말레이시아는 이러한 측면을 지렛대로 활용할 필요

말라카 해협의 수호자로서의 말레이시아

가 있다.

정체성 관점에서 말레이시아는 항상 진보적이고 현대적인 국가로 인식되고 있다. 그것은 1960년대 이후, 특히 1970년에 툰쿠 압둘 라만(Tunku Abdul Rahman)*이 이슬람회의기구(OIC)의 사무총장이 된 이후 줄곧 말레이시아의 이미지는 그렇게 투사되었다. 그러한 정체성은 국제관계에 있어서 말레이시아가 하는 말에 힘을 실어 주었으며, 말레이시아의 역할과 책임을 보여주는 하드하

* 말레이시아의 정치가, 1903~1990. —역주

리(*hadhari*, 문화)와 와사티야(*wasatiyyah*, 온건 이슬람주의)와 같은 표현을 만드는 것을 가능하게 했다.

정체성은 이해관계를 규정한다. 스스로를 이슬람 국가로 보고 있는 말레이시아는 좀 더 광범위한 이슬람 공동체(Ummah, 움마)와 관련된 대의를 위해 싸우는 데 힘을 쏟을 수 있다.

그러나 국내 정치에 있어서의 새로운 표현들이 세 가지 측면을 모두 무너지게 만드는 위협이 되고 있다. 국력에 대한 고려에 앞서 가치를 우선하는 것은 여전히 현실 정치가 지배적인 아세안의 환경과는 맞지 않는다.

지리적으로, 만약 우리가 말라카 해협의 중요성을 장기적으로 세계에 각인시키는 데 실패하고, 주요 강대국이 북극 실크로드(Arctic Silk Road)나 오래전부터 제안되어 왔던 끄라지협(Kra Isthmus)*과 같은 대체 해상로를 선택한다면 우리는 위험에 처하게 된다.

정체성 측면에서, 다문화주의에 바탕을 둔 말레이시아의 정체성에 대한 담론은 말레이시아를 복잡한 나라로 만들 뿐이다. 다문화 정체성은 싱가포르처럼 우세한 문화가 없는 나라들에는 적절한 전치사(前置詞)이다.

그러나 만일 말레이시아가 본연의 우세한 문화(말레이-이슬람) 이외에 다른 뭔가가 되기를 추구한다면, 그것은 다만 헌팅턴이 이야기한 바와 같이 말레이시아를 분열된 나라로 만들 뿐이다.

---

* 말레이반도 북쪽에 있는 지협. —역주

미국, 러시아, 중국, 터키에서 일본까지 모든 주요 국가들은 오늘날 그들의 근본 정체성으로 돌아가려고 노력하고 있다. 미국은 '미국을 다시 위대하게', 러시아는 '슬라브-동방 정교회', 터키는 '이슬람의 정신'을 언급하고 있고, 심지어 인도네시아는 세계해상축(World's Maritime Axis)을 만들기 위해 마자파힛(Majapahit)의 항해자들에게서 영감을 얻으려고 노력하고 있다. 따라서 우리도 잊힌 역사에서 뿌리를 찾아 세계만방에 말레이시아의 정체성으로 소개한다면 좋을 것이다.

이러한 이유로, 문화 정체성에 바탕을 둔 지정학 경쟁 시대에 자국의 생존을 확보하는 것이 말레이시아 교육자와 지식인들의 의무이다.

2018년 지정학 연대표

1월 1일 북한의 김정은 위원장은 신년사에서 남한의 평창에서 개최되는 동계올림픽에 선수단을 파견하겠다는 의사를 표명함.

1월 2일 트럼프 대통령은 김정은의 신년사에 대해 다음과 같이 트위터 계정을 통해 언급함. "나 역시 핵 단추를 가지고 있으며, 나의 것이 그의 것보다 더 크고, 더 강력하다. 그리고 내 단추는 작동한다!"

1월 20일 터키가 시리아에서 올리브 나뭇가지 작전을 실행함.

2월 9일 남북한 단일팀이 평창 동계올림픽 개막식에서 한반도 깃발 아래 함께 행진함.

3월 1일 트럼프 대통령, 철강과 알루미늄에 대한 수입관세 부과 계획을 발표함.

3월 4일 과거 러시아의 이중간첩이었던 세르게이 스크리팔(Skripal)과 그의 딸 유리아가 영국의 솔즈베리에서 독살됨.

3월 4일 이탈리아 총선에서 보수당이 다수 의석을 차지함.

3월 14일 영국 정부가 스크리팔 독살과 관련된 러시아의 개입에 대한 대응으로 23명의 러시아 외교관을 추방함.

3월 17일 러시아도 보복으로 23명의 영국 외교관을 추방함.

3월 18일 푸틴이 77%의 지지로 러시아 대선에서 승리함.

3월 22일 미국이 철강과 알루미늄에 대한 관세를 부과함.

3월 28일 김정은이 처음으로 중국을 방문함.

4월 13일 미국, 영국, 그리고 프랑스가 시리아에 대한 공격을 개시함.

4월 21일 쿠알라룸푸르 대학의 강사이며, 하마스의 원로 회원인 파디 모하마드 알-바취(Fadi M. al-Batsh) 박사가 쿠알라룸푸르에서 총격으로 사망함.

4월 27일 문재인 대통령과 김정은 위원장이 판문점에서 역사적 회담을 개최함.

5월 8일 트럼프 대통령이 JCPOA에서 미국을 탈퇴시킴.

5월 14일 예루살렘으로 이전한 미대사관이 업무를 개시함.

5월 26일 판문점 공동경비구역(JSA)에서 문재인 대통령과 김정은 위원장이 2차 회담을 개최함.

6월 8~9일 캐나다에서 G7 정상회담을 개최함.

6월 12일 도널드 트럼프 대통령과 김정은 위원장이 싱가포르에서 만남.

6월 14일~7월 15일 FIFA 월드컵을 러시아에서 개최함.

6월 19일 미국이 국제연합 인권위원회에서 탈퇴함.

6월 24일 에르도안 터키 대통령이 지지율 53%로 당선됨.

7월 6일 미중 무역전쟁 개시. 미국은 340억 달러 규모의 818개 중국상품에 대해 미국 관세를 부과함. 이에 대응하여 중국은 340억 달러 규모의 미국 제품에 대한 관세를 부과함.

7월 11일 트럼프와 푸틴이 헬싱키에서 만남.

7월 25일 임란 칸(Imran Khan) 총리가 이끄는 테리크-이-인사프(Tehreek-e-Insaf)당*이 파키스탄 총선에서 승리함.

8월 7일 미국의 이란에 대한 제재를 개시함.

8월 10일 터키 철강과 알루미늄에 대한 관세를 두 배로 부과하겠다는 트럼프의 위협으로 터키의 리라화의 가치가 떨어짐.

8월 18일 전 유엔사무총장 코피 아난이 별세함.

---

* 파키스탄정의운동당(PTI) —역주

8월 25일 전 2008년 대선 후보이자 트럼프의 강경한 비판자였던 존 매캐인 상원의원이 별세함.

9월 18~20일 문재인 대통령과 김정은 위원장이 평양에서 3차 회담을 개최함.

9월 20일 아베 신조 자민당(LDP) 총재가 당선됨.

9월 25일 몰디브 대선이 실시됨.

9월 25일 트럼프 대통령은 73차 유엔총회 연설에서 세계화를 거부함.

9월 30일 미국, 캐나다, 그리고 멕시코 3개국은 북미자유무역협정(NAFTA)을 재협상하여 새로운 무역협정인 미국, 멕시코, 캐나다 협정(USMCA)을 체결함.

10월 1일 국명을 북마케도니아(North Macedonia)로 변경하기 위한 국민투표가 마케도니아에서 개최됨.

10월 2일 러시아, 시리아에 미사일 방어시스템 S300을 제공함.

10월 9일 유엔 미국 대사 니키 헤일리(Nikki Haley)가 사임함.

10월 19일 사우디아라비아 정부가 터키 이스탄불 주재 사우디 총영사관에서 실종된 것으로 보도된 언론인 자말 카슈끄지의 사망을 확인함.

11월 6일 미 중간선거에서 공화당이 하원 다수당이 되는 데 실패함.

11월 17일 에마뉘엘 마크롱 대통령이 도입한 새로운 세금에 항의하기 위해 파리에서 노란 조끼 운동이 시작됨.

11월 17~18일 파푸아뉴기니에서 개최된 APEC 정상회담에서 미중 간의 분쟁으로 공동성명서를 내는 데 실패함.

11월 24일 2020년 올림픽에서 차이니즈 타이베이(Chinese Taipei) 팀 이름을 타이완(Taiwan)으로 개명하는 국민투표가 부결됨.

11월 26일 러시아가 케르치해협(Kerch Strait)에서 세 척의 우크라이나 선박을 나포함에 따라 우크라이나 정부가 비상사태를 선포함.

11월 30일 전 미국 대통령 조지 H. W. 부시 대통령(1989~1993년 재임) 서거.

11월 30일~12월 1일 아르헨티나 G20 정상회의에서 만난 트럼프 대통령과 시진핑 주석은 관세인상을 90일 동안 연기하기로 합의함.

12월 1일 화웨이의 멍완조(Meng Wanzhou) 최고재무책임자(CFO)가 이란 제재 회피 혐의로 밴쿠버에서 체포됨.

12월 2일 카타르가 OPEC에서 탈퇴를 선언함.

12월 18일 일본 내각은 2차 세계대전이 종료된 이후 처음으로 일본이 항공모함을 보유하는 것을 허용하는 방위 지침에 동의함.

12월 19일 트위터 계정을 통해 트럼프는 시리아에서 미군을 철수하겠다는 사실을 밝힘. 이 결정에 대한 항의 표시로 제임스 매티스 미 국방장관이 사임함.

12월 22일 미국-멕시코 국경 장벽설치 예산을 담고 있는 세출 법안에 하원이 거절함으로써 미 연방정부가 셧다운됨.

저자 인터뷰

『벽이 없는 세계 II』의 출판을 진심으로 축하드립니다. 우리 모두 이 책이 출간되기를 오랫동안 기다려 왔습니다. 왜 그렇게 시간이 많이 걸렸나요?

이 책은 2018년에 전개된 국제정치 사건을 설명하고 있습니다. 어떤 결론이 나오기 전까지 한 해가 지나가기를 기다려야 했기 때문입니다.

그전에 쓰신 『벽이 없는 세계』와 어떤 차이점이 있나요?

처음에 쓴 『벽이 없는 세계』와 비교하여, 이 속편은 문제를 보다 체계적으로 분석하였으며, "자유적 국제질서의 붕괴"라는 간결한 주제에 바탕을 두고 있습니다.

이 책에는 "싸우고 변화하는 운명(fighting and changing fate)"이라는 용어가 있습니다. 이들 두 개 용어의 차이점은 무엇인가요?

싸우는 운명은 운명을 거부한다는 의미입니다. 변화하는 운명은 운명을 받아들이고, 그것을 바꾸기 위해 노력한다는 뜻입니다.

지리적 맥락에서, 지리적 운명을 거부하는 국가들은 지리적 현실을 받아들이기를 거부하고, 그들의 능력과 역량을 넘어 행동하는 국가들입니다. 반면에, 운명을 바꾸는 국가들은 그들의 강점과 약점에 기초하여 지정학을 만들어 내는 국가입니다.

말레이시아에 "강한 지도자"가 나올 것으로 보시나요?

말레이시아에 강한 지도자는 없습니다. 오직 '가장 또는 족장(patriarch)'만 있을 뿐입니다.

그 이유는요?

일반적으로 말레이시아 사람들은 가부장적인 성격에 기초하여 지도자를 뽑는 경향이 있습니다. 말레이시아 사람들이 대중들의 요구를 충족시키기 위해 제도를 파괴하는 시저(Caesar)와 같은 지도자를 받아들일 시기는 아직 아니라고 봅니다.

이 책에도 나와 있는 것처럼 세계 각지에서 벌어지고 있는 보수와 진보 사이의 충돌의 원인이 어디에 있다고 보십니까?

보수정치의 대두는 정체성 정치의 주류를 이루었습니다. 정체성 정치를 국제정치를 이해하는 세 가지 열쇠 중의 하나로 만듦으로써, 이 책은 보다 철저하게 보수-진보 간의 분쟁을, 특히 그것이 국제정치에 끼치는 영향을 이해하고자 하는 독자들에게 도움이 될 것입니다.

어떤 나라가 미국으로부터 왕관을 빼앗고, 미국의 패권을 종식시킬 것으로 보십니까?

러시아도 중국도 아닙니다. 미국의 패권은 적어도 앞으로 30년 이상 지속될 것입니다.

지정학에 있어서 말레이시아가 중요한 플레이어가 될 가능성이 있나요?

잠재력은 매우 큽니다. 그것이 적절하게 사용되고 있지 않을 뿐이지요.

『벽이 없는 세계 II』에 언급된 각장의 내용 측면에서 새로운 말레이시아(New Malaysia)에 대해서 어떻게 생각하십니까?

마지막 장에 상세히 설명한 바와 같습니다.

인터뷰를 마치기 전에 독자들에게 하실 말씀은?

지식을 겸허하게 여기고, 사실에 따라 이념과 입장을 바꿀 준비를 하라는 것입니다.

벽이 없는 세계

초판 1쇄 발행 2020년 7월 15일
2쇄 발행 2021년 5월 10일

지은이 아이만 라쉬단 웡
옮긴이 정상천
펴낸이 강수걸
편집장 권경옥
편집 윤은미 박정은 강나래 최예빈 김리연 신지은
디자인 권문경 조은비
경영지원 공여진
펴낸곳 산지니
등록 2005년 2월 7일 제333-3370000251002005000001호
주소 부산시 해운대구 수영강변대로 140 BCC 613호
전화 051-504-7070 | 팩스 051-507-7543
홈페이지 www.sanzinibook.com
전자우편 sanzini@sanzinibook.com
블로그 sanzinibook.tistory.com

ISBN 978-89-6545-662-9 03330

* 책값은 뒤표지에 있습니다.
* 이 도서의 국립중앙도서관 출판예정도서목록(CIP)은 서지정보유통지원시스템 홈페이지(http://seoji.nl.go.kr)와 국가자료공동목록시스템(http://www.nl.go.kr/kolisnet)에서 이용하실 수 있습니다.(CIP제어번호: CIP2020026937)

::산지니가 펴낸 책::

정치 · 사회

중산층은 없다: 사회이동이 우리를 어떻게 호도하는가 하다스 바이스 지음 | 문혜림 · 고민지 옮김

인간의 권리: 인권사상 · 국내인권법 · 국제인권법 김철수 지음

약속과 예측: 연결성과 인문의 미래 젠더어펙트 연구소

한중 협력의 새로운 모색, 부산-상하이 협력 동서대학교 중국연구센터 지음

망각된 역사, 왜곡된 기억 '조선인 위안부' 최은수 지음

완월동 여자들 정경숙 지음

현대인의 자유와 소외 황갑진 지음

말랑말랑한 노동을 위하여 황세원 지음

벽이 없는 세계 아이만 라쉬단 웡 지음 | 정상천 옮김

한 권으로 읽는 마르크스와 자본론 사사키 류지 지음 | 정성진 옮김

교사의 사회의식 변화: 2005-2009-2014-2019 정진상 지음

김일성과 박정희의 경제전쟁 정광민 지음

전태일에서 노회찬까지: 청년들에게 들려주는 한국 진보정치사 이창우 지음 ***2020 6월 책씨앗 추천도서**

빅브라더에 맞서는 중국 여성들 리타 홍 핀처 지음 | 윤승리 옮김

21세기 마르크스 경제학 정성진 지음

정전(正戰)과 내전 오오타케 코지 지음 | 윤인로 옮김

헌법과 정치 카를 슈미트 지음 | 김효전 옮김

내러티브와 장르: 미디어 분석의 핵심 개념들 닉 레이시 지음 | 임영호 옮김

사람 속에 함께 걷다 박영미 지음

나는 개성공단으로 출근합니다 김민주 지음 ***2020 2월 책씨앗 이달의책 선정도서**

저는 비정규직 초단시간 근로자입니다 석정연 지음 ***2020 한국출판산업진흥원 책나눔위원회 2월의 추천도서**

싸움의 품격 안건모 지음 ***2019 한국출판문화산업진흥원 출판콘텐츠 창작 지원 선정도서**

다시 시월 1979 10.16부마항쟁연구소 엮음

골목상인 분투기 이정식 지음

한국의 헌법학 연구 김철수 엮음
그림 슬리퍼: 사우스 센트럴의 사라진 여인들 크리스틴 펠리섹 지음 | 이나경 옮김
***2019년 서울국제도서전 여름 첫 책 선정도서**
대학과 청년 류장수 지음
CEO사회 피터 블룸·칼 로즈 지음 | 장진영 옮김
도시는 정치다 윤일성 지음
국가폭력과 유해발굴의 사회문화사 노용석 지음 ***2019 세종도서 우수학술도서**
중국 경제법의 이해 김종우 지음
세상에 나를 추천하라 정광위 지음 | 곽규환·한철민 옮김
독일 헌법학의 원천 카를 슈미트 외 지음 | 김효전 옮김 ***2018 세종도서 우수학술도서**
폴리아모리: 새로운 사랑의 가능성 후카미 기쿠에 지음 | 곽규환·진효아 옮김
선택: 진보로 부산을 새롭게 디자인하자 현정길 지음
사람 속에서 길을 찾다 박영미 지음 ***2018 세종도서 우수교양도서**
당당한 안녕: 죽음을 배우다 이기숙 지음
거리 민주주의: 시위와 조롱의 힘 스티브 크로셔 지음 | 문혜림 옮김
라틴아메리카 흑인 만들기 차경미 지음
영화로 만나는 동아시아: 패권주의와 다문화 백태현 지음 ***2017 세종도서 우수교양도서**
전쟁범죄란 무엇인가 후지타 히사카즈 지음 | 박배근 옮김 ***한국출판문화산업진흥원 우수 콘텐츠 선정도서**
계급 이해하기 에릭 올린 라이트 지음 | 문혜림·곽태진 옮김
중국 민족주의와 홍콩 본토주의 류영하 지음 ***2016 홍콩 판권 수출**
베트남 전쟁의 유령들 권헌익 지음 | 박충환·이창호·홍석준 옮김 ***제12회 경암학술상 인문사회 부문 수상**
지역사회와 민주주의를 말하다 부길만 지음
라틴아메리카의 과거청산과 민주주의 노용석 지음
동중국해 문화권의 민가 윤일이 지음
바이마르 헌법과 정치사상 헤르만 헬러 지음 | 김효전 옮김 ***2017 대한민국학술원 우수도서**
아메리칸 히로시마 데이비드 J. 디오니시 지음 | 정성훈 옮김
들어라 미국이여 피델 카스트로 지음 | 강문구 옮김
이데올로기와 미국 외교 마이클 H. 헌트 지음 | 권용립·이현휘 옮김 ***2010 시사인 올해의 책**
추락하는 제국 워런 코헨 지음 | 김기근 옮김

하이재킹 아메리카 수전 조지 지음 | 김용규·이효석 옮김

수전 조지의 Another world 수전 조지 지음 | 정성훈 옮김

팔루자 리포트 빙 웨스트 지음 | 이종삼 옮김

만들어진 점령서사 조정민 지음

르포, 절망의 일본열도 가마타 사토시 지음 | 김승일 옮김

폭력 우에노 나리토시 지음 | 정기문 옮김

우리 옆의 약자 이수현 지음

나는 시의회로 출근한다 김영희 지음

진보와 대화하기 김석준·김외숙·송성준 지음 | 이광수 엮음 ***2006 문화관광부 우수학술도서**

만화로 보는 노무현 시대 이창우 글·그림

범죄의 재구성 곽명달 지음

절망사회에서 길 찾기 현장 편집부 엮음

차이나 인사이트 김동하 외 지음

글로벌 차이나 이종민 지음

21세기 중국! 소통과 뉴트렌드 공봉진 외 지음

변방이 중심이 되는 동북아 신 네트워크 이창주 지음

여성학 이메일 수업 김선경 지음

이주민과 함께 살아가기 이주노동자와 연대하는 전일본 네트워크 지음 | 이혜진·이한숙 옮김 ***2007 한국간행물윤리위원회 청소년도서**

미국 대학의 힘 목학수 지음 ***2014 한국출판문화산업진흥원 청소년도서** ***2014 한국연구재단 우수저서**

공학자의 눈으로 본 독일 대학과 문화 목학수 지음

문제는 교육이야 김석준 지음

부산언론사 연구 채백 지음 ***2013 대한민국학술원 우수도서** ***2013 한국언론학회 학술상**

부산화교의 역사 조세현 지음

부산의 오늘을 묻고 내일을 긷다 장지태 지음

부울경은 하나다 강병중 지음

반송사람들 고창권 지음

대천마을, 사진을 꺼내 들다 맨발동무도서관 엮음

우리가 만드는 문화도시 문화도시네트워크 지음

귀농, 참 좋다 장병윤 지음

폐교, 문화로 열리다 백현충 지음
수다, 꽃이 되다 임숙자 엮음 | 백복주 사진
SNS시대 지역신문기자로 살아남기 김주완 지음
현미경으로 들여다본 한국사회 정영인 지음
촌기자의 곧은 소리 장동범 지음 | 안기태 그림
사람이 희망이다 : 파워인터뷰 42 손정호 지음

환경

해오리 바다의 비밀 조미형 지음 | 박경효 그림 ***2020 환경부 우수환경도서 *2019 한국문화예술위원회 문학나눔 선정도서**
이렇게 웃고 살아도 되나 조혜원 지음 ***2020 환경부 우수환경도서 *2018 한국문화예술위원회 문학나눔 선정도서**
습지 그림일기 박은경 글 · 그림 ***2018 대한출판문화협회 청소년교양도서**
지리산 아! 사람아 윤주옥 지음
2℃: 기후변화 시대의 새로운 이정표 김옥현 지음
해운대 바다상점 화덕헌 지음 ***2018 환경부 우수환경도서**
기후변화와 신사회계약 김옥현 지음 ***2015 학교도서관저널 추천도서**
촌놈 되기: 신진 시인의 30년 귀촌 생활 비록 신진 산문집
보약과 상약 김소희 지음
시내버스 타고 길과 사람 100배 즐기기 김훤주 지음 ***2014 환경부 우수환경도서 * 2012 문화관광부 우수교양도서**
황금빛 물고기 김규정 글·그림 *** 2013 학교도서관저널 추천도서 * 2013 문화관광부 우수교양도서**
아파트키드 득구 이일균 지음 ***2012 환경부 우수환경도서**
강수돌 교수의 나부터 마을혁명 강수돌 지음 ***2010 환경부 우수환경도서**
습지와 인간 김훤주 지음 ***2008 환경부 우수환경도서**
한반도 환경대재앙 샨샤댐 진재운 지음 ***2008 환경부 우수환경도서**
백두산에 묻힌 발해를 찾아서 진재운 지음
도시, 변혁을 꿈꾸다 정달식 지음 ***지역신문발전위원회 지원도서**